KB219617

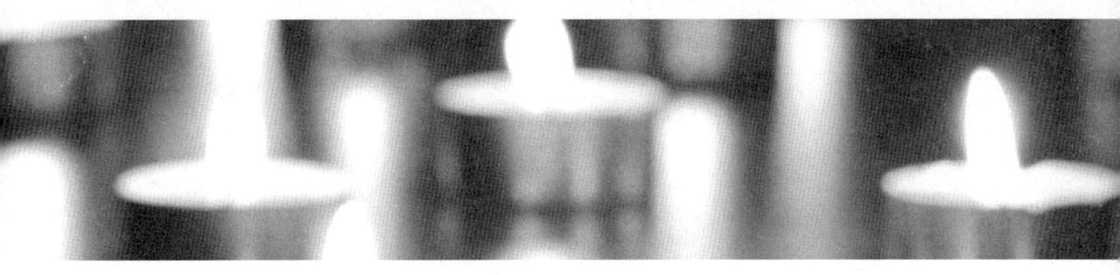

사회주의 체제전환과 기독교

김희권·고재길·설충수·신범식
이규영·고재성·이기홍·임성빈 지음

한울
아카데미

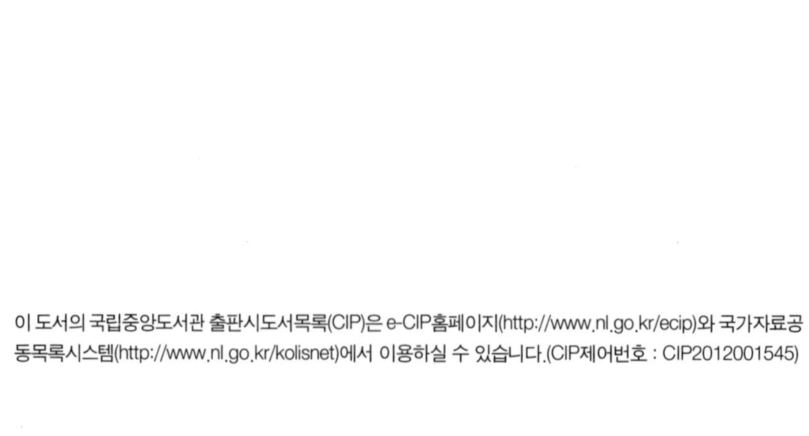

이 도서의 국립중앙도서관 출판시도서목록(CIP)은 e-CIP홈페이지(http://www.nl.go.kr/ecip)와 국가자료공동목록시스템(http://www.nl.go.kr/kolisnet)에서 이용하실 수 있습니다.(CIP제어번호 : CIP2012001545)

발간사

1991년을 전후해서 세계는 냉전 종언이라는 큰 변화를 경험했습니다. 냉전 종언은 사회주의 체제의 붕괴로 시작되었습니다. 1917년 10월 러시아에서의 볼셰비키 혁명으로 건설되고 지구상에 확산되었던 사회주의 국가들이 사라지고 체제전환의 길을 걷게 된 것입니다. 소련과 동구권은 한 나라도 빠짐없이 이 길을 걷었고 중국도 실상은 시장경제로 돌아선 지 오래입니다. 지구상에 사회주의 국가는 이제 찾아보기 힘들게 되었습니다.

그러한 가운데에서도 유일하게 북한은 아직도 사회주의 경제체제를 고집하고 있습니다. 그러나 국영배급체제의 붕괴와 최근의 극심한 사회불안 정황이 말해주듯이 북한에서도 사회주의 경제시스템은 이미 제대로 작동하지 않고 있으며, 그렇다고 시장경제 자본주의 체제로 완전히 넘어온 것도 아닙니다. 그 중간 어디쯤인가에 오늘날의 북한 경제는 위치하고 있는 셈입니다. 그러나 세계사의 큰 흐름을 살펴본다면 북한만이 유일한 예외가 될 수는 없을 것이고 체제전환의 길을 걷지 않을 수 없을 것입니다. 다만 우리가 희망하는 대로 점진적인 연착륙이 될지, 아니면 경착륙이 될지 그것이 문제일 뿐입니다.

그런데 이러한 다른 나라들의 변화 과정에서 우리가 주목해야 할 점이 있습니다. 그것은 그러한 체제전환 과정을 겪었던 수많은 나라들의 주민이 겪었던 정신적 · 영적 방황입니다. 굳게 믿었던 그리고 자신들의 생활을 조직했던 근본 원리로서의 사회주의 이념체제가 무너지자 엄청난 정신적 공백상태가 밀려왔습니다. 그런데 이러한 공백상태를 메우고 들어선 것은 다름 아닌 물신주의(物神主義)였습니다. 시장경제라는 새로운 원리가 작동하는 상황에서 이것은 어찌 보면 당연한 일이었다고 볼 수도 있습니다. 그러나 서구의 시장경제와 자본주의가 역사적으로 발전하는 과정에서 정신적 지주 역할을 해주었던 청교도 정신은 보이지 않은 채 표면에서 작동하는 물신주의에만 매몰됨으로써 엄청난 정신적 · 영적 방황을 겪게 되었던 것은 대단히 안타까운 경험이었습니다.

이미 20여 년 전부터 시작되어온 이러한 세계사적 경험들이 한반도의 미래 정세에 던져주는 함의는 무엇일까요? 우리 한국 사회와 교회는 어떤 교훈을 배우고 어떻게 미래에 대비해야 할까요? 과거 동구권 국가의 주민들이 경험했던 물신주의의 피해와 영적 방황을 막기 위해 우리는 어떻게 미리 준비해야 할까요? 과거의 역사로부터 배우지 못한 민족은 희망이 없다고 합니다. 이러한 문제의식에서 출발하여 한반도평화연구원은 "사회주의 체제전환과 기독교"라는 연구 프로젝트를 추진하게 되었습니다.

이러한 문제를 다루는 데에서 우리는 추상적인 거대담론에서 출발하는 것이 아니라 실제 과거 사회주의 체제 국가들의 현장에서의 경험을 추적하는 것으로부터 출발하고자 합니다. 그러한 국가들의 교회들은 어떤 역할을 했고 어떻게 성공과 실패를 했는지 평가해보고자 합니다. 더 나아가 이들의 경험이 우리에게 던져주는 교훈까지 추론해내고자 합니다. 그렇게 함으로써 좀 더 철저하게 우리의 미래에 대비하고자 하는 것입니다. 지원이 넉넉지 않은데도 사명감을 가지고 이번 프로젝트에 열심히 참여해주신 연구자 분들께 깊은 감사를 드립니다.

2012년 2월

(전) 한반도평화연구원 원장

윤 영 관

차례

제1장

사회주의와 기독교의 대화의 역사와 전망

김회권 _ 숭실대학교 기독교학과 교수

1. 들어가는 말

국민의 정부(1998~2003)와 그것을 뒤이은 참여정부(2003~2008) 시절에 총체적인 변화를 맞는 듯했던 남북한의 적대적 분단 상황이 여러 가지 요인으로 또다시 7·4 남북 공동성명 이전 시대의 원시적인 대결과 적대 분위기로 퇴행하는 것처럼 보인다. 북한의 핵무장과 선군정치, 이명박 정부의 상호주의적 대북협상 정책, 2008년에 일어난 금강산 관광객 박왕자 씨 피살사건, 그리고 작년 연말의 2010년 천안함 사태와 연평도 포격 사태 등 남북관계를 경색시키는 사태가 이명박 정부의 전반기인 지난 3년 동안에 여러 차례 병발했다. 남한과 미군의 봉쇄정책과 압박정책에 반발한 북한은 더욱 선명하게 선군정치와 핵무장 강성대국화를 기치로 내걸며 역사상 전무후무한 3대 세습체제 구축에 돌입하고 있다. 이산가족 상봉 정례화와 납북 남한인 송환 등을 요구하는 남한의 요구 조건과 금강산 관광재개와 쌀, 비료 지원을 강경하게 연동시키는 북한이 얼마나 신실하게 협상테이블에 앉아 있을지는 미지수다. 북한의 연평도 무력도발과 예상 밖의 연이은 대화제의는 진정성이 없다고 타기(唾棄)되고 있다. 따라서 북한이 갑자기 집요하게 제의하는 남북한의 실세 권력집단들 간의 대화가 현 단계에 진정성 있게 진행될지는 불확실하다. 물론 남북한 교섭의 역사에서 군사적 강경 대결과 연이은 급작스런 평화 분위기로의 복귀는 전례가 없는 것은 아니다. 최근 드러나듯이 남북한 비밀접촉 움직임들을 고려해 보면 현재의 군사적 대결 국면이 대화와 화해 분위기로 급반전된다고 해도 그렇게 놀랄 일은 아니라는 것이다.

지난해부터 최근까지 대부분의 보수신문이 주도한 여론조사에서도 대화와 화해를 통한 남북관계의 호전은 국민 대다수가 이명박 정부에 바라는 가장 긴급한 정책적 과제로 나타난다. 아무리 남북관계가 급랭되고 전쟁 분위기까지 고조되는 상황일지라도 분명한 것은, 남북한 정부는 각각 전 세계에서 유일한 냉전적 분단체제 아래 기반(羈絆)되어 있는 우리 겨레의 역사를 평화와 통일의 단계로 진취시킬 신성한 책무에 놓여 있다는 점이다. 적어도 대한민국 헌법은 평화로운 통일을 국가적인 으뜸 과제 중 하나로 설정하고 있다. 평화통일은 절차와 과정도 평화가 되어야 하며 한반도 통일 자체의 목적도 평화의 증진과 심화여야 함을 의미한다. 평화통일은 일방이 타방을 흡수하거나 제압함으로써 발생되는 군사정치적인 정복에 의한 통일이 아니라, 상호 조율과 상호침투적인 쌍방변화를 전제로 기획되고 조율되는 통일이다. 한반도를 둘러싼 국제정치적 환경이 어떤 때는 남북한의 화해 및 협력 분위기를 고조시키기도 하고 어떤 때는 남북관계를 긴장국면으로 몰아가는 형국으로 발전하기도 한다. 하지만 평화통일에 대한 우리 겨레의 강력하고 집요한 열망은 적대적 분단으로 특징지어지는 남북관계를 돌파하는 핵심변수임이 틀림없다.

현실 정치적으로 볼 때 남북한의 전면적·정치적 통합으로서의 통일은 길고 복잡한 여정이 될 수도 있으나 그 먼 여정을 답파하기 전에 덜 적대적인, 평화적인 분단체제를 구축하는 일은 전혀 불가능한 일이 아닐 것이다. 덜 적대적이고 평화로운 분단체제를 구축하기 위해 절실히 요청되는 것은 남북한의 인내심 넘치는 대화일 것이다. 이 대화는 적의 형세를 탐지하거나 염탐하려는 대화가 아니라 상호적인 이해증진과 긴 과정의 연합과 일치를 준비하기 위한 점진적 신뢰 쌓기 작업의 일환이 될 것이다.

그런데 현실적으로 남한과 북한 사이의 대화에는 적지 않은 장애물이 있어왔다. 민족공조나 우리끼리 식의 선언적인 구호로 해소할 수 없는 이질화된 교양, 문화, 가치관, 이데올로기 등이 진정성 있는 남북대화를 가로막아 온 것이 사실이다. 특히 남한 사회의 여론주도세력 중 하나인 복음주의 교회의 일각에서는 북한 사회를 유사종교집단으로 파악하고 북한 인민의 정신을 개조하거나 의식을 세척하지 않는 한 북한 동포를 포용하기 힘들 것이라고 판단하고 있다. 사회주의는 무신론이요, 한 걸음 더 나아가 북한의 김일성 주체사상은 세속화된 국가종교 형태를 띠고 있기에 자유민주주의적 가치를 주창하는 남한 사람들과의 의사소통에 커다란 장애가 발생할 것이라고 진단하는 것처럼 보인다. 이런 판단과 진단이 다소 극단적으로 보이지만 전혀 배척할 말은 아니다.

한편 우리는 북한의 주체사상과 사회주의 체제를 북한 체제 옹호자들의 입장에서 보려고 하는 루이제 린저(1988)[1]나 송두율(2002)[2]의 입장도 경청해볼 필요가 있다. 현 북한 사회를, 일제 치하의 수탈과 압제 경험과 한국전쟁 경험을 통해 사회주의로 자력갱생하려는 북한 인민의 주체적인 결단

---

1) 린저는 북한의 집단주의와 사회주의적 공동체 문화를 성숙한 휴머니즘으로 본다.

2) 송두율의 내재주의는 단지 현 북한의 건국과정을 주체사상의 빛 아래서 해석하는 북한체제옹호주의자들의 입장과 같다는 이유 때문에 비난받기보다는 그것의 학문적 정합성과 타당성에 비추어 판단되어야 할 것이다.

의 산물로 보는 소위 "내재적" 북한 이해도 한반도 평화통일을 추진하는 진영에서는 언젠가 연구해볼 가치가 있다. '상호 이해'를 목적으로 하는 남북대화가 가능한지, 혹은 바람직한지에 대해서는 반대와 의혹이 있을 수 있으나, 우리는 대화의 길 외에 다른 노선을 추구할 수는 없다. 평화를 위한 전쟁의 효용성을 믿지 않는다는 말이다. 따라서 남북한 간의 대화는 서로 알아나가되 서로를 이질적으로 소외시키는 차이점을 정확하게 대면하는 과정을 내포한다. 결국 우리는 무력으로 타자를 지배하고 정복하기보다는 대화가 인류의 이성과 양심에 더욱 부합하며 기독교 신앙의 본질 구현에 훨씬 더 효과적이라고 믿는다.

이 글은 이런 문제의식하에서 북한과 남한 기독교회 간 대화의 당위성과 그것을 가능케 할 현실적 조건을 모색한다. 특히 우리는 여기서 남한의 기독교회가 대화의 장으로 나아가기 위해 넘어야 할 험준한 산맥처럼 보이는 주체사상과 북한식 사회주의에 대한 개괄적 이해를 시도한다. 이 글의 목적은 기독교회가 북한 주체사상과 사회주의에 대한 이해를 시도할 때 고려해야 할 점이 무엇인지 규명하고, 앞으로 북한의 사회주의 체제가 창조적인 발전을 거쳐 해체될 때 남한 기독교회가 그들을 어떻게 돕고 남한 기독교회가 그들과 대화하려고 할 때 어떻게 변화되어야 할 것인가를 고민해보는 것이다. 우리는 남북한 사이의 일방이 타방을 흡수하는 흡수통일을 현실성이 넘치는 시나리오로 보지도 않거니와 그런 것을 꿈꾸지도 않는다. 우리는 단순히 산술적인 중립지대가 아닌, 가치론적인 최선과 현실적인 실현가능성의 최적점이 교차하는 통합지향적 중립지대, 영적인 의미의 비무장지대에서 만나는 통일을 꿈꾼다. 우리는 남북한에게 공히 타당하게 용인될 만한 자유롭고 정의로운 나라, 평등과 자유, 개인과 공동체가 거룩하게 길항하는 나라로 통일되기를 희망한다. 그러기 위해 사회주의와 기독교신앙은 정면으로 만나야 하고 거룩한 영향을 교환해야 한다. 사회주의자들에 의해 기독교회가 영향을 받을 때 기독교회는 사회주의자를 얻을 수 있다. 기독교 신앙에 영향을 받은 사회주의자들은 하나님 나라의 대의에 파편적인 이념주의를 초극하고 보다 더 인도주의적인 화해원리에 눈뜰 수 있다. 이것이 상호 침투적 삼투압의 원리이다. 한국 교회가 사회주의적 이상과 이념을 발전적이고 능동적이며 창조적으로 수용해줄 때 한국 교회는 "제3의 나라"를 만들 수 있다.

이 글에서 우리는 무엇보다도 먼저 남한 기독교회가 북한의 사회주의인 주체사상을 이해하고 그것을 대화의 맞상대로 삼기 위해 유럽에서 일어난 사회주의와 기독교 사이에 있었던 '대화'의 역사를 살펴볼 것이다. 따라서 이 글은 크게 유럽의 사회주의와 기독교의 대화 역사 부분과 북한 주체사상에 대한 기독교적 이해 시도를 다루는 부분으로 구성된다. 주체사상으로 유지되는 북한에 대한 기독교의 접근의 역사를 다루되 1980년대 이후 사회주의와 한국 기독교의 만남을 집중적으로 조명할 것이며, 결론에 가서는 북한의 주체사상과 기독교와의 대화의 전망과 북한 체제의 창조적 해체에 대한 준비로서 요청되는 남한의 창조적 변화에 대한 논의를 배치할 것이다.

2. 기독교와 사회주의의 19세기 조우

산업혁명 후에 발생한 사회문제에 대한 기독교의 응답은 나사렛 예수의 하나님 나라 운동에 대한 새로운 주목을 통해 이루어졌다. 유럽 기독교는 19세기 중반의 이른바 사회주의와 공산주의 운동이 일어나기 이전에 벌써 "사회적 질문"들을 제기하고 초대교회의 이상을 실천하려고 분투했다. 마르크스가 1848년 2월에 『공산당 선언』(마르크스·엥겔스·보일, 2005)[3)]을 발표하기 전후에 독일 개신교 일각에서는 산업혁명 이후에 발생한 사회적 불평등, 가난, 노동자 인권 등에 대한 사회적 쟁점들을 주목하고 해결책을 찾으려는 움직임이 있었다. 당시 기준으로 보면 대부분 변방 지식인 실천가들과 사상가들에 의해 사회적(혹은 사회주의적) 개신교가 탄생했는데(McManners, 1990), 그들은 모두 나사렛 예수의 인격과 삶에서 사회적 문제에 대한 근본 대책을 보았다. 그들은 사회적 불평등과 노동자의 잔혹한 노동조건[4] 등을 개선하는 데 먼저 관심을 기울였다. 우리는 마르크스의 『공산당 선언』이 발표된 1848년의 혁명사적인 의의를 이해하기 위해 1848년과 그 직후에 일어난 혁명적 사회 움직임을 살펴볼 필요가 있다.[5]

- 1848년 2월. 파리 혁명으로 루이 필립을 타도, 제2공화국 시작
- 1848년 3월. 빈에서 혁명이 일어나 메테르니히(K. Metternich)가 사임
  마자르인들이 헝가리 헌법으로 '3월법(March Laws)'을 승인
  사르데냐-피에몬테의 국왕 카를로 알베르토(Carlo Alberto)가 '1848년의

---

3) 『공산당 선언』은 4장으로 구성되어 있다. 제1장 「부르주아와 프롤레타리아」는 그들 이론의 간결한 요약이다. 제2장 「프롤레타리아와 공산주의자」에서는 프롤레타리아에 대한 공산주의자의 실천적 임무와 관계를 보여준다. 제3장 「사회주의적 및 공산주의적 문헌」에서는 그때까지 이루어진 사회주의와 공산주의에 관한 갖가지 학설을 열거하고 비판하고 있다. 제4장 「여러 가지 반정부당에 대한 공산주의자의 입장」에서는 공산주의의 정치투쟁의 기본원칙을 논술하고 공산당과 기타 정당과의 관계를 논한다. 불의한 경제구조와 인간 사회의 불평등 그리고 그것이 발생시킨 분노가 있는 한 『공산당 선언』의 시효는 연장될 것이다.

4) 마르크스의 『자본론』은 당시 유럽(특히 영국과 독일)의 잔혹한 노동조건, 노동자들(아동 노동자 포함)을 착취하는 자본가들과 사업주들의 교묘하고 잔혹한 노동착취 사례들을 많이 제시하고 있다(마르크스, 1987: 264~322, 특히 8장 노동일 부분).

5) 이 자료의 대부분은 Birdsall S. Viault의 *Modern European History*(New York: McGraw-Hill, 1990)과 B. Grun, *The Timetables of History*(New York: A Touchstone Book, 1979), p. 414에서 발췌한 것이다.

법령'을 발표

3월 폭동(March Days)으로 프로이센 혁명 발발 전조 형성

- 1848년 4월. 오스트리아 정부가 체코인들에게 보헤미아 왕국을 위한 제헌 의회 소집을 약속
- 1848년 5월. 프랑크푸르트에서 독일 국민의회 시작
- 1848년 6월. 파리에서 급진적 노동자들의 폭동 발발

  오스트리아 군대가 체코 혁명을 진압
- 1848년 12월. 루이 나폴레옹 보나파르트(Louis Napoléon Bonaparte)가 프랑스 제2공화국 대통령으로 선출됨

  오스트리아 황제 페르디난트(Ferdinand) 1세 퇴위, 프란츠 요제프(Franz Joseph)가 제위 승계
- 1849년 3월. 독일 국민의회가 통일독일을 위한 헌법초안 완성
- 1849년 4월. 헝가리 공화국 설립 공포

  프로이센의 국왕 프리드리히 빌헬름(Friedrich Wilhelm) 4세가 독일 황제 즉위를 거절
- 1849년 8월. 오스트리아 - 러시아 군대가 헝가리 반란을 진압
- 1850년 11월. 올뮈츠의 굴욕(the Humiliation of Olmütz)에서 프로이센은 독일연합의 복구라는 오스트리아의 요구를 승인

위에서 보는 것처럼 시민계급과 노동자 계층의 정치세력화를 억누르려던 반동적인 통치에 대해 불만이 점증하여 절정에 다다른 1848년에 선포된 '공산당 선언'이 유럽 전역에 혁명 분위기를 결정적으로 고조시켰다. 이런 역사적 상황에서 기독교회는 기독교 신앙의 사회적 실천과 표현에 대해 급격하게 눈을 뜨게 되었다. 그렇지만 유럽의 개신교나 가톨릭교회는 이런 광범위한 사회적 혁명 에너지의 분출을 신학적으로나 신앙적으로 소화할

역량이 부족했고 따라서 사회적 긍휼과 자비를 실행하지 못하고 있었다. 권력자나 기득권 세력의 비위를 맞추는 선에서 사회적 혁명 전조에 대해 침묵하거나 때로는 단죄하는 입장을 취하는 교회가 대부분이었다. 1848년의 유럽 혁명들은 적어도 명시적으로는 기독교회와 제휴하고 있던 보수적인 통치자들을 불안하게 했으며, 거의 모든 곳에서 혁명의 대의가 승리할 것으로 믿게 만들 정도였다. 이런 사회적인 혁명이 성공하는 듯이 보이는 초기에 마르크스와 엥겔스가 공산주의 혁명의 초기사상을 배태하기도 했지만, 시간이 지남에 따라 보수적인 통치자들은 서서히 자신감을 회복했다. 혁명적인 이상주의자들이 정치적 무능과 분열상을 드러내자, 반동적 통치자들은 정치적 통제권을 재천명하며 혁명적 사회분위기를 진정시키기 시작했다. 그래서 1850년대 초에는 혁명적인 이상주의자들이 완패한 듯이 보였으며, 거의 모든 곳에서 보수적인 질서가 회복되었다. 하지만 혁명적인 이상주의자들의 패배에도 불구하고 그들의 사상은 살아남아, 그 후 20년 동안 서유럽을 사회적 격변으로 몰아넣었다.

1848년에 분출한 유럽 혁명들의 배경에는 경제적 궁핍과 이에 대한 하층계급들의 누적된 불만이 있었다. 명백하게 평온해 보이는 유럽의 보수적 질서의 표면 밑에서는, 수십 년째 불만이 부글부글 끓고 있었다. 1840년대가 불만의 폭발시점이었다. 유럽 경제는 1837년의 공황에서 완전히 회복되지 못했고, 유럽의 여러 지역에서 1840년대는 "기아선상의 40년대"라고 불렸다. 흉작이 대중들을 더욱 비참하게 만들었고, 유럽에서 발전 중인 산업의 노동자들은 계속된 어려움을 겪어야 했다. 하지만 1848년의 혁명에서는 노동자와 농민이 주된 역할을 하지는 못했다. 그 대신 이 혁명들은 주로 자유주의적이고 중산층 중심적이며 도회적인 지식인들이 꿈꾸고 착상한 것이었다. 이런 상황이 마르크스가 역사의 중심 무대로 진출하게 되는 역사적 맥락이다.

마르크스가 『공산당 선언』을 발표하기 이전에 독일 초기 사회주의는 1848년의 혁명 기간과 그 시대의 정치적 사건에 큰 영향력을 주지 못하고 이념으로만 존재했으나, 그 뿌리가 기독교 복음에 있었음을 – 명시적이건 암시적이건 – 여러 모양으로 보여주고 있다.[6] 초기 독일 기독교적 사회주의는 재단공인 빌헬름 바이틀링(Wilhelm Weitling, 1808~1871)과 유대 출신 지식인 모세스 헤스(Moses Hess, 1812~1875)[7]를 통해서 대변된다. 바이틀링에 따르면 공산주의적인 인류의 원형은 나사렛 예수다. 그의 책 『가난한 죄인들의 복음(Das evangelium eines armen Sünders)』[8]에서 그는 예수의 삶의 원칙을 자유와 평등으로 보았다.

독일의 초기 사회주의적 기독교 태동 시기와 거의 같은 시기 혹은 조금 이른 시기(19세기 중엽)에 영국에서도 기독교 사회주의가 싹트기 시작했다. 영국의 초기 기독교사회주의도 사랑과 정의의 윤리를 바탕으로 하여 공동사회를 실현하고자 하는 사회주의적 사상과 행동을 지향한다(그들이 보기

---

6) 독일 개신교사회주의 형성 과정에 대한 이 단원의 논의는 상당 부분 '가우리 학문공동체'(http://cafe.naver.com/gaury)에 실린 백용기(2001)와, 같은 저자의 ≪한국기독교신학논총≫, 21집(2001), 81~107쪽에 실린 동일 제목의 논문에 빚지고 있다. 한국기독교신학논총의 논문은 전자의 축약본이다.

7) 헤스의 사회주의적 사상은 Hess(1921, 1980)에 잘 소개되어 있다. 헤스는 자신이 통신원으로 일했던 ≪라인 신문(Rheinische Zeitung)≫을 통해 마르크스를 알게 되고 그에게 영향을 끼쳤으나, 마르크스는 『공산당 선언』에서 그를 공상적 사회주의자라고 비판했다.

8) 바이틀링(Weitling, 1897)은 원래 1844년에 책을 출간했다. 바이틀링은 이 외에도 이 책보다 2년 먼저 『조화와 자유의 보증(*Garantien der Harmonie und Freiheit)*』(Hamburg: Im Verlage des Verfassers, 1842)이라는 책을 썼을 정도로 기독교와 사회주의의 접목에 열정을 쏟았다. 그는 마르크스보다 훨씬 더 노동자 친화적이며 현장 중심적인 사회주의를 착상하고 실천하려고 했으나 나중에 소위 과학적 사회주의를 주창한 마르크스 - 엥겔스 세력에 의해 과학성("철학적 훈련")이 결여되었다는 비난을 받았다(존슨, 2004: 116~117).

에 '자유주의적' 신학사상인 예수의 인격과 삶에 근거). 16세기 토마스 뮌처, 17세기 크롬웰의 청교도혁명에 가담한 종교개혁자이자 사회변혁가인 G. 윈스탠리(Winstanley, 1609~1767), 그리고 기독교적 형제애가 사회적 조직과 산업화 안에 제도화되어야 한다고 주장한 프랑스 기독교사회주의자인 19세기 초엽의 생시몽(C. H. Saint-Simon, 1760~1825), 산업혁명 후 영국의 노동자들을 중심으로 전국노동조합대연합을 결성(1834)한 19세기 중반 영국의 로버트 오언(R. Owen),[9] 프랑스의 사회사상가 피에르 러루(P. Leroux) 등이 19세기 영국 기독교사회주의 운동을 주도했다.

그러나 '기독교사회주의'의 명칭을 내걸고 사회문제 해결에 본격적으로 나서게 된 것은 1840년대 말기이며, 영국 광교회(廣敎會)에 속하는 모리스(F. D. Maurice), 킹슬리(C. Kingsley) 등이 본격적인 기독교사회주의 운동을 주창했다(McManners, 1990: 359). 그들은 당시의 노동자 계급을 비참한 상태에서 구제하기 위해서는 자유경쟁과 이윤추구의 원리를 주장하는 맨체스터학파[10]의 이론을 배제하고, 기독교의 '이웃 사랑'정신에 입각하여 노동자의 협동조합을 결성해야 한다고 생각했다. 사회주의적 단체가 결성될 때 반기독교적 성향을 띠었던 독일이나 프랑스의 경우와는 달리 놀랍게도 영국에서는 사회주의와 기독교적 사랑을 자연스럽게 결합시킨 사회주의적

---

9) 오언은 산업혁명 후 자유주의적, 자기조정적 시장의 공동체 파괴를 보고 공동체(칼 폴라니는 '사회'라고 명명)를 보호하기 위한 사회의 자기보호 운동에 통찰과 영감을 고취했다. 인간을 사고파는 노동력, 즉 상품으로 보는 시장주의적 사고방식에 맞서 강력한 기독교 영성에 입각한 대항명제를 내세웠다. 칼 폴라니는 오언이 자유방임적 시장주의자들의 입장에 가장 효과적인 공동체 보호사상을 설파한 사람이라고 찬양한다(폴라니, 2009: 366~367, 378).

10) 19세기 전반 영국의 맨체스터를 근거지로 하여 자유무역을 주장한 고전파 경제학의 한 갈래로서 경제상의 모든 법적 제한을 철폐하자는 운동을 펼쳤으며, 이 학파가 주창한 자유주의는 현대적인 자유무역의 모태가 되었다.

단체들이 형성되었다(McManners, 1990: 359).

마르크스의 『공산당 선언』도 19세기의 산업혁명 이후 초래된 독일과 영국의 피폐된 상황과 그것에 능히 대처하지 못하는 독일 개신교와 영국 국교회의 사회적 무관심과 정치적 보수화와 무능력이라는 맥락 안에서 선포되었다. 1848년 혁명들 이전에 발표된 『공산당 선언』(1848. 2)에서 마르크스와 엥겔스는 인간 소외를 가져오는 사유재산 제도를 파기하고 인간을 통한, 인간을 위한 지극히 인도주의적인 공산주의 사상을 제창한다. 마르크스의 공산주의가 등장하던 동시대에 일어난 독일/영국의 초기 기독교적 사회주의가 사회적 빈곤, 혁명, 인간 소외의 문제에 대해 모종의 기독교적 응답이었음은 틀림없으나 마르크스의 혁명적 선언만큼 치열하거나 체계적이지는 못했다. 그래서 기독교회는 나중에 공산주의 사상으로 전 세계에 퍼질 마르크스주의 사상의 맹아 단계에서 사회적 빈곤과 불평등, 인간 소외 문제에 대한 응답이 매우 느슨하며 치열하지 못함으로써 공산주의나 사회주의 사상이 정치·경제·사회 영역에 거의 주도적으로 영향을 미치는 것을 목격해야 했다.

유럽 민중이 안고 있던 경제적 빈곤, 대량생산과 이에 따라가지 못하는 시장의 한계, 이로 인한 노동자들의 소외, 기층 민중에게 강요된 정치적 억압과 내외적인 전쟁 경험이 러시아에서는 볼셰비키 혁명으로, 서유럽에서는 파시즘 출현으로 낙착된 것이다. 이 사실은 기독교회가 사회적 문제에 대한 대안을 제시하지 못한다면 어떤 재난이 발생할 수 있는가를 보여준다(Scarfe, 1982: 31~32). 심지어 일부 학자들은 강압적·폭력적·전쟁의존적 자본주의인 파시즘과 공산주의는 영원히 소멸된 것이 아니라 단지 억제되고 있을 뿐이라는 점을 경각시킨다(Dutt, 1978: 16~18).[11]

11) 듀트(Dutt, 1978)가 프롤레타리아 독재만이 파시즘의 창궐을 막는 유일한 대안이

너무나 늦은 감이 있으나 1974년 스위스 로잔에서 발표된 복음주의자들의 신학선언인 로잔 언약(the Lausanne Covenant)에서 복음주의자들이 과거에 복음 전도와 사회적 관심을 상호 배척하는 것으로 여겼던 사실에 대해 참회한 것은 다행이다. "비록 사람과의 화해가 하나님과의 화해가 아니며, 사회적 행동이 복음 전도가 아니며 정치적 해방이 구원이 아니라 할지라도 우리는 복음 전도와 사회·정치 참여는 둘 다 그리스도인의 의무임을 확신한다." 왜냐하면 복음 전도와 사회·정치 참여는 둘 다 하나님과 인간에 대한 우리의 교리, 우리 이웃에 대한 우리의 사랑, 또한 예수 그리스도에 대한 우리 순종의 여부에 대한 불가결한 표현이 되기 때문이다. 구원의 메시지는 또한 모든 형태의 소외, 억압 및 차별에 대한 심판의 메시지도 내포하는 것이므로 우리는 악과 불의가 존재하는 곳이면 어디서나 고발하기를 두려워해서는 안 된다. 사람이 그리스도를 영접하면 그리스도의 나라 안으로 거듭나서 들어가는 것이므로 그 나라의 의를 나타내 보일 뿐만 아니라 반드시 불의한 세상 한가운데서 그의 의를 확장시키기 위해서도 노력해야 한다. 우리가 주장하는 구원은 마땅히 우리를 계속하여 변화시키는 것이어야 한다. 행함이 없는 믿음은 죽은 것이기 때문이다(이승장, 1985: 20~25, 특히 20~21). 물론 기독교회의 세계변혁운동은 정치적 급진주의나, 메시아적 열광주의와는 다른 종말적 유보 위에서 일어나는 신앙적 선취과정임은 분명하다. 변혁운동은 완성된 하나님 나라에의 근사치적 접근과정(Segundo, 1985: 101~112)을 각 시대마다 창조적으로 열어가는 '신앙운동'인 것이다.

라고 주장하는 점은 오류지만, 파시즘의 출현과정에 대한 그의 분석은 여전히 경청할 만하다.

1) 기독교에 대한 마르크스-엥겔스의 비판[12)]

인류 역사 이래 줄곧, 자기 자신의 사회가 어떻게 돌아가는가에 대해 지나치게 세밀하게 탐구하는 행위는 아주 위험한 것으로 간주되었다. 지배계급의 성원이나 피지배자들은 둘 다 지배층의 특권을 보장해주는 사회질서가 신의 섭리에 의해 제정되었으며 그래서 그것은 영원하다고 믿었다. '사회과학'은 사회생활과 사회적 형태의 제 측면을 관습과 위로부터, 즉 종교와 도덕으로 설명하려는 전과학적(前科學的) 세계관과는 달리, 사회생활의 주체인 개인과 집단, 계급이나 국가 등 역사 내재적 요인들을 고려하여 설명하려는 지적 활동이다. 사회과학은 사회조직, 사회유지, 사회변동의 과정이 신적 의지의 발현이나 신의 섭리라고 간주되던 중세적·신화적 사고(Tillich, 1980: 230)로부터 탈피하여 '과학적 이유'와 근거에 의해 사회를 이해하려고 한다. 사회과학적 인식의 단초는 토마스 아퀴나스적인 전일적 기독교 신앙에 지배당하던 중세 유럽을 사회과학적 계몽으로 이끈 자연과학자들에 의해 마련되었다. 이성을 중심으로 한 인간적 인식론의 타당성을 확보한 데카르트 이래 19세기 오귀스트 콩트에 이르기까지 유럽의 지성사는 기독교 신앙의 신학적 사회해설에 대항하여 사회과학적 인식을 주창해온 계몽주의적 지성인들의 분투의 역사였다. 이런 계몽주의적 사회과학의 절정으로 칼 마르크스의 공산주의 사상이 등장했다. 이런 점에서 기독교가 마르크스주의를 이해하고 대화의 맞상대로 삼으려면 '사회과학'이 무엇인지를 알아야 한다는 것은 자명하다.

근대 초입에 등장한 사회과학자들은, 세계와 역사의 변동을 신의 뜻으로 간주하고 어떤 부조리에도 굴하지 않고 오로지 신의 뜻에 대한 복종을 가

12) 이 단원의 1)~3) 단락에 대한 논의는 김회권 외(2007: 20~32)에 크게 빚지고 있다.

르치는 기독교적 '신앙'과 '관습'에 대항하여 역사변동의 주요 원인을 인간과 계급, 집단이나 공동체의 사회경제적 명분들이나 이해관계로 설명하는 사회과학으로 맞섰던 것이다. 역사적으로 보면 사회과학 그 자체 안에는 반(反)기독교적이고 무신론적인 주장이 개재되어 있다. 그런데 사회과학의 반대점에 서 있는 이런 기독교는 참된 의미의 기독교를 대표한다기보다는 정치권력의 상부구조에 똬리를 튼 정치권력화된 기독교였다.

사회조직과 유지 그리고 사회변동과정에 대한 과학적 설명은 지배자들과 기득권자들의 신과 그 신에 속박되어 있는 자들에게는 '무신론적이고 저항적이며 위험스러운 인본주의'로 보이지만, 정의·평등·자유의 더욱 나은 사회를 건설하고자 하는 자들은 계급사회의 원시적 갈등상을 한 점 에누리 없이 폭로해버리는 사회과학과 어느 정도 동역할 수 있다. 그럼에도 사회과학이 중립적인 물질세계와 연관되기보다는 오히려 일단의 이해관계가 있는 사람들의 활동과 결합된다는 사실 때문에 '사회과학'에 대한 부정적 인상이 발생되는 것도 사실이다. 하지만 기독교적 사회변혁에 관심을 가진 그리스도인들은 가치내포적인 사회과학적 교양으로 무장하여 모든 인간적 결사체들의 자기절대화 경향성을 쉼 없이 경계하고 경고해야 한다.

'사회'는 크게 보아 재화생산체제인 물적 토대와 인간의 사회적 관계유지 체제인 상부구조로 구성되어 있다. 이것은 반드시 마르크스식의 사고일 필요가 없다. 불편부당한 사회에서는 이 사회가 물적 토대와 상부구조로 구성되어 있다고 주장하는 것이 하등의 불온한 사상일 수 없다. 그러나 이 세상은 부조리하고 불의한 사회구조 아래에 매여 있다. 모든 민족국가나 합중국, 기업, 정당 등 인간적 결사체들은 하나님 나라의 도래에 대비하여 창조적 해체 위기에 놓여 있는 과도기적 기구요 기관일 뿐이다. 우리가 살고 있는 세상은 하나님의 임박한 통치가 해소시켜주어야 할 만큼 극심한 불평등과 불의에 매여 있다. 이런 불평등하고 불의한 계급 및 계층 구조로 위계질서를 이루고 있는 이 사회구조를 유지하기 위한 법적 강제장치로서 국가기구 혹은 그에 준하는 기구가 요청된다. 우리의 삶이 이루어지는 공간은 바로 물적 토대와 그 물적 토대를 유지하고 관장하는 이념적 강제기구인 국가기구이다(기든스, 1984). 이처럼 지배적 계층이나 계급의 이해를 반영하고 온존, 유지시키고 심화, 세습시키는 사회구성체 안에서 그리스도인들은 하나님 나라를 확장하도록 위임받았다. 그리스도인은 천국과 지상의 중간 어디쯤에 있는 낙원의 즉자적 몽롱상태에 빠져 사는 자가 아니라 계급, 계층, 종교 이데올로기 등 각종 사회변동의 요인이 작용하는 사회구성체 안에서 살고 있다. 따라서 그리스도인은 하나님 앞에서 순수한 개인이거나 영혼일 수 없다. 그리스도인들은 자신이 의식하건 못하건 간에 혹은 치열하게 의식하건 느슨하게 의식하건 상관없이 특정한 사회계층이나 사회계급(기능주의적이건 갈등주의적 이론이건 상관없이)의 일부로 살아간다. 계급 혹은 계층 개념은 실재하는 불평등의 세계를 기술하는 개념들이면서(한상진 편, 1984: 147~148) 동시에 사회적 동력의 원칙이다. 부동산 가격의 낙폭, 골프장 건설, 새만금 간척사업, 한미 FTA, 햇볕 정책 등에 대한 그리스도인들의 의견대립은 그들이 속한 사회적 자리(계층·계급·거주지역)의 차이를 반영한다.

따라서 예수님께서 자기를 따르는 제자들에게 "누구든지 나를 따라 오려거든 자기를 부인하고 자기 십자가를 지고 나를 따를 것이니라"(막 8:34)고 말씀하실 때, 부인되어야 할 "자기"는 단지 개인의 영혼을 가리키는 말이 아니라 그가 속한 사회적인 권리, 특권 등을 포함하는 광범위한 "자기"를 가리킨다. 강남이나 신도시에 사는 그리스도인들은 그들의 부동산이나 아파트 값이 폭등했다고 기뻐할 일이 아니다. 그들이 부인해야 할 자기가 커진 것이다. 부자, 유력자, 출세한 그리스도인들의 경우 더욱 낙차 큰 자기하강과 비움을 실천해야 하는 것이다.

통상적인 한국 교회의 그리스도인들은 죽어서 가게 될 처소인 천국에 그 초점을 맞추고 있기 때문에 온갖 종류의 욕망과 불의가 어지럽게 춤추는 사회질서 한복판에서 예수님의 발자취를 따르려는 분투에 굼뜨다. 그러나 사회과학적 사고로 이 애매하고 막연한 신앙고백을 수정하면 "나는 현재 계급적 기득권을 맘껏 누리는 '주류 계급(혹은 주류 이데올로기)' 안에 있는가 아니면 악한 사회구성체의 희생자인가?"를 부단히 물으며 예수 그리스도의 발자취를 따르는 영생을 누려야 할 것이다. 아무리 사회과학을 부정하는 보수적 그리스도인이라 하더라도 자신도 모르게 사회과학적 인식을 자신의 말과 행동 속에 집어넣게 마련이다. 부당한 법과 제도에 대해, 부당한 전쟁에 대해 그들은 하나님의 뜻의 이름으로 미화하기도 하고 정당화하기도 한다. 그들은 다만 나쁘고 부정확한 사회과학적 인식에 과도하게 의존하고 있는 셈이다. 특정 집단이나 계급에 속한 개인은 자신도 모르게 과학적으로 정확할 정도로 자기중심적 행동에 충실하다. 경제적 이익과 기득권을 지키려는 개인의 행동은 과학적인 법칙에 따르는 행동으로 보일 만큼 예측 가능하다는 것이다. 마르크스는 이런 개인들의 사회적 행동이나 운동을 하나의 자연사적인 과정으로 간주하고 개인의 의지나 의식으로부터 독립되어 있으며 오히려 그것을 규정한다고 믿었다(마르크스, 1987: 16, 24). 따라서 개인이 언제나 자기 이기심에 충실하면 할수록 마르크스의 사회과학적인 진단은 더 정당화된다.

이처럼 사회과학은 신화화되고 우상시되는 사회체제의 유지를 위한 '위로부터의 강제적 설명'에 저항하는 한 도구다. 하지만 프롤레타리아의 사회과학이나 부르주아의 사회과학이나 모두 하나님의 말씀 아래 심판당하는 타락한 사회과학일 뿐이다. 그리스도인들은 모든 사회체제가 하나님 나라의 완성태에 비추어 엄청난 불의와 죄와 탐욕으로 지탱되고 있음을 분석할 수 있는 사회과학적 통찰력을 소유해야 한다. 이 세계를 창조하신 하나님은 창조주와 구속주의 이름과 자격으로 이 불의한 세계와 인간이 당신의 형상대로 회복되고 운용되기를 원하신다. 그래서 하나님께서는 성경의 여러 곳에 의와 공평, 인자와 자비가 넘치는 메시아 왕국의 비전을 주신다. 기독교적 사회과학은 '완성된 사회'인 메시아 왕국의 비전에서 솟아나는 신령한 영감이다. 이 신령한 영감과 신앙고백에 투신되어 현 상태의 모순 척결에 헌신해야 한다. 모든 사회구성체가 갖고 있는 자아중심성, 불변성, 영속성 주장에 대항하여 새로운 대안 사회의 비전을 제시해야 한다. 이 지상에서 유토피아를 건설하려는 환상이 아니라 예수 그리스도의 왕권이 온전히 관철되는 메시아 왕국에 '근사치적으로 접근하는' 사회를 이루도록 노력하는 것이다. 구원받은 신자는 완성될 하나님 나라에서 실현될 가치들을 이 지상에서 선취하여 근사치적으로 사회화시키는 자들이다. 불행하게도 교회사의 오랜 시대는 '하나님 나라'보다는 교회 체제의 확대와 유지에 더 충실했다(이신건, 1991). 하나님 나라 완성의 희망을 따라 모험에 찬 창조적 순례를 하기보다는 그 시대의 정사와 권세가 제시하는 이데올로기나 가치관에 순응해왔다. 2000년 교회사를 통해 확실히 드러난 것은 세계변혁에 기여하지 못하는 교회는 하나님 나라의 장애물로 작용한 때가 많았다는 사실이다.

2) 마르크스-엥겔스의 사회과학

마르크스와 엥겔스의 사회과학적 인식은 1848년 2월에 선포된 『공산당 선언』에 잘 드러나 있다. 특히 1장 「부르주아와 프롤레타리아」는 계급 투쟁적 사회과학 인식을 핵심적으로 포착한다. 그 내용을 요약하면 다음과 같다.

> 지금까지의 모든 사회의 역사는 계급투쟁의 역사다. 자유민과 노예, 귀족과 평민, 영주와 농노, 동업 조합의 장인과 직인, 요컨대 서로 영원한 적대 관계에 있는 억압자와 피억압자가 때로는 은밀하게, 때로는 공공연하게 끊임없는 투쟁을 벌여왔다. 그리고 이 투쟁은 항상 사회 전체가 혁명적으로 개조되거나 그렇지 않으면 투쟁하는 계급들이 함께 몰락하는 것으로 끝났다.

이 『선언』은 부르주아가 봉건 제도를 무너뜨릴 때 사용한 그 무기가 이제는 부르주아 자신에게 겨누어진다는 점을 강조한다. 이에 따르면 부르주아는 자신에게 죽음을 가져올 무기를 발전시켰을 뿐만 아니라 이 무기를 자신에게 겨눌 사람들, 즉 프롤레타리아라는 현대의 노동자들도 만들어냈기 때문이다. 부르주아는 끊임없이 투쟁을 해왔다.

> 처음에는 귀족과 투쟁했고 나중에는 공업 발전에 대립하는 이해관계를 가진 일부 부르주아층과 투쟁했으며, 그리고 언제나 외국의 부르주아 전체와 투쟁했다. 이 모든 투쟁에서 부르주아는 프롤레타리아에게 호소했고 그 도움을 받지 않을 수 없었으며, 그들을 정치 운동에 끌어들이지 않을 수 없었다. 그 결과, 부르주아는 자신들만이 누려오던 정치·일반적 교양의 요소를, 즉 부르주아 자신에 대항할 무기를 프롤레타리아에게 제공했다.

마르크스와 엥겔스는 당시 기준으로 볼 때 부르주아와 대립하는 모든 계급 가운데 오직 프롤레타리아만이 참으로 혁명적인 계급이라고 주장한다. 다른 모든 계급은 대공업이 발전하면서 몰락하여 멸망하지만, 프롤레타리아는 대공업 자체의 산물이라는 것이다.

마르크스와 엥겔스는 법률, 도덕, 종교, 그 밖의 모든 것이 프롤레타리아에게는 부르주아적 편견에 지나지 않으며, 그 배후에는 그만큼 부르주아적인 이해관계가 가려져 있다고 본다. 그들은, 이 한때는 혁명적이었던 부르주아에 대항하여 신흥 혁명계급인 프롤레타리아가 지금까지의 자신들의 전유(專有, Aneignung) 양식을 폐지하고 그와 함께 지금까지의 모든 전유 양식도 폐지함으로써만 사회적 생산력을 장악할 수 있다고 본다.

> 프롤레타리아에게는 보호해야 할 자기 것이라고는 아무것도 없다. 그들은 지금까지 사적 소유를 보호하고 보장해온 것들을 모두 박살내지 않으면 안 된다. 지금까지 일어난 모든 운동은 소수의 운동이었거나 소수의 이익을 위한 운동이었다. 프롤레타리아 운동은 압도적 다수의 이익을 위한 압도적 다수의 자주적 운동이다. 요즘 사회의 최하층인 프롤레타리아트는 공적(公的) 사회를 이루고 있는 겹겹의 상부구조 전체를 폭파하지 않고서는 일어날 수도 없고 허리를 펼 수도 없는 것이다. 지금까지의 모든 사회는 억압하는 계급과 억압받는 계급의 적대 관계에 바탕을 두고 있었다. 부르주아 계급이 존립하고 지배하기 위한 가장 본질적인 조건은 부가 개인의 손 안에 쌓이는 것, 즉 자본이 만들어지고 늘어나는 것이다. 자본주의의 존재 조건은 임금 노동이다. 임금 노동은 노동자 서로 간의 경쟁 위에서만 유지된다.

마르크스와 엥겔스는 부르주아가 싫든 좋든 촉진하지 않을 수 없는 공업의 진보는 경쟁에 의한 노동자들의 고립 대신에 연합에 의한 그들의 혁명적 단결을 가져온다고 진단한다. 이처럼 대공업의 발전과 더불어 부르주아가 생산물을 생산하고 점유하는 기반 자체가 부르주아의 발밑에서 무너져 가는 것은 정한 이치라는 것이다. 이 두 사람에게 부르주아의 멸망과 프롤레타리아의 승리는 다 같이 피할 수 없는 일이다.

2장 「프롤레타리아와 공산주의」는 종교나 도덕이 보유한다고 주장하는 영원한 진리를 부정한다고 선언한다. "공산주의는 도덕이나 종교를 개조하는 대신에 그것을 부정한다." 그리고 여기서 공산주의의 10계명을 선포한다. 공산주의 혁명을 이스라엘의 건국과 같은 신적 후광으로 미화하는 듯한 인상을 준다.[13] 『공산당 선언』은 공산주의 혁명이 발전을 거치는 가운데 계급적 차이가 사라지고 모든 생산이 연합된 개인들의 손 안에 집중되면, 공권력은 그 정치적 성격을 잃어버리게 될 것이라고 예언한다. 프롤레타리아가 부르주아에게 대항하는 투쟁에서 반드시 계급으로 한데 뭉쳐 혁명을 통해 스스로 지배계급이 되고 또 지배계급으로서 낡은 생산관계를 폭력적으로 폐지하게 된다면, 그들은 이 생산관계와 아울러 계급적 대립의 존재 조건과 계급 일반 또한 폐지하게 될 것이며, 따라서 자기 자신의 계급적 지배까지도 폐지하게 되리라는 것이다. 『공산당 선언』은 계급과 계급 대립으로 얼룩진 낡은 부르주아 사회 대신에 각자의 자유로운 발전이 전체의 자유로운 발전의 조건이 되는 연합체가 나타나게 될 것이라고 예언한다.

3장 「사회주의와 공산주의 문헌」에서 『공산당 선언』은 공산주의의 유사품을 강력하게 비판하는데, 기독교사회주의도 비판한다. "성직자가 언제나 봉건 영주와 손을 잡았던 것처럼, 성직자의 사회주의 또한 봉건적 사회주의와 손을 맞잡고 있다. 기독교적인 금욕주의에 사회주의적 색깔을 입히는 것처럼 쉬운 일은 없다. 기독교 또한 사적 소유, 결혼, 국가를 극구 반

13) ① 토지 소유를 몰수하고, 모든 지대를 국가 경비에 충당하는 것; ② 고율의 누진세; ③ 모든 상속권의 폐지; ④ 모든 망명자와 반역자의 재산을 몰수하는 것; ⑤ 국가 자본과 배타적인 독점권을 가진 국립 은행을 통해 국가의 손 안에 신용을 집중시키는 것; ⑥ 운송수단을 국가의 손안에 집중시키는 것; ⑦ 국영 공장의 수와 생산도구를 늘리고, 공동계획에 따라 토지를 개간하고 개량하는 것; ⑧ 모두에게 똑같은 노동 의무를 부과하고 산업 군대, 특히 농업을 위한 군대를 키워 내는 것; ⑨ 농업과 공업의 운영을 결합하고, 도시와 농촌 사이의 차이를 차츰 뿌리 뽑도록 하는 것; ⑩ 모든 아동에 대한 사회적 무상 교육, 오늘날과 같은 아동들의 공장 노동을 폐지하고 교육과 물질적 생산을 결합하는 것 등등.

대하지 않았던가? 기독교는 그 대신에 자선과 구걸, 독신과 금욕, 수도원 생활과 교회를 설교하지 않았던가? 기독교 사회주의는 성직자가 귀족들의 분노에 끼얹어 주는 성수(聖水)일 뿐이다." 마지막으로 3장에서 『공산당 선언』은 공상적 사회주의와 공산주의에 대한 비판을 가한다. 프롤레타리아와 부르주아 사이의 투쟁이 충분히 발전하지 못한 초기에 태어난 생시몽, 푸리에, 오언 등의 체계는 계급 간의 대립과 지배적인 사회 안에서 그 사회를 무너뜨리는 요소가 작용한다는 사실을 통찰하고 있었지만 프롤레타리아에게서는 아무런 역사적 독자성도, 그들 나름의 고유한 정치 운동도 보지 못했다. 계급 대립의 발전은 공업의 발전과 발맞추어 나아가기 때문에, 그들은 프롤레타리아 해방의 물질적 조건들을 발견할 수도 없었고 이러한 조건을 창출해낼 사회과학과 사회법칙을 찾을 수도 없었다. 역사적 행동 대신에 그들 개인의 창의적인 노력이, 해방의 역사적 조건들 대신에 환상적인 조건들이, 그리고 프롤레타리아가 차츰 계급으로 조직되어가는 과정 대신에 이 공상적 사회주의자들이 제시한 처방에 따른 사회조직이 자리를 차지할 수밖에 없었다. 그들은 자신들의 계획 속에서 주로 가장 고통받는 계급인 노동자 계급의 이익을 대변한다고 믿기는 했다. 그러나 그들에게 프롤레타리아트는 가장 고통당하는 계급으로만 보였을 뿐이다.

4장 「각종 반정부당들에 대한 공산주의자의 태도」에서 『공산당 선언』은 공산주의자들은 어디서나 현존하는 사회·정치 제도를 반대하는 모든 혁명운동을 지지한다고 말한다. 공산주의자들은 모든 나라 민주주의 정당의 단결과 협력을 위해 어디서나 애쓴다는 것이다. 마지막 단락은 왜 공산주의 혁명이 그토록 치열했으며 폭력의존적이었는지 보여준다.

> 공산주의자들은 자신의 견해와 의도를 감추는 것을 경멸받을 일로 여긴다. 공산주의자들은 자신들의 목적이 현존하는 모든 사회질서를 폭력적으로

> 타도함으로써만 이루어질 수 있다는 것을 공공연하게 선언한다. 지배계급들이 공산주의혁명 앞에서 벌벌 떨게 하라. 프롤레타리아가 혁명에서 잃을 것이라고는 쇠사슬뿐이요 얻을 것은 세계 전체다. 전 세계의 프롤레타리아여, 단결하라!

이처럼 마르크스-엥겔스는 사회를 두 개의 구성체로 나누어 본다. 생산력과 생산관계로 구성된 토대, 즉 하부구조와 이데올로기·법률·국가기관 등으로 구성된 상부구조가 그것이다(양상철, 1987: 73~90). 그들에 따르면 당연히 하부구조(계급관계)가 상부구조(국가, 이데올로기, 법률, 종교)를 규정한다. 사회구성체적 진술로 하자면 모든 사회에는 계급갈등이 역사하고 있으며, 이런 계급적 이해가 얽힌 사회에서는 초계급적인 사회과학이나 집단이 있을 수 없다. 계급갈등의 사회 속에서 기독교회는 계급갈등으로부터 면제되거나 격리되어 있지 않다(Verjaey, 1986: 7~26). 마르크스적 사적 유물론의 핵심은 사회적 '존재'의 1차성과 '의식'의 2차성을 승인한다. 기독교회는 왕왕 변혁운동의 1차적 대상으로 설정된 채 상부구조로 기능해왔다는 비판에 시달려왔다(니버, 1988: 52~56). 마르크스와 엥겔스에 따르면 계급갈등이 첨예한 곳에서 국가란 '일반의지의 총화'가 아니다. 거기에는 국민들의 다양한 정치·경제적 이해관계를 공평하게 통합 조정하는 사전적 의미의 국가란 존재하지 않는다. 계급적대의 현실 속에서 국가란 지배계급의 경제적 기초를 우선적으로 일괄 보호하고 강화하는 계급조직이며, 계급사회가 만들어낸 '계급 비화해성'의 산물일 뿐이다. 사회혁명은 계급투쟁의 최고의 표현물로서 사회구성체를 근본적으로 변혁시키는 새로운 생산력과 낡은 생산관계 상호간의 경제적 갈등 및 사회계급 간의 사회적 갈등을 해결하는 것이다. 사회혁명이란 생명이 다해가는 계급의 권력이 전복되고 진보적 혁명계급의 권력이 수립되는 사회변동으로 무장봉기, 국내전쟁과는 구별된다는 것이다(녹두편집부 편, 1985: 20~28, 150~169, 231~239). 『공산당 선언』은 계급갈등이 양적 · 질적인 발전을 하면 계급투쟁이 되고, 그것이 축적되면 사회 혁명이 일어나 더 정의로운 사회구성체를 산파해낸다고 굳게 믿는다. 부르주아 자본주의 사회구성체도 중세 봉건계급과 부르주아계급의 400여 년간에 걸친 계급투쟁과 사회혁명의 산물이다. 한때 부르주아 계급은 최고의 선진계급이었으며, '자유, 평등' 사상은 봉건사회에서 형성된 새로운 경제적 관계의 부르주아 이데올로기적 반영이며, 이것은 낡은 가죽 부대 봉건제를 부수는 무기였다는 것이다(河野健二, 1983: 80~100, 119~125).

3) 마르크스-엥겔스 사회과학의 기독교적 뿌리

역사적으로 보면 계급투쟁적인 역사관을 가진 이 마르크스 - 엥겔스주의는 기독교의 변경에서 배태된 면이 없지 않다(로흐만, 1973: 128).[14] 체코의 개혁신학자인 얀 밀리치 로흐만(Jan Milic Lochman)은 마르크스 - 엥겔스주의 안에 있는 기독교적 경향성을 잘 지적하고 있다(로흐만, 1975: 16~49). 마르크스는 1835년 고등학교 졸업시험을 위해 요한복음 15장에 대한 논문을 쓴 적이 있다. 초대 기독교회에서 원시 공산주의의 맹아단계를 본다고 주장했던 엥겔스는 예수 그리스도보다는 요한계시록에서 기독교의 원형을 보려고 했다. 마르크스주의자 중 가장 광범위하게 예수의 생애를 연구한 인물은 칼 카우츠키(Karl Kautzschy)로서, 『그리스도교의 기원』(1908)에서 그는 초대 기독교는 팔레스타인 프롤레타리아의 모임이었으며 예수는 메시아적 공산주의적 혁명지도자였다고 주장했다. 그가 십자가에 달려 죽은

14) 역사에 대한 긍정적 평가, 인류에게 희망을 주려는 역사변혁적 추진력 등이 공통점이다.

이유는 로마 제국을 포함한 당국자들 앞에서 그가 자신을 혁명적인 메시아라고 자임했기 때문이라는 것이다. 예수가 죽은 후에 복음서에 남겨진 평화로운 예수상은 정치색이 탈색된 결과라는 것이다. 이런 카우츠키의 예수상은 고전적인 마르크스주의자들이 예수를 이해하는 전형을 보여준다(로흐만, 1975: 16~17).

하지만 초기 공산주의적 혹은 사회주의적 혁명정치가들은 나사렛 예수와 초대 교회 이후의 기독교회에 대해서는 아주 비판적이었다. 특히 레닌은 『사회주의와 종교(Socialism and Religion)』라는 책에서 마르크스에 대해 해설하면서 다음과 같이 말했다.15)

> 고된 노동을 하고 궁핍 속에서 살아가는 사람들에게 종교는 지상에 사는 동안 고분고분하고 인내심을 가지고 살되 하늘의 상급을 바라보고 위로받으며 살라고 가르친다. 한편 다른 사람의 노동으로 살아가는 자들에게는 종교가 지상에 살면서 자선을 행하라고 가르치며 착취자로서의 그들의 전 존재를 정당화할 수 있는 길을 제공한다. 종교는 그 착취자들에게 아주 싼 값으로 천국의 안녕을 살 수 있는 표를 판매한다. 이래저래 종교는 전 민중에게 아편이다(Scarfe, 1982: 35~36).

마르크스는 또한 『헤겔 법철학 비판』에서 종교는 억압받는 피조물의 표지라고 말하며 계급투쟁이라는 현실을 인식하지 못하게 만드는 종교라는 환각적 냄새를 제거하는 것이 사회적 혁명의 과제라고 말했다. 그러나 기독교는 쉽게 소멸되지 않았고 심지어 1917년 소련의 공산혁명 이후에도 사라지지 않았다. 그래서 레닌은 『사회주의와 혁명』에서 사회주의 혁명 완

---

15) Alan Scarfe, "Communism and Christianity," pp. 35~36.

수를 위해서는 종교적인 안개가 왜 생겨났는지에 대한 역사적인 기원을 잘 추적하여 종교의 필요성을 원천적으로 소거함으로써 무신론을 공식적으로 선전해야 할 것을 강조한다(로호만, 1975: 17).

마르크스나 엥겔스, 스탈린과 마오쩌둥에 이르는 모든 사회주의 및 공산주의 사상가들은 기독교가 자본주의적인 체제의 산물일 뿐이며 자본주의 소멸과 함께 기독교도 소멸될 것이라고 주장했을 정도로 기독교에 대해 무지했고 적대적이었다(Scarfe, 1982: 35). 그런데 마르크스나 엥겔스의 기독교 비판은 무엇보다도 정치적이고 역사적인 이유 때문에 이루어진 비판이었다는 점을 유의해야 한다. 그들의 종교비판은 부르주아 사회 비판의 일부였다는 점이다. 얀 밀리치 로호만이 잘 지적했듯이 마르크스의 기독교 비판은 기독교회의 두 가지 현상, 기독교회의 정치권력 남용과 맘몬 숭배 때문이었다(Lochman, 1977: 83~93). 하지만 마르크스의 기독교 비판은 이 수준을 훨씬 뛰어넘는 영적·형이상학적 차원의 적의를 감추고 있다. 후에 전개된 마르크스 체제 국가들의 기독교 박해가 현실정치적인 차원의 통제나 박해 이상의 영적 적개심을 드러낸 이유는, 마르크스의 기독교에 대한 영적 적대심 때문이었을 가능성이 크다는 것이다. 이런 상황에서 기독교회도 사회주의 및 공산주의 국가들의 야만적 종교 및 인권 탄압을 보면서 공산주의를 사탄적인 정체 이하도 이상도 아니라는 입장까지 내놓았다. 공산주의와 기독교회는 공존이 불가능한 두 대립자라고 보기에 이른 것이다.[16] 이

16) 라틴 아메리카의 해방신학과 공산주의자가 된 가톨릭 사제들은 예외이다. 쿠바의 피델 카스트로가 놀랄 정도로 라틴 아메리카의 일부 급진적 해방신학자들은 공산주의자가 되고 공산주의자가 신학자로 전환하는 데 별다른 어려움이 없었다(George Paterson, "Marxism: The Twentieth Century Religion," in Scarfe & Sookhdeo(eds.), *Christianity & Marxism*, p. 21). 해방신학자 호세 미게스 보니노(Jose M. Bonino)도 그의 저서에서 라틴 아메리카의 사회적 혁명은 갱신되고 참여

처럼 순수 기독교 복음과 순수 공산주의 이념의 유사 근원성에도 불구하고 현실 기독교회와 현실 공산주의 세력은 간단없는 갈등 관계를 이어오고 있다.

이런 마르크스-엥겔스의 계급투쟁적인 역사관과 반(反)기독교적 혁명사관에 대한 선이해 없이는 남한 기독교회가 북한 사회주의와의 대화 자체를 추진하기가 힘들 것이다. 북한식의 사회주의인 주체사상과 그것에 의해 지배당하는 북한 사회를 이해하기 위해 마르크스-엥겔스의 사회과학에 대한 이해는 필수적인 것이다. 그동안 사회주의와 공산주의에 대한 기본적인 이해 위에서 사회주의와 대화를 시도한 역사가 없지 않았다. 세계기독교회의 관점에서 보면 사회주의나 공산주의적 사회운동에 대한 교회의 응답은 비체계적이긴 했지만 간간이 있어왔다. 세계교회협의회(WCC)가 사회주의권 국가와 그 체제 아래 있는 교회를 인정하고 그런 교회들을 대화 상대로 인정하면서부터 사회주의적 체제 아래서도 기독교가 존립할 수 있는 사실을 인정하기에 이르렀다. 특히 자본주의 사회의 악마적 착취구조나 임노동이 강요한 사회적·인간적 소외현상을 비판해온 공산주의에 대한 신구교 기독교회의 인정은 양자 간의 대화를 효과적으로 추진하는 하나의 계기가 되었다.[17]

적인 그리스도인들의 헌신적 참여가 없다면 상상할 수 없으며, 이 라틴 아메리카의 경우는 단지 마르크스주의와 기독교의 대화 수준의 관계가 아니라 마르크스주의적 사회분석에 입각한 공동의 혁명 참여의 사례임을 강조한다(Bonino, 1976).

17) David Lyon, "Some Christian Reflections," in Scarfe & Sookhdeo(eds.) *Christianity & Marxism*, p. 143. 1950년부터 시작된 WCC의 동구권 교회 포용과 1960년대 중반에 나온 교황청의 노동 관련 교서들은 자본주의에 대한 공산권 국가들의 비판에 대한 응답으로 보인다(데이, 2009)

3. WCC 이전의 사회주의와 기독교와의 대화: 레온하르트 라가츠의 종교사회주의[18]

WCC가 사회주의와 기독교의 대화를 시도하기 전에 일찍이 스위스의 종교사회주의자라 부르는 헤르만 쿠터(Hermann Kutter, 1863~1931)와 레온하르트 라가츠(Leonhard Ragaz, 1868~1945)는 기독교와 사회주의 중간 지대에서 대화가능지점을 구축하려고 애썼다.[19] 쿠터와 함께 19세기 초중엽의 스위스 종교사회주의를 대표하는 라가츠는 1903~1906년 사이에 국제 종교사회주의자 연맹(international league of Religious Socialists)을 결성했다. 이 둘은 사실상 독일 개신교 사상 최초의 기독교사회주의자였던 크리스토 블룸하르트(C. Blumhardt)에게 깊은 영향을 받았다(McManners, 1990: 360). 이들이 종교사회주의 운동을 펼치려던 당시 정통 루터파 교회 안에서는 모든 사회적 변혁운동이 부정되었고 하나님의 이름으로 사회를 변혁하려는 운동은 어떤 반향도 불러일으키지 못했다. 은총의 초월성에 갇힌 무기력한 전통교회와 극단적인 세속적 메시아운동인 사회주의 혁명이라는 양극단에서 라가츠는 제3의 길, 종교사회주의의 길을 걸으려고 했다(Tillich, 1980: 289~290). 그는 "내 나라는 이 세상에 속하지 않는다"는 예수님의 말씀(요 18 : 36)을 기반으로 하나님 나라는 이 세상을 위한 하나님의 선물이자 약속이며 역사내재적인 변혁 에너지를 창조하는 변혁의 힘이라고 믿었다.

---

18) 라가츠에 대한 이 부분의 논의는 웹상에 실린 이신건 교수의 논문에 빚지고 있다(http://sgti.kehc.org/myhome/system-theology/5.html).

19) 라가츠와 마르크스주의의 관계에 대한 박사학위 논문으로는 김희은(Kim, Hee-Eun)이 쓴 *Das Verhältnis zwischen Christentum und Marxismus-Leninismus bei Leonhard Ragaz in seiner Bedeutung für die Minjung-Theologie* (Haag: Herchen, 1991)이 있는데 민중신학의 관점에서 양자를 비교한 저작이다.

그는 스위스의 쿠르 시(市)의 목사로 부임한 후부터 훨씬 더 사회문제에 관심을 갖기 시작했다. 노동자들의 비참한 생활환경과 노동조건, 가정파괴, 이로 인해 빚어지는 사회적 일탈행동과 각종 범죄와 알코올중독 현상 등을 목격한 후 악의 사회구조적 차원에 눈을 뜨고, 죄악된 사회구조에 대해서 사회적 연대 죄책감을 느꼈다. 바로 이런 시점에 그는 자본주의 체제의 비인간화 방향을 체계적으로 분석한 마르크스의 『자본론』을 읽었으며, 영국 사회주의자들과도 교유했다.

그렇지만 그가 노동운동과 본격적으로 접촉하기 시작한 것은 1902년에 바젤로 목회지를 옮긴 이후였다. 바젤에서 그는 크리스토퍼 블룸하르트의 직·간접적 영향 아래 현실의 모든 영역에서 미래로부터(종말시점) 역진적(逆進的)으로 쇄도해오는 하나님의 나라와 세상의 나라 간의 치열한 투쟁이 진행되고 있음을 보았다. 하나님의 나라는 이 세상으로부터 역사 내재적으로 발전해 나오는 것이 아니라 역사 저편으로부터 대립적으로 쇄도하는 것이다. 라가츠에 의하면 교회적인 것 혹은 기독교적인 것이라고 해서 모두가 다 하나님으로부터 나오는 것은 아니다. 오히려 역사변혁적 하나님 나라, 역사침투적(歷史浸透的) 하나님 나라를 세상에 가져온 예수 그리스도와의 일치 여부가 기독교적인 것과 비기독교적인 것 사이의 기준이 된다. 하나님 나라 노선에서 나오는 것이라면, 설령 세속적인 것이나 무신론적인 옷을 걸치고 나온다고 하더라도, 결국에는 하나님으로부터 나와서 하나님께로 가는 것이다. 이러한 관점에 근거해서 라가츠는 사회주의를 하나님 나라의 당대적 발현이라고 이해하게 되었다. 1903년에 바젤의 벽돌공 파업에 관한 바젤 성당의 설교에서 그는 노동운동을 구속사적으로 해석했다. 여기서 그는 사회주의적 변혁운동이 종교개혁과 프랑스의 혁명보다 더 중요한, 기존의 제반 상황의 거대한 변혁이라고 선언했다. 그는 인간의 권리와 자유를 위한 노동운동의 투쟁에서 하나님의 현재적 활동이 실현되는 것

을 보았다.[20]

이런 실천의 맥락 안에서 라가츠는 기독교와 사회주의의 발전적 통합을 보여준다. 사회주의에 대한 라가츠의 상세한 입장을 보여주는 저서는 『그리스도로부터 마르크스에게로, 마르크스로부터 그리스도에게로: 한 기고(Von Christus zu Marx, von Marx zu Christus: ein Beitrag)』(1929)이다. 여기서 그는 기독교와 마르크스주의의 대화를 산파하기 위해 기독교와 종교, 자본주의와 과학적 사회주의를 공히 비판하고, 진정한 기독교와 진정한 사회주의를 통합하는 중심 지점인 제자직을 강조했다. 라가츠에 따르면 사회주의와 기독교는 본래 하나님의 나라라는 모집단의 표본집단과 같은 요소들이다. 하나님의 나라는 새 하늘과 새 땅을 가져온다. 이 새 하늘과 새 땅은 역사 속에서 창조하실 새로운 인류, 피조물 공동체를 의미한다. 라가츠가 보기에는 전통적인 기독교가 오직 새 하늘만을 바라보고 옛 땅과는 만족하게 지낸다. 그래서 기독교는 민중의 아편이 된다는 것이다.[21] 그 타계주의적 기독교의 주요 관심은 개인 영혼, 내면, 고난과 죽음의 지극히 개인적 극복이다. 물론 일반 교회도 사랑의 행위를 호소하지만, 제반 상황의 변혁을 요

---

20) 여기서 그는 모든 그리스도인이 사회운동에 참여해야 할 이유를 다음과 같이 들었다. ① 그리스도인은 예수의 뒤를 따르기 위해 사회적 투쟁에서 약자의 편을 든다. ② 사회운동 안에는 인간화의 크나큰 진보가 나타난다. 이 운동 안에서 기독교 복음의 핵심적 사상, 즉 인간의 하나님의 자녀 됨과 형제 됨의 사상이 실현된다. ③ 사회운동에는 무신론과 같은 달갑지 않는 현상이 나타난다. 이것은 부분적으로 공적인 그리스도교의 큰 잘못에 근거하고 있다. 그러나 이성을 가진 자는 이 모든 소용돌이 속에서도 창조적인 하나님의 영이 활동하고 지배하고 있음을 본다. ④ 그리스도인은 사회주의에 참여함으로써, 사회주의가 탈선하지 않도록 지켜야 한다. 이것은 하나님의 부름이다. 이 부름을 듣지 않는다면 큰 심판에 봉착할 것이다.

21) 마르크스의 종교비판("아편종교")을 기대어 한국 기독교의 아편종교화를 통렬하게 고발한 박철수(2006: 8장, 128~142)를 보라.

구하진 않기 때문에 하나님 나라의 요구에 부응할 정도의 사회변혁적 요구에 대해서는 마치 의식 마비를 조장하는 아편과 같은 기능을 한다는 것이다. 그래서 타계주의적 기독교인들은 하나님을 찾으나 하나님의 나라가 없는 하나님을 찾는다. 그래서 개인구원 절대주의는 속물적 이기주의로 변질될 수 있다. 이런 타계주의적 개인구원주의는 세계변혁에 대해서는 거의 비관주의적이고 염세주의적 세계관을 갖고 있다. 어차피 옛 세상은 불에 타서 없어지고 말 것이니까 개선하려고 노력하는 것 자체가 도로(徒勞)에 지나지 않는다는 것이다. 이런 생각은 정치적 보수주의와 반(反)변혁적 기득권 옹호 세력에게 쉽게 접목되는 신앙노선이다. 이런 신앙노선에 충실한 서유럽의 주류 교단에 의해 대표되는 공적인 기독교(루터파)는 소유문제와 폭력문제의 해결에 실패했다. 하나님 나라의 역사침투적이고 변혁적인 에너지가 새로운 충격을 일으키며 역사 안으로 유입되어왔으나, 그것은 공적인 교회에 의해 거부당했기 때문에 교회와 대립하게 되었다.[22)]

라가츠는 하나님의 나라 이해로부터 기독교를 비판하면서 '종교' 개념을 사용한다. 바젤의 목사대회(1906)의 주제강연('복음과 오늘날의 사회적 투쟁')에서 그는 현실안주적 종교와 미래지향적 종교를 날카롭게 구분했다. 예수를 통해 계시된 하나님의 나라는 그 역동성에서 현실안주적 종교로서의 기독교와는 날카롭게 구분된다. 예수의 오심으로 하나님에 의한 세계변혁의 희망이 무의미하지 않다는 것이 증명되었다(크라우스, 1986: 13~23). 예수도 결국 이 세상 안으로 들어왔기 때문에, 두 영역은 이제 분리된 상태로 있어서는 안 된다. 더는 모든 종교의 어머니 역할을 하던 이원론은 존재할 수

---

22) 예를 들면 16세기 종교개혁가 루터는 농민혁명에 반대하고 영주들에게 농부들을 진압하라고 요구했는데(1525), 이때부터 하나님의 나라와 교회의 연결고리는 완전히 깨어졌다.

없게 되었다. 그러나 기존의 세계탐닉적이고 의존적인 기독교는 도래하는 하나님 나라에 대한 극단의 영적 무감각과 술 취한 태도를 보여줌으로써 하나님 나라의 역동적인 힘에 의해 파쇄될 운명에 처하게 되었다. 이 경우에 종교는 내세에 대한 인간들의 불확실한 지식을 이용하여 내세의 구원을 지상의 종교시장에 도매상 또는 소매상처럼 팔아넘긴다. 종교화된 기독교는 필연적으로 권력, 소유와 관련되며, 따라서 교회의 위기는 종교화된 기독교의 위기다. 나사렛 예수의 하나님 나라 운동에 대해 당대의 모든 기득권 세력이 합력하여 결사적으로 저항하듯이 하나님 나라 운동은 어떤 시대건 기득권 세력 연합체의 드센 저항을 예기해야 한다.

라가츠는 자본주의가 프랑스 대혁명을 주도했던, 한때는 혁명적이었던 시민(부르주아) 계급의 도덕적 파산 현장임이 드러났고 그것은 이기주의, 야수성, 기계주의, 물질주의, 비인간성, 무신성(無神性)을 상징하는 이름이 되었다고 비판한다. 자본주의 체제가 비도덕적이고 반하나님적인 까닭은 이 체제가 인간의 노동이 갖는 창조성을 파괴하고, 이윤이라는 비본래적인 목적에 굴종하기 때문이다. 자본주의는 개개인의 노동만이 아니라 인간들 사이의 공동체성도 심각하게 훼손시킨다. 자본주의 체제에서는 모든 것이 상품이 된다. 성스러운 것은 아무것도 없고, 인간관계도, 자연의 아름다움도, 윤리적·종교적 진리도, 어떤 이상도 존재하지 않는다. 오로지 돈이 주인이다. 이렇게 오로지 돈이 인간에게 주인 노릇을 한다.

라가츠는 자본주의에 대한 비판을 가한 후 이제 소련에서 전개되던 과학적 사회주의에 대한 비판으로 나아간다. 그에 따르면 사회주의가 물질관계의 중요성을 특별히 강조한 것은 큰 공헌이다. 사회주의는 공적인 교회와 대립하지만 성서와 대립하는 것은 아니라고 본다. 왜냐하면 성서 안에는 '거룩한 물질주의'가 있기 때문이다. 그렇지만 현실 사회주의는 유감스럽게도 18세기의 과학주의와 결합되었다. 사회주의는 기계론적·인과론적·

결정론적 세계관, 윤리적 상대주의와 방종주의에 빠졌다. 역사가 변증법적 발전 속에서 이성적 목적을 향해 움직인다는 생각은 헤겔의 관념론에서 유래한 것이고, 이 점에서 종교적 근거를 갖고 있다. 따라서 마르크스주의는 자연과학적 강점이 있음에도 일종의 유사 메시아적 종교로 교조화되고 변질되었다. 철학적 사색 혹은 차가운 과학의 형식을 띤 이 유사 메시아적 메시지는 마치 복음처럼 대중을 사로잡았고, 새 희망과 삶으로 열광시켰다. 과학적 사회주의는 이렇게 스스로 비과학적임을 드러냈다. 과학적 사회주의는 그릇된 관념주의에 맞서서 자연주의와 결합되었다. 다윈의 진화론은 그 생존투쟁의 이론으로써 식민주의, 군국주의, 제국주의를 정당화하는 세계관으로 확대되었다. 볼셰비즘은 이 폭력신앙을 받아들였고, 이로써 계급투쟁의 제국주의적·군국주의적 형태를 발전시켰다. 그렇기 때문에 볼셰비즘은 결코 새 세계를 이룩하지 못한 것이다. 결국 라가츠의 예측대로 공산주의 혁명은 거의 70여 년 만에 막을 내리고 말았다. 과학주의가 유사종교적인 경직된 교조로 변질될 때 현실인식의 오류를 범할 수밖에 없고 유사 메시아적 종교로 등장한 사회주의는 몰락했다. 물론 이것이 귀납적·실천적·현실적인 사회주의적 프로그램의 소멸을 의미하지는 않는다. 라가츠에 따르면 현실주의 사회주의의 모순과 폭력적 전체주의화는 그것이 하나님 나라의 초월적 침투(浸透)에 대한 신앙, 즉 영성을 배척하기 때문이다.

라가츠는 기독교와 사회주의 양자에 대한 비판을 바탕으로 이제 양자가 접목될 수 있는 진정한 기독교와 진정한 사회주의의 재활 복구를 기도(企圖)한다. 그는 진정한 기독교와 진정한 사회주의는 윤리적 사회주의 안에서 새로이 결합될 필요가 있다고 주장한다. 이 사회주의는 물질주의와 관념주의를 서로 보충하는 두 점으로서 관련시킨다. 사회주의는 공의가 지배하는 새 땅을 추구한다. 사회주의는 물질, 소유, 기계의 지배로부터 인간을 해방시키려고 한다. 사회주의는 모든 인간의 연대적 결속 원리에 따라 생산과 재산을 나누려고 한다. 경제생활의 목표가 되어야 할 것은 이윤이 아니라 공동체의 물질적 요구의 만족이다. 또 이것은 만인 대 만인의 투쟁이 아니라 물질적 곤궁에 대항하는 공동의 투쟁이 되어야 한다. 그 최상의 형태는 협동조합이다. 사회주의는 프롤레타리아의 계급투쟁을 통해 계급대립을 극복하고, 그리하여 계급투쟁을 완전히 제거하려고 한다. 하지만 만약 폭력과 독재로 사회주의를 이룩하려는 자가 있다면, 그는 폭력과 독재에 머물고 말 것이다. 사회주의가 바라는 새 땅의 희망은 그에 일치하는 신앙 속에서 그 의미와 토대를 가질 수 있기 때문에 무엇보다도 기독교가 갱신되어야 한다. 이처럼 라가츠는 초대교회의 제자도에 충실한 기독교가 출현해야 윤리적 사회주의의 실현이 가능하다고 본다.

끝으로 라가츠는 기독교회는 하나님 나라의 메시지가 제자직을 요구한다는 사실을 깨달아야 한다고 주장한다. 예수를 뒤따름이 사회변혁에서 얼마나 핵심적인 토대인가를 깊이 인식해야 한다는 것이다.23) 하나님의 역사의 지평 아래 살기를 원하는 자는 신비한 명상 세계로 도피해서는 안 되고, 그리스도의 통치를 수동적으로 받아들이기만 해서도 안 된다. 왜냐하면 인간이 동역자로 함께 참여함으로써 그 나라를 실현하는 것이 하나님의 섭리이기 때문이다. 예수의 뒤를 따르는 일에는 폭력 포기와 수난 감수가 요구된다. 하나님의 뜻이라면, 수난도 신비한 방식으로 하나님의 나라에 봉사한다는 점을 확신해야 한다. 이것은 예수가 십자가를 통해 우리에게 가르쳐준 길이기 때문이다.

---

23) 김회권, 「사회선교의 성서적 근거」, 『사회선교 한 걸음』(서울: 뉴스엔조이, 2007), 43~45쪽. 같은 글에서 저자는 이데올로기적 세계변혁 운동과 하나님 나라의 세계변혁 운동의 차이를 또한 논한다(46~49쪽).

4. 1948년 세계교회협의회(WCC) 이후의 사회주의와 기독교의 접촉과 대화(1848~1948): 얀 밀리치 로흐만의 입장

1960~1970년대에 WCC를 중심으로 사회주의와 기독교의 대화를 주도한 사람 중 대표자인 체코의 개혁신학자 얀 밀리치 로흐만의 입장은 WCC 안에서 이루어진 사회주의와 기독교의 대화의 창조적 모델로 간주된다. 19세기 말부터 20세기 초까지 이루어진 스위스의 종교사회주의자들의 활동은 기독교와 사회주의의 접목 가능성에 대한 본격적인 시도였다. 그들의 활동은 유럽 개신교가 사회문제에 얼마나 진지하게 응답했는가를 보여준다. 공산주의 국가였던 체코에서 개혁신학자로 일했던 로흐만은 칼 바르트와 조셉 L. 로마드카(J. L. Hromadka) 등의 지도를 받으며 사회주의와 기독교의 새로운 대화의 장을 열었다. 무신론적인 혁명적 인간상과 기독교와의 만남을 시도하는 로흐만의 접근은 북한을 대화의 장으로 끌어내려는 기독교회의 노력에 몇 가지 시사점을 던져준다. 그는 기독교복음과 교회의 사회변혁적 토대를 잘 조명하고 있으며 무신론적 사회주의자들과 기독교인들이 어떻게 대화를 시작하고 유지할 수 있는지에 대해 놀라운 관점을 제시한다. 특히 로흐만의 「그리스도냐, 프로메테우스냐?」는 프로메테우스로 대변되는 마르크스주의적 혁명의 인간상이 과연 그리스도와 어떻게 만날 수 있는 것인지에 대한 문제의식에서 시작된다. 로흐만은 먼저 마르크스주의나 사회주의권에서 일어나고 있는 나사렛 예수에 대한 새로운 이해 시도를 높이 평가한 후 기독교와 마르크스주의의 공통 유산을 훨씬 더 부각시킨다.

저자는 체코의 브르노 육군사관학교 철학교수였던 비테슬라프 가르다브스키(Viteslav Gardavsky)와 에른스트 블로흐(Ernst Bloch, 1885~1977)가 이해한 예수상에 대한 논의부터 시작한다. 우선 가르다브스키의 '예수' 이해

(1966~1967년에 나온 논문 묶음, 『신은 완전히 죽지 않았다』)는 무엇보다 '예수는 유대인이다'라는 단순한 대답으로 정리된다. 가르다브스키에게 '유대인'은 구약성서적 인간을 의미한다. 구약성서적 인간이란 인과율적 질서 속에 어떤 변화 가능성도 가질 수 없는 인간이 아니라, 족장 야곱처럼 열린 가능성을 가진 역사적이고 창조적인 인간상을 대표한다. 그에게 구약성서적 유대인은 운명을 거부하고 가능성을 향해 열려 있는 적극적인 인물이며 나아가 종말론적 개척자로 이해된다. 왜냐하면 이러한 가능성을 실현하고 억압적 현실을 극복할 수 있도록 해방하는 이가 바로 야웨이기 때문이다. 그리고 예수는 이러한 구약성서적 유대인의 전통이 잊혀진 시대에 다시금 하나님 나라의 갱신자로 나타나 기존 질서에서 버림받은 자와 희생된 자들을 중심으로 권력과 충돌했으며 그 충돌지점에서 십자가를 지게 되었다고 이해된다. 그래서 가르다브스키에게 예수의 기적은 자연 질서를 단순히 파괴하는 것으로 이해될 것이 아니라 자연질서라는 단 한 번에 실체화되고 고정된 것을 넘어서는 새로운 가능성에 인간의 삶을 개방시키는 행동이다. 이러한 가르다브스키의 예수 이해가 마르크스주의의 예수 이해에서 새롭게 나타난 난류(暖流)로서 마르크스주의와 기독교 간의 대화 가능성을 새롭게 환기시켰다(로흐만, 1975: 19~26).

하지만 저자가 보기에 마르크스주의의 예수 이해에 대한 난류는 독일 철학자 블로흐에게서 더 적극적으로 나타난다(로흐만, 1975: 26~49). 한국에 많이 소개된 몰트만의 '희망의 신학'의 사상적 원류로서 알려진 블로흐의 예수 이해는 자유주의 신학에 대한 비판으로 시작된다. 블로흐가 보기에 자유주의 신학은 예수를 위대한 도덕군자("나사렛의 온순한 랍비", "영원한 인내자")로 이해할 뿐 현실에 대한 어떤 희망과 메시지도 전해주지 않는 연성화된 교사로 보려고 한다. 반면에 블로흐는 예수를 종말론적 인간성의 계시이며 기존의 것들을 초월하는 인간의 가장 깊은 가능성을 대표하는 인물로 파악한다. 자유주의자들의 견해와 달리 예수는 억압적 현실에 대해 분노할 줄 아는 인간이었으며, 종말론적 희망을 통해 정치적 투쟁을 자취한 인물이었다.

그리하여 예수의 운동은 마성화된 종교권력뿐만 아니라 폭력적인 정치권력까지 새로운 하나님 나라의 종말론적 희망 속에서 극복해야 하는 대상으로 인식했던 것이다. 그러하기에 예수의 운동은 철저하게 현실 지향적 운동인 동시에 종말론적 희망을 지향하는 운동이었던 것이다.

따라서 블로흐에게 예수는 바울 이후 예수운동이 기독교로 정착되면서 갖게 된 종교적이고 추상적인 모습을 벗어나 혁명적이고 인간적인 모습으로 다가왔다. 블로흐에 따르면 나사렛 예수는 하나님처럼 되기 위한 인간적 야심의 상징인 창세기 3장 5절("너희 눈이 밝아져 하나님과 같이 되어")에 나오는 뱀의 성육신이다. 그는 어린 양이 아니라 사자이며 기존 질서와 신이 정한 경계를 넘어서까지 인간을 해방시키려고 했던 궁극적인 프로메테우스다(로호만, 1975: 40). 이렇게 종교적 한계를 넘어서 예수에게로 접근하려는 블로흐의 시도는 곧 '오직 무신론자만이 선한 그리스도인이 될 수 있고, 오직 그리스도인만이 선한 무신론자가 될 수 있다'(로호만, 1975: 38)는 말로 집약된다. 로호만은 이렇게 가르다브스키, 블로흐의 마르크스주의적 예수 이해를 바탕으로 과연 기독교에 마르크스주의의 자리, 혁명적이고 주체적인 인간의 자리, 곧 프로메테우스의 자리가 있을 수 있는지를 천착한다. 과연 프로메테우스적 - 마르크스주의적 인간상과 그리스도교적 인간상은 상호 배타적인가?

로호만의 대답은 마르크스주의와 기독교는 공동의 유산을 가지고 있는 것이므로 상호 배타적일 수 없다는 것이다. 이를 위해 그는 기독교를 감싸고 있는 헬라적 유산을 탈각시키는 데 주력한다. 가르다브스키나 블로흐처럼 로호만도 불변하는 우주적 질서의 토양 위에 성장한 헬라적 유산이 히

브리적 토양에서 자란 기독교을 변질시켰으며 헬라적 유산이 특히 역사적 예수에 대한 이해를 종교적이고 추상적인 그리고 무엇보다 탈세계화된 케리그마(kerygma)의 그리스도로 변질시켰다고 보았기 때문이다. 이 세 사람은 헬라적 전통을 벗어버리고 더욱 근원적인 성서의 전통을 살펴볼 때 프로메테우스의 자리를 발견할 수 있다고 본 것이다. 하지만 로흐만이 강조하듯이, 그렇다고 해서 프로메테우스가 그리스도와 전적으로 동일한 것은 아니다. 즉, 기독교에는 프로메테우스로 대변되는 주체적이고 적극적인 인간상의 모습도 그려져 있지만 그 뒤에는 언제나 신의 은총이 짙게 배어 있다는 점이 다르다는 것이다. 말하자면 기독교는 인간의 적극적이고 종말론적인 희망 속에 혁명적인 삶을 가르치고 있지만, 그러한 인간의 적극적 삶은 또한 신의 은총에 대한 신앙으로부터 가능한 것이기 때문이다. 하나님의 은총은 인간의 능동성과 반드시 충돌하지 않기 때문이다(로흐만, 1975: 62~63). 즉, 신에 의한 은총의 초월성은 종교로서의 기독교의 고유성을 지켜주지만 그러한 초월성은 또한 프로메테우스의 자리에서 확인할 수 있는 굳건한 현실을 기반으로 하여 종말론적 희망을 이야기하는 것으로 풍성해질 수 있는 것이다(로흐만, 1975: 70~72).

여기서 로흐만은 은총론에 대한 마르크스주의자들의 불신이 단순한 오해에서 기인하는 것만은 아니라고 말한다. 그 불신의 바탕은 본회퍼가 일찍이 개탄해 마지않던 값싼 은혜주의적 설교들, 윤리 도덕적 불감증을 심화시키는 구원 남발형 설교 등에도 상당한 책임이 있다는 것이다(로흐만, 1975: 64). 하지만 분명한 것은 은총의 초월성이 인간 생의 궁극적 차원임을 강조하는 기독교는 마르크스주의자와 성서적 유산을 해석하는 데서 반드시 결별할 수밖에 없다는 점이다. 그러나 로흐만은 초월적 은총에 대한 균형 잡힌 강조를 통해, 양자 간의 결별지점을 인지하면서도 기독교와 사회주의와의 대화는 계속될 수 있다고 전망한다. 마르크스주의에서 무신론은 본질적 요소가 아니라 우연적 요소라고 보았기 때문이다(로호만, 1975: 68~69). 마르크스주의는 역사과정에서 빚어진 종교의 오용 현상을 보고 신의 초월성을 부정하는 확고한 준거들을 발견했을 뿐이라는 것이다. 마르크스주의자들이 보기에 이 종교와 구원의 오용 중 가장 빈번한 현상이 기독교회의 역사적 책임으로부터의 도피다. 마르크스주의자들은 기독교회가 하나님의 은총으로 도피하여 세계를 갱신하는 일을 회피하거나 방기하는 것을 비판해오고 늘 의심했다. 하지만 로호만도 인정하듯이, 진지한 기독교인들은 기독교인들의 초월적인 하나님 은혜에 대한 강조가 얼마나 빈번히 역사적·사회적 책임으로부터의 이탈을 의미했던가를 반성적으로 성찰한다. 나사렛 예수의 경우에서처럼 초월적인 은총의 강조는 프로메테우스적인 실천을 강화하고 명백히 한다. 은총의 초월성에 대한 강조는 프로메테우스적인 사회혁명이 궁극의 질서를 대표한다고 믿는 교조주의적 혁명주의의 긴장으로부터 인간을 해소시킨다. 마르크스주의의 유사 메시아적 열광주의에 대한 로호만의 아래 논평은 정곡을 찔렀다.

> 인간은 구원론적인 임무가 주어지지 않으며, 또 이 불가능한 사명을 완수할 수도 없고, 그는 세속적인 일을 해야 자신을 구원할 수도 없다. 따라서 프로메테우스적 인간의 혁명적 참여는 역사적 해방의 일부일 뿐이지 메시야적 구원의 달성은 아니다. …… 따라서 하나님의 은총의 초월성은 프로메테우스적 관심을 깨뜨리지 않고 그것을 명백히 한다. 인간 생명은 역사에서 자주 인간 활동의 그릇된 절대화나 비극적인 메시야적 주장들로 인해 위협당해왔다. 마르크스주의 그 자체는 그 이론을 세속적 구원론으로 내세우려는 유혹에 빠지곤 했다. 이러한 과정에서 …… 정치적 쟁점이 궁극적인 물음으로 나타나며 세계사는 구원사가 되고, 정치조직들이 절대적 미래의 전위대로 나선다. 정치적 이데올로기는 그렇게 되면 손대서는 안 될 도그마의 성격을 갖게 되

며, 정치적 투쟁은 종말론적인 투쟁이 되며, 결국에 가서는 정치적 적대자는 묵시문학적 원수로 이해되고 취급된다(로흐만, 1975: 71~72).

이런 위험에 직면하여 기독교인들은 프로메테우스를 구원자로 생각하는 것을 부정함으로써 프로메테우스를 세속적 해방자로 자리매김해주어야 한다. 프로메테우스적 해방은 가능하나 프로메테우스적인 구원은 신화에 지나지 않는다는 것을 알려주어야 한다(로흐만, 1975: 72). 한 걸음 더 나아가 로흐만은 블로흐의 논의에서 제외되었던 십자가 신학의 의의에 대한 논의를 추가한다. 그는 예수의 십자가에 대한 블로흐의 해석을 비판한다. 블로흐에게 예수의 십자가 죽음은 결정적으로 평가절하되었다. 예수의 십자가 죽음은 비극적이고 예기치 않은 사고요 타격이었을 뿐이었다는 것이다. 블로흐가 이렇게 십자가를 부인하는 데는 강한 이데올로기적인 이유들이 작용하고 있었다. 그는 예수의 혁명적이고 혁신적인 파토스를 종교적 비관주의로 마비시키는 교회의 "십자가 신학"에 항거했다. 이에 대해 로흐만은 십자가는 예수의 행위와 말씀의 중심, 저 종말론적 혁명의 핵심에 속한다고 주장한다. 예수의 희생은 그의 종말론적 혁명에 대한 투신과 연대성, 많은 사람들을 위해 자기 생명을 바치겠다는 각오라는 것이다. 즉, 종말론적 희망도, 혁명에 대한 확신과 적극적이고 주체적인 인간존재에 대한 이해도 모두 필요하지만 이러한 것들은 십자가로 대변되는 고난을 통해 비로소 그 의미를 제대로 발휘할 수 있다는 말이다. 고난을 통해 영광의 신학이 아닌 십자가의 신학, 고난의 신학이 드러나야 하며, 이러한 십자가와 고난의 과정을 통해 비로소 우리는 종말론적 희망의 성취를 바라볼 수 있게 되는 것이다(로흐만, 1975: 43~44).

이상에서 우리는 가르다브스키, 블로흐, 그리고 로흐만에게서 사회주의와 기독교 사이에 오랫동안 존재했던 야만적이고 악의적인 몇 가지 오해들을 벗어던지고 좀 더 능동적인 대화의 자리를 만들어볼 수 있는 여지를 발견했다. 하나님의 아들의 재림에 근거를 둔 초월적인 은총론과 구원론의 사회변혁적인 차원을 발견한 마르크스주의는 기독교를 한갓 신화요 민중의 아편이라고 공격할 수 없게 되었다. 어린 양인 그리스도는 온순한 복종이라고 하는 반혁명의 상징으로, 고난과 인내를 강조하는 십자가의 말씀은 "민중의 아편"으로 보는 마르크스주의자의 기독교 이해도 교정되어야 한다. 마찬가지로, 기독교도 마르크스주의의 프로메테우스적인 혁명정치학을 하나님에 대한 믿음을 저버린 인간의 자기 신뢰의 표시로, 자기구원 의지의 천명이라고 쉽게 단죄할 수 없다. 기독교는 로흐만의 권고에 따라, 마르크스주의를 하나님의 자기강하를 인간 교만의 상승으로 대치시키고, 하나님 나라에로의 회개를 인간의 나라, 공산주의 체제에로의 전향과 인간 나라의 혁명에 대한 투신으로 변질시켜버린 반기독교적·무신론적인(적그리스도적) 종교라고 보는 관점에서 일정 거리를 두어야 한다(로흐만, 1975: 53).

그러나 이런 사회주의와 기독교의 대화가 아직도 확산되지 못한 곳이 바로 우리 남북한의 분단 현실이다. 북한식 사회주의 강령인 주체사상과 기독교의 대화는 요원하고 긴 여정으로 남아 있다. 이제 우리 남한 기독교회가 남북한의 화해와 일치를 위해 기울인 노력을 일별해봄으로써 북한의 주체사상과 기독교의 대화 가능성을 전망해보고자 한다.

이런 로흐만 식의 접근이 동유럽의 사회주의 체제전환에 중대한 영향을 미쳤음은 주지의 사실이다. 전체적으로 세계교회 협의회(2차 바티칸 공의회와는 달리)가 사회주의 정치 블록에 속한 교회에 대해 품었던 포용적·전향적 자세가 사회주의권의 이념 연대가 느슨해진 틈을 타서 오늘날과 같은 동구권 변혁을 촉발시키는 계기가 되었다. 사회주의와 기독교의 대화는 이처럼 교조적 사회주의의 해체에 어느 정도 기여했고 아울러 타계주의적·탈역사적 기독교를 역사변혁적 기독교로 변화시키는 계기를 제공했다. 대화가 쌍방 변화를 야기했던 것이다. 그러나 주체사상으로 대표되는 북한의 사회주의는 유사 종교적 정체(政體)를 가진 사회주의이기 때문에 기독교가 그것과 손쉽게 대화의 장을 마련할 수 있을 것인가 하는 의문이 제기될 수도 있을 것이다. 그럼에도 유럽 기독교와 사회주의의 대화 역사가 남한 기독교와 북한의 사회주의 사이의 대화를 가능케 하는 작은 통찰을 제공할 수도 있을 것이다.

5. 북한식 사회주의와의 대화를 위한 서곡[24]: 주체사상에 대한 이해

지난 냉전 시대에 남한 기독교는 남북분단의 가장 큰 희생자이면서도, 여러 가지 이유로 남북분단의 독성을 여과시켜 화해와 통일의 복음을 적극 전파하는 데 전력을 경주하지는 못했다. 화해의 중보자 예수 그리스도를 주로 모시는 남한 기독교회는 그 본질상 그동안의 체험적 반공주의를 승화시킴으로써 겨레의 화해와 일치에 기여해야 하는 중보자적 사명을 피할 수 없다. 이런 이유 때문에 북한 체제의 척추인 주체사상에 대한 이해와 그것과의 대화는 필수적 과업으로 남아 있다.[25] 감히 주체사상을 이해하겠다고 나선 일부 국내외 기독교인사(김성락[26], 문익환, 홍동근 등)에 대한

---

24) 이 단원의 상당 부분은 김인희(1992: 74~80)에 빚지고 있다.

25) 이에 대해 김병로의 입장은 경청할 만하다. “주체사상을 이해하는 것은 북한 사람과 만날 수 있는 가장 가깝고 좋은 방법이다. …… 북한 사람들이 신봉하는 주체사상을 연구, 이해함으로써 그들의 연대감을 파괴하지 않는 것이 사회통합의 일차적 조건이 된다.…… 그리고 주체사상과 기독교가 어느 정도까지 접근할 수 있는지 그 공존가능성에 대해서도 연구함으로써 그들에게 기독교적 교리를 설득력 있게 이해시켜야 할 것이다”(김병로, 1998: 21~22).

26) 양은식의 「민족의 목회자 김성락」(숭실대학교 역사편찬부, 1992), 114~116쪽. 전

남한 일각의 극단적인 적대감은 분단체제가 얼마나 견고하게 우리 겨레의 마음속에 뿌리내리고 있는가를 잘 보여준다.[27] 그럼에도 북한 주체사상을 객관적으로 파악하는 일은 중요하다. 북한의 전무후무한 세습왕조적 3대 세습 책동의 경과도 주체사상에 대한 이해를 통해 보다 더 정확하게 통찰할 수 있으며 더 나아가 주체사상 붕괴 이후에 전개될 북한의 변모도 전망해볼 수 있을 것이다. 아무리 강한 핵무기로 무장하고, 3대 세습으로 강성대국의 길로 질주한다고 하더라도 북한의 운명은 여러 가지 국제정치적 장애와 신학적인 요인들로 인해 불확실해져가고 있다. 그럴수록 주체사상에 대한 정확한 이해는 남한 기독교인들의 필수적 교양이 되어야 할 것이다.

1) '양날을 가진 칼'로서의 주체사상

1980년대 이후에 북한 사회를 방문했던 수많은 내외국민들은 한결같이 북한 사회가 "주체사상이 완전히 구현된 주체의 나라"였다는 점을 지적한다. 뜨거운 불꽃에 달구어진 쇳덩이가 불꽃 속에 녹아 불꽃의 일부로 용해되듯이 북한 사회는 주체사상이라는 집단의식의 유기적 구현체로 존재한

숭실대 총장 김성락 목사는 도미 후 해외 통일운동을 주도하는 과정에서 김일성 주석을 만난 후 미국 교포 사이에서 거의 생매장을 당하는 사태를 초래했다.

27) 일찍이 1989년에 민중신학과 주체사상의 대화를 시도한 책으로서는 정용욱 외(1989)가 있는데 그중 박재순의 글 「주체사상과 민중신학」(105~147쪽)은 양자의 차이, 접점과 대승적 만남 가능성에 대해 언급한다. 여기서 아쉬운 점은 주체사상이 인간의 종교적 정서와 자발성을 무시한다고 지적하면서도 어떤 점에서 주체사상이 북한의 유사메시아적·국가종교적인 사상이 되며 북한 인민의 광범위한 자발성 박탈을 초래하게 되는지에 대한 날카로운 분석을 결여하고 있다는 점이다(정용욱 외, 1989: 144).

다는 것이다. 북한 사회를 반세기 동안이나 담금질시켰던 주체사상은 한편으로는 한때 남한 사회 일각에서 혁명의 교양과 영감의 원천으로 기능하기도 했으며, 다른 한편으로는 북한 사회를 전근대적 봉건의식의 집단 최면에서 깨어나지 못한 미망과 혼돈세계로 보게 만드는 단초로 작용해왔다. 주체사상은 '남조선 혁명의 유일무이한 지도사상으로 적극 수용되고 추종되어야 한다'는 이른바 주사파의 주장도 극단적 스펙트럼이고, 주체사상은 남조선 인민이 절대로 접촉해서도 감염되어서도 안 되는 치명적인 '흑사병'과 같은 것으로 주장하는 반북이데올로기도 또 하나의 극단적 스펙트럼이다. 북한은 정복되거나 흡수될 대상 이전에 먼저 이해되어야 할 대상이다. 우리는 북한 나름의 긴장과 생존전략의 맥락에 서서 그들의 꿈과 좌절을 살펴보아야 할 것이다.

지난 냉전 시대에 기독교회에게 북한은 민족복음화의 대상이긴 했으나 사탄적 세력에 유린당하는 실지였을 뿐이었다. 북한선교를 위한 한국 교회의 대중집회는 대부분 멸공적 관점에서 치러진 공격적인 북한 자극용 선교대회로 귀결될 때가 많았다. 그런 집회에는 으레 북한에 대해 다분히 관념적인 호전성과 정복주의적 기운이 대세를 이루었다. 그러나 1988년 서울 올림픽 이후부터 냉전 시대는 갔고 화해와 공존공영을 추구하는 민족적 양심이 살아나기 시작했으며, 한국 기독교회도 그동안의 체험적 반공주의를 승화시켜 성숙하고 의연한 중보자적 자기 정체성을 추스르기 시작했다. 그 과정에서 주체사상에 대한 이해도 시작되었다. 북한의 현대사를 틀 지워온 주체사상은 상식적인 수준에서 보면 남한 사람들을 감동시키는 소박한 민족주의처럼 보인다. 하지만 좀 더 본질적으로 들어가 보면, 주체사상은 북한의 대규모 인민동원과 종교적 수준의 반이성적 대중조작의 심층구조이다. 그것은 '남조선'에 대한 우월감과 경멸감의 토대가 되며, '남조선 혁명'의 영원한 정당성의 원천이 되고 있다. 곧 주체사상은 북한에 대한 허위적

인상과 편견을 잘라주는 이해의 검이 될 수도 있으며, 동시에 그것은 북한 자체를 국제질서의 국외자로 고립시키는 유사종교적인 신념으로, 실제로 마음을 열어 북한 사회를 이해하고 공감하고 공존공영의 정책을 추구하려는 사람들의 화해의지를 일순간에 냉각시키는 파괴의 검이 될 수도 있다. 우리는 주체사상이 안고 있는 역설적 이중성을 예의 주시하면서 기독교회가 어떤 지점에서 주체사상주의자들의 마음의 중심에 들어갈 수 있겠는가에 대한 관심을 갖고 주체사상을 검토해보아야 한다.

(1) 주체사상 성립 배경의 빛과 어둠

주체사상은 단일한 시공간에서 단일한 사상가에 의해서 고안된 사유의 열매가 아니다. 그것은 통시적으로 집단적 체험에 의해 생겨난 것이며 그 대표 집필자가 김일성 - 김정일로 이어지는 반(半)역사적 체험과 사유의 복합체이다. 주체사상의 성립 배경에는 감동적인 장면이 없지 않다. 김정일의 논문 「주체사상에 대하여」는 주체사상의 성립 시기를 1920년대 말로 소급한다.[28] 그는 "주체사상은 (1920년대 말) 고루한 민족주의자들과 행세식 마르크스주의자들, 사대주의자들, 교조주의자들을 반대하고 혁명의 새로운 길을 개척하는 투쟁과정에서 주체사상의 진리를 발견한 김일성에 의해 1930년 6월 카륜에서 열린 공청 및 반제청년동맹 지도간부회의에서 천명되었으며(김일성, 1992: 35~53),[29] 이것은 '인민대중이 역사의 주인'으로

28) 이 단원 중 주체사상 성립의 역사적 배경과 주체사상의 체계화 및 완성에 대한 논의는 이진경 편(1989) 중 윤해성이 쓴 「주체사상 성립의 역사적 배경」(1장, 61~80쪽)과 「주체사상의 체계화 과정과 완성」(2장, 80~94쪽)에 빚지고 있다. 이 책은 민중민주계열(PD) 운동권 이론가들이 주체사상이 남한변혁 사상으로 적합하지 않음을 강하게 비판하는 글을 모은 것이다.

29) 조선의 정황에 맞는 혁명방안을 토론하는 카륜 회의에서 김일성 등은 마르크스레

등장한 새 시대의 요구와 풍부한 혁명투쟁 경험의 기초에서 나온 것"이라고 설명했다. 이어서 김정일은 "이처럼 혁명투쟁의 요구에 의해 창시된 주체사상은 조선 혁명을 지속해나가는 과정에서 실천을 통해 그 진리성이 입증되고 내용이 풍부하게 됨으로써 전일적인 사상이론 체계로 완성되었고 우리 시대의 혁명의 지도사상이 되었다"고 주장한다(백두편집부, 1988: 290~291).

이러한 김정일의 설명을 과거에 대한 현재주의적 이념 투사라고 보는 국내외의 견해도 적지 않다. 이 견해에 따르면 1920년대는 주체사상의 맹아기 정도라고 보는 것이 타당할 것이다. 왜냐하면 1930~1950년대 인민민주주의정권 성립 시기까지만 해도 '주체적인 것에 대한 강조'는 전무했기 때문이다. 오히려 주체적인 것에 대한 강조는 1950년대를 거치면서 국내·국제적으로 사회주의 건설 노선상의 대립과 혼란이 심각해지고 따라서 북한 나름대로 혁명과 건설에 대한 명확한 노선을 가질 것이 요구되면서부터였다. 이렇게 해서 시작된 '주체에 대한 강조'는 1960년대 중·소 이념논쟁을 거쳐 그 중요성이 고조되었다. 그러므로 주체사상의 출발점은 바로 국제공산주의운동 내부의 다중심화가 시작되고, 그 속에서 북한이 독자노선을 추구하게 되는 1950년대 말에서 1960년대에 걸친 시기였을 것이다.

그리하여 김일성은 1955년 당 선전선동원대회 연설 "사상 사업에서 교조주의(중공)와 형식주의(소련)를 퇴치하고 주체를 확립할 데 대하여"에서 처음으로 공식적으로 '주체사상'을 강조했다. 그 요점은 마르크스-레닌주의의 창조적 적용과 사대주의와 형식주의를 경계하자는 것이었다. 이 '주체사상'은 1950년대 말 당 재편을 둘러싸고 일어난 당내 분파투쟁의 무기가 되어 반대파인 연안파(김두봉, 최창익), 소련파(박창옥, 박영빈) 등의 숙청도구가 된다. 1958년 김일성의 연설 「공산주의 경향에 대하여」와 1959년

닌주의의 창조적 적용으로서 주체사상의 맹아를 배태한다.

발간되기 시작한 『항일 빨치산 참가자의 회상기』에서 김일성은 소련과 중국의 혁명 경험이 아닌 자신들의 항일무장투쟁 중심의 조선혁명 전통과 자신들의 당사(堂史)에 의거한 당원교육을 역설하기 시작했다. 그리하여 국제공산주의가 대립과 분열을 거듭하던 1960년대의 북한은 당내 권력문제에 대한 대국 간섭을 비판하고 사회주의국 사이의 자주성에 기초한 상호존중을 주창하기에 이른다.

이제까지 대외적 외교방책과 당내 권력투쟁과 반대파 숙청의 무기였던 '주체사상'이 경제건설 및 사회주의 건설의 총론적 지침으로 승화된 것은 1964년 '평양선언'에서부터이다. 이때의 주체사상은 중공업에 기초한 자립적 민족경제건설을 자국의 힘으로 추진해나가는 자력갱생의 논리로 구체화된다. "정치적 독립은 경제적 독립의 전제이고, 경제적 독립은 정치적 독립의 기초이다." 이 '평양선언'에서 시작된 주체사상은 정치적 자립과 경제적 자립을 위한 인민들의 자발적이고 주체적인 참여를 강조하는 내부 통합 이데올로기로 승화된다. 사회주의적 인간형의 창조와 상·하부조직의 긴밀한 유대와 관료주의 철폐를 통한 인민들의 자발적이고 주체적인 사회주의 건설이 이때의 주체사상의 핵심이 되었다. 1956년 이후 사회주의 경제계획 5개년계획을 수행하려던 시점에, 사회주의국들의 원조 감소 등으로 유일하게 남은 대안은 자국 인민의 주체적 참여를 통한 자력갱생의 길뿐이었기 때문에 북한은 인민의 집단주의적이고 능동적인 창의력에다 온 희망을 걸 수밖에 없었다. 전 인민의 인텔리화를 통한 문화혁명, 생산혁신을 가져오는 기술혁신, 인민들을 사회주의적 집단형 인간으로 개조하는 사상혁명이 뒤따랐다. 그중에서도 인민들을 집단주의적이면서도 능동적이고, 그러면서도 창의적인 인적 자원으로 치환하기 위한 사상혁명이 우선적으로 추진된다. 이런 문제의식에서 주체사상은 이제 경제적 자립 및 자력갱생의 논리에서 또 한 번 질적 비약을 하게 된다. 주체사상의 성장과정은 그것을 종차(種差)를 초월하여 진화하는 유기체처럼 보이게 만든다.

결국 1920년대의 주체사상은 독립운동 및 조국건설의 방책상의 자주노선을 의미했으며, 1950년 말~1960년 초까지의 주체사상은 당내 이념투쟁과 반대파 숙청의 거점으로, 사회주의 건설상의 마르크스-레닌주의의 창조적 토착화를 의미했다. 1964년 이후 주체사상은 경제적 자립과 이를 위한 인민들의 주체적이고 자발적인 자력갱생의 논리였다. 그런데 이 주체사상은 1960년대 말부터 조선로동당의 유일사상으로 격상되고 지도사상으로 고착된다. 북한은 모든 영역에서 주체사상의 요구에 따라 행동하도록 요구받는다. 사상에서의 주체, 정치에서의 자주, 경제에서의 자립, 국방에서의 자위(1967년 12월 제4기 1차대회 10개조 정강)를 의미하면서 주체사상은 유일사상이 된다.

이처럼 주체사상은 1967년 반대파 박금철, 이효순을 숙청하고 격렬한 내부투쟁을 거쳐 유일사상으로 정식화되어 이후 북한에서는 주체사상에 대한 논쟁은 일어나지 않게 되었다. 1972년부터 양형섭, 김정일 등에 의한 주체사상의 비약적 승격은 1980년 6차당대회에서 마르크스-레닌주의와 구별되는 '새로운 전일적 체계로서의 주체사상'의 등장에서 확증된다(돌베개 편집부, 1988). 이때부터 주체사상은 사상·이론·방법(세계관 = 사회역사원리 = 삶의 지도원리)의 전일적 체계를 갖춘 독자적 사상체계로서의 '김일성주의'로 정식화되었고 수령론 중심의 주체사상이 되었다.

(2) 김정일에 의한 '수령론' 중심의 주체사상

김정일의 1982년 논문 「주체사상에 대하여」는 주체사상의 철학적 원리, 사회적 역사원리, 지도적 원칙을 밝히고 있다.[30] 여기에서 김정일은 사람

30) 이 단원의 수령론에 관한 논의는 이진경 편(1989) 중 김순우가 쓴 「주체의 사회

에 대한 해명을 통해 주체사상이 새로운 경지에 도달했다고 주장한다. 김정일에 와서 주체사상의 무게중심은 단연 인민들의 사회정치적 생명의 담지자요 수여자인 수령에게로 집중한다. "노동계급을 비롯한 근로인민대중의 사회정치적 생명은 사회발전의 주체인 근로인민대중의 자주적 요구와 의사를 대표하는 노동계급의 수령에 의해 목적의식적으로 주어진다"(이진경 편, 1989(I): 194). 결국 김정일은 인민의 집단적이고 창의적이고 능동적인 자력갱생을 표현하는 주체사상을 수령론적 환원주의로 귀일시켜 이 모든 인민의 집단적이고 창의적인 자력갱생의 전제와 기반으로서 수령의 존재론적 함의를 제시하는 것이다. 정치적 생명, 참다운 개인의 가치와 존엄, 자주성과 창조성은 모두가 수령에 의해서 담보되는 것으로 설명된다. 인간의 '본질'='자주성'='수령의 선물'인 셈이다. 이 수령론적 환원주의에로 경화된 주체사상은 집단적 생명관에 터하고 있다.

이 집단주의적 생명관은 아리스토텔레스의 귀족주의적 사회관, 스펜서 등의 사회유기체설, 전체를 중심으로 하여 부분에 대한 규정이 내려지는 '전체성의 인과관계를 고유한 품성으로 하는 생'을 주창한 생(生)의 철학자 및 생물학자인 한스 아돌프 에두아르트 드리슈(Hans A. E. Driesch, 1867~1941)를 생각나게 한다(Driesch, 1903 참조). 이 집단적 생명관은 대중과 생명체의 중심인 수령과의 혈연적 연결감과 같은 신비적 교감으로 나타나며, 이것은 김일성의 북한 통치의 마지막 형국이다. 이 수령론의 이론적 토대인 집단적 생명관은 이른바 기독교의 '믿음'과 같은 '품성'적 준비를 요구한다. 수령·당·대중의 신비적 교감세계는 논리 이전의 가치체계이기에 그것을 받아들일 주관적 준비인 품성을 요구하는 것이다. 이 생명관에 따르면, 품성

역사 원리」(11~56쪽, 특히 29~43쪽)와 노정환이 쓴 「주체사상의 혁명적 수령관」(90~138쪽)에 빚지고 있다.

은 사회주의적 인간형이 가진 도덕적 자질로서 북한의 김일성체제도 이 품성의 소유자에게는 공감될 수 있다는 것이다.

이상에서 간략하게 살펴보았듯이 주체사상의 마지막 단계인 수령론적 주체사상은 다분히 이 수령의 후보자인 김정일의 후계체제를 심리적으로 학습시키기 위한 내부이데올로기였다. 이런 논리의 연장선상에서 김정은의 후계자 추대작업이 이루어졌을 것이다. 그러나 오히려 이 수령론적 주체사상 때문에 북한의 위기가 가속화되고 북한 내부의 구조적 취약성이 급격하게 노정될 것이다. 생명체는 대립하는 두 가지 요소의 길항작용에 의해 건강성을 유지하는데 북한 사회에는 그 길항작용이 전무하다. 그 이유가 바로 김정일의 전일적 '주체사상'에서 기인한다. 김정일식 '주체사상'은 실로 남한의 기독교회가 북한을 이해하려고 할 때 만나는 심각한 걸림돌이 되고 있다. 북한 사회는 이 수령론적 주체사상이라는 유사종교적 사유방식에 의해 통치되고 있기 때문에 남한 기독교가 북한과 대화하기가 어려운 것이다.

북한의 무너짐이 심하고 급작스럽게 다가올 것이라는 국내외적 분석이 끊임없이 나오는 근거는 바로 김정일식 '주체사상'의 대중침투력이 그들의 선전이나 주장만큼 투철하지 못하기 때문일 것이다. 언뜻 보면 수령론적 주체사상의 대중침투력이 너무 투철하여 북한 인민의 저항성과 자주적 역사변혁 의식이 거의 말소된 것이 아닐까 하는 의구심이 드는 것도 사실이다. 그러나 최근 십수 년간 북한이 겪은 기근, 홍수, 기타 재해, 그리고 난민 속출 사태 앞에서 대단한 위력을 발휘하지 못하는 수령론적인 주체사상의 구원론이 그 빛을 잃어가는 것은 사실처럼 보인다. 요즘 북한이 핵무기 외교를 통해 대단한 외교적 성과를 얻는 것처럼 보인다 할지라도, 김정은 대장 승진과 군사위 부주석 승진을 통해 수령체제의 안정화 기반을 마련했다고 호언장담한다 하더라도, 북한의 수령론적인 주체사상이 안고 있는 우상

숭배적인 요소(특히 집단적 생명관, 수령 = 뇌수)는 신학적으로 볼 때 인민을 굶어 죽게 한 정책상의 허물과 죄악보다 더 본질적인 죄악처럼 보인다. 수령론적인 주체사상은 그리스도의 몸으로서의 교회론, 교회의 머리로서의 그리스도를 고백한 기독론의 가장 저속한 형태의 변형체처럼 보이기 때문이다.

(3) 주체사상의 주체적 극복을 위한 기독교회의 노력

주체사상은 외견상 북한 사회의 혼이요, 얼이요, 생명력이다. 북한 새터민이나 국제정보통을 통해 북한의 지방이나 하급조직체에는 그것이 거의 위력을 미치지 못한다는 말이 들려오지만, 주체사상이 붕괴되고 무력화되면 북한 전체가 붕괴되는 셈이다. 북한의 이념적 순결성에 대한 끝없는 자만과 긍지 때문에 현실적 맥락에서 북한의 탄력성은 축소된다. 한국 기독교회는 북한 사회의 주체사상적 성육신 과정에서 발생한 감동적 요소와 또 그것을 상쇄시키는 역겨운 한계 및 자기정당화와 맞닥뜨리고 있다. 주체사상은 숭고한 민족애의 표상 같기도 하고 사상적 이견자와 정적을 멸절시키는 잔인한 단두대 같기도 하다. 주체사상에는 자기가 믿고 따르는 사상에 대한 순결한 헌신과 봉사가 있는 반면 그것을 뒤흔드는 현실을 무시하는 무서울 정도의 완악성과 자기기만이 섞여 있으며, 그것은 힘겨운 국제역학관계 속에서 대처하지 못하게 하는 미망과 안일의 도피처일 수 있다.

한국 기독교회는 주체사상의 발생 - 성장 - 일탈 - 왜곡(김정일식 주체사상, 수령론적 환원주의)의 과정을 살피면서 주체사상은 그들의 생존위기와 사회주의 건설에서 파생된 산물이라는 점은 인정할 수 있다. 또 일탈과 왜곡으로 나아간 그 주체사상의 모습은 그들의 상대편인 남한 사회의 심각한 외세의존적(적어도 그들이 보기에는) 왜곡의 또 다른 반영임을 감지할 수 있다. 김정일의 수령론적 '주체사상'도 결국 먹느냐 먹히느냐 식의 남북의 소모적인 체제대결이 가져온 북한 사회의 왜곡된 응답으로 간주될 수도 있다. 하지만 궁극적으로는 김정일식 수령론 중심의 주체사상은 남한 사회가 성취할 성숙한 민주주의 앞에서 그 마력을 상실하게 될 것이다. 반면에 남한 사회가 계급분열과 적대로 끊임없는 파시스트적 폭력으로 얼룩져 경화된다면 '주체북한'의 모습은 더욱 확신 있게 경색될 것이다.

한국 기독교회는 김정일식 '주체북한'은 조금만 더 가혹하게 체제 경쟁으로 밀어붙이면 무너질 것이라는 흡수통합론에 기대를 걸기보다는 남한 사회의 성숙한 민주주의화를 위해 노력을 경주하는 것이 낫다. '주체북한'의 왜곡은 상대적으로 외세의존적인 남한의 왜곡의 피사체(被寫體)라는 점을 인정하며 남한 사회를 공평과 정의로 가득 찬 하나님 나라의 근사치 공동체로 변화시켜야 한다는 것이다. 한국 기독교회는 북한 사회를 압도적 경제력으로 압박하고 봉쇄하여 체제를 붕괴시키려는 무리한 흡수통일방식을 지지할 것이 아니라 대화와 설득, 공존과 공영의 평화통일을 추구해 가야 할 것이다. 주체사상의 나라 북한에게 한국 교회가 신뢰감을 주는 중보자 집단이 되기 위해서, 그리고 주체사상이 그토록 강조하는 계급모순의 철폐를 위해 한국 교회는 남한 내에서의 계급 적대감과 계층 간의 위화감 해소에 전력투구함으로써 평화의 역군으로 더욱더 명료한 자기이해를 획득해가야 할 것이다. 주체의 나라 북한 사회를 더 높은 가치를 구현한 삶의 질로써 설복시켜야 할 사명이 있다. 이 설복의 일차적 대상은 북한이 아니라 남한 기독교라는 데에서 주체사상의 이해가 요청하는 실천적 과제가 담보되는 것이다. 주체사상의 역사변혁에 대한 집요한 관심, 인민대중의 주체적 자각과 참여를 통한 운명 개척 등에서 기독교는 관념적인 타계주의적·상부구조적이고 이데올로기적인 기독교 신앙을 초극하고 역사변혁적·계급화해적인 기독교 신앙을 회복할 사명을 느껴야 한다는 것이다.

어설픈 대화의 시도로 인해, 수령론적 주체사상이 살아 있는 북한 사회에 대한 기독교회의 편견은 단기적으로 길어질 수도 있을 것이다. 초월적인 하나님에 대한 신앙고백과 북한의 수령에 대한 충성고백의 충돌에서 오해는 깊어지고 영생의 부여자인 하나님을 대신하고 종교적 신앙고백의 영역까지 침투해 있는 김일성체제에 대해서 절망할 수도 있으리라. 따라서 주체사상의 구현체인 북한 사회에 엄밀한 의미의 예수 그리스도의 몸 된 교회가 존립할 수 있겠는가 하는 벅찬 의심과 씨름하게 된다. 김일성이 교회의 머리 되신 그리스도의 자리를 대신하여 모든 주민을 국가종교의 신봉자로 만들어가는 자리에서 어떻게 또 다른 그리스도 예수가 고백될 수 있겠는가 하는 것이다. 남한의 기독교회는 이 의심과 회의 속에서도 그들의 영적 공백을 선용하여 복음전파의 계기로 삼는 지혜를 얻어가야 할 것이다. 그들의 왜곡된 일탈 속에서 우리 편의 왜곡과 일탈을 성찰하는 성숙한 자세가 요청된다 하겠다. 대화는 논리의 통합이기 전에 편견의 확인이며 상대방의 느낌체계에 대한 인식을 꾀하며 이루어지는 것이다. 특히 수령론 중심의 북한 사회가 무의도적으로 보여주는바, 그들의 깊고 넓은 영적 기갈을 예의 주시하면서 대화의 문을 서서히 넓혀가는 인내가 필요한 시점에 와 있다.

한국 교회는 선불리 수령론 중심의 주체사상을 찬양하거나 폄하하는 일 없이 그들의 세계가 안고 있는 긴장과 꿈, 비전과 좌절을 이해하는 마음을 키워야 할 것이다. 여기서 이해한다는 말은 전적인 무비판적 공감이나 찬동이 아니라, 주체사상으로 담금질된 북한 사회의 내적 취약성과 예기치 않는 시점의 때 이른 붕괴 가능성에 대한 깨어 있는 주시까지 포함한 관찰과 주체북한의 해체 시에 남한 사회가 감당해야 할 몫의 책임을 미리 분정(分定)하고 준비하는 것을 의미한다. 마르크스주의에 따르면 기독교의 초월적 성취(영생, 불사)라는 종교적 상징주의는 대중들이 이 세상에서 사회주의혁명을 성취하지 못하게 만드는 지배계급의 발명품이다. 이렇게 함으로써 마르크스주의는 자기를 비추어 성찰할 수 있게 만드는 초월적 참조지점을 잃어버린 셈이 된다. 그 결과 현실 마르크스주의는 자기 자신에 대한 수직적 비판(vertical criticism)이 결여되었다. 러시아 공산주의와 동구, 북한 주체사상체제 등에서 보듯이 이런 수직적 비판 부재 또는 결여는 유사종교적 구원을 가져다주겠다고 공언한 사회주의적 정치체제의 치명적인 약점이 아닐 수 없다. 자기갱신의 능력이 현저하게 약화되고 폭력적 혹은 내부전쟁적인 숙청사업과 중앙권력 강화 조치가 반복되면 사회주의 국가의 트레이드마크가 될 수밖에 없게 된다(Tillich, 1980: 229~230).

기독교의 사회변혁에 대한 지대한 참여와 기여를 보기만 한다면 사회주의나 주체사상주의자들도 기독교의 초월적 은총 강조가 사회변혁의 불참을 정당화하거나 지배계급의 기득권을 지켜주려는 이데올로기적 사술(詐術)이 아님을 알 것이다. 김일성은 그의 회고록 『세기와 더불어』 2권 1장 「손정도 목사」 편에서 독립운동가 손정도 목사에 대해 최고의 찬사를 바친다(김일성, 1992: 1~17; 1994: 377~403).[31] 또한 기독교도 사회주의나 공산주

---

31) 김일성, 『세기와 더불어 2』(평양: 조선노동당출판사, 1992), 1~17쪽; 『세기와 더불어 4』(1994) 15장 4항 '민족 종교 천도교를 두고'(377~403쪽)에서 김일성은 자신과 기독교 신앙의 관계, 자신의 가정의 기독교 신앙 내력, 그리고 기독교의 남북한 통일 운동에의 능동적 참여 등에 대한 기대감을 피력한다. 김일성은 "어린 시절에 나는 예수를 숭상하는 신도들에게 포위되어 있었다고 말할 수 있다"고 말한다(378쪽). 그러나 대체로 자신은 천도교가 발행하던 1930년대의 정치시사잡지 ≪개벽≫을 읽고 보국안민과 인내천을 중시하는 동학교로 경사되었다고 말한다. 그러나 김일성은 이들 사상이 유물론에 기초하지 않고 유신론에 기초하며 비폭력투쟁 노선을 취한다는 이유로 거리를 두게 되었다. 하지만 여기서 김일성은 민족 대단결이라는 원칙으로 종교세력을 통일전선의 일환으로 연대하려고 한다. "민족 우에 신이 없고 민족 우에 어떤 계급이나 당리적 이익이 없으며 민족을 위해서라면 어떤 심연이나 장벽도 뛰어넘지 못할 것이 없다는 것은 오늘 북과 남, 해외의 모든 조선사람의 한결같은 종지이며 날과 더불어 더욱더 절감하는 현실이다"(403쪽). 김일

의 혹은 주체사상의 본질이 반기독교적 무신론이라고 보는 단견에서 벗어나, 역사적 기독교회가 사회주의적 혁명태동기에 보여준 반기독교적인 보수반동적 양태에 대한 반박으로서의 무신론이었음을 정직하게 평가할 수 있어야 할 것이다.[32] 물론 거의 모든 사회주의 국가에서는 역사적으로 그리고 우발적으로 발생한 이 무신론이 교조화된 무신론으로 변질되어 인간에 대한 하나님의 존엄한 선물인 자유, 거주 이전, 직업 선택의 자유를 박탈하는 스탈린주의, 즉 폭력의존적 전체주의 통치를 초래하고 말았다는 사실도 또한 기억되어야 할 것이다. 하나님의 선물인 양심과 사상의 자유를 억압하지 않고는 유지할 수 없는 사회가 되어가는 마르크스주의 국가들은 폭력적인 혁명행위를 상시화하고 일상화하여 인간을 개조하려고 하는 휘브리스(교만)를 드러낸 것이다(로호만, 1973: 132). 현실 사회주의가 남긴 가장 최악의 유산은 다각적인 국민의 권리박탈을 수반한 상시적 독재체제(로호만, 1997: 121), 이념 통제, 개인의 인격권과 자유의 축소였던 것이며 그것이 표방하는 도덕적 · 정치적 이상주의는 때 이른 파산을 맞이했던 것이다. 실상 사유재산의 부정이라는 정치 공학적 이념은 근대적 합리성의 자기기만이었으며, 물질적인 재산의 사유부정을 넘어 영혼의 자유, 인격적 자기결정권의 부정, 자유로운 양심의 의견교환의 부정을 낳고 말았던 것이다. 정상적인 사회생활은 자유로운 양심에 입각한 신념들의 교환과 공유된 책임

성에 대한 기독교인들의 이해를 돕기 위해서는 김일성 항일무장투쟁의 기독교적 의미를 논한 홍동근(1997: 57~67) 참조.

32) 사회주의 체제에 대한 개인적 이해 시도와 이를 바탕으로 한 대화 노력은 빌리 그레이엄 목사의 묵직한 자서전에 잘 예시되어 있다. 자서전(Graham, 1997)의 서론은 "Between Two Presidents: Harry S. Truman 1950, Kim Il Sung 1992"로 되어 있다. 이 책의 34장 "Through Unexpected Doors," pp. 616~633은 북한 사회주의를 이해하려는 한 복음주의자의 우호적이고 다소 중립적인 관찰을 보여준다.

감에 의해 지탱되는데(Schwoebel, 2007),[33] 주체북한은 이런 토대적인 인권 기반을 구축하지 못한 사회처럼 보인다. 그럼에도 1980년부터 남한기독교회는 여러 가지 방식으로 "주체" 북한과의 대화에 착수했다.

6. 북한에 대한 기독교의 접근: 1980년대 이후 사회주의와 남한기독교회의 만남

서유럽 기독교회와 동구권 사회주의와의 조우 경험, WCC의 동구권 교회 영입 및 대화촉진이 1990년대의 동구권 변혁에 기폭제 중 하나가 되었다는 사실은 널리 알려져 있다. 폐쇄적 사회주의권과의 교류와 접촉은 경직된 사회주의 체제를 해체시키는 순기능이 있을 가능성이 많다는 것이다. 이제 우리는 한국 교회의 북한 지원 및 남북 협력 분투사를 기술한다. 주체사상이라는 집단최면에 걸린 북한과 벌인 교회의 대화는 아직 온전히 결실을 맺지 못했으나 언젠가 정당한 평가를 받을 것이다. 예상대로 북한식 사회주의인 주체사상과 기독교회의 대화가 시작되었을 때 극복해야 했던 장애가 한두 가지가 아니었다. 그럼에도 남한 기독교회는 NCC를 중심으로 남남갈등을 유발해가면서까지 북한 사회주의를 이해하려고 분투해왔다("KNCC 평화통일선언 논박", ≪대학기독신문≫, 월보 12호, 1988. 5. 13). 그 시발점은 1988년 2월 29일에 제37차 NCC 총회가 채택하여 발표한 "민족의 통일과 평화에 대한 한국 교회의 선언"이다. 이것은 1984년에 일본 도잔소에서 열린(10. 29~11. 2) WCC 도잔소협의회의 보고와 건의안인 "분쟁의 평화

33) 요약본을 보려면 슈베벨(2007: 8) 참조. 주체 북한의 가장 치명적인 사회 구성적 오류는 '개인 양심'의 부정이다.

적 해결에 대한 전망"과 1986년에 열린 제1차 WCC 주최 스위스 글리온 회의[34]에 대한 KNCC의 응답인 셈이다. "하나님과 구세주 예수 그리스도의 십자가로 화해를 입어 한 백성된" 65명의 교회 지도자들은 아시아, 태평양, 중동, 라틴 아메리카, 동서 유럽, 북아메리카 지역 등 20개국의 대표자들로서 세계교회협의회 국제위원회(WCC-CCIA)가 일본 도잔소에서 주최한 "동북아시아 평화와 정의협의회"에 참석하여 분쟁의 평화적 해결을 위해 협의했다. 이 보고서는 전 세계의 긴장완화를 위해서는 한국 평화가 결정적으로 중요하다는 것을 인식하고, 남북한 정부당국에 남북한 기독교 대표들의 모임을 개최하려는 WCC-CCIA의 희망과 협의회의 목적을 알렸다. 3항 "한국: 긴장의 초점"에서 이 보고서는 다음과 같이 언명한다.

> 제2차 세계대전의 여파로 분단된 한국은 두 개의 주요한 이념적·군사적 블록 사이에 놓여 있는 분단선 중에서도 가장 대립이 첨예화된 지역이다. 한반도는 세계 정치의 영향이 가장 먼저, 또 가장 심각하게 미치는 곳이다. 한국의 긴장 분위기는 급속도로 동북아시아 전역으로 퍼져 나가고 있다. 한국이 분단된 상태로 남아 있는 한 이 지역에서의 분쟁에 대한 지속적이고 평화적인 해결은 달성되기 어렵다. 그런 의미에서 한반도 주변국가들의 긴장완화

---

34) 이만열에 따르면 제1차 스위스 글리온 회의가 남북교회의 역사적인 첫 만남이다. 이 만남은 남북한 기독교대표자가 1986년 9월 2일부터 5일까지 스위스 글리온에서 세계교회협의회 국제문제위원회가 주최한 "평화에 대한 기독교적 관심의 성서적·신학적 기반"이라는 주제의 세미나에 참석하는 방식으로 이루어졌다. 이 만남은 "'조선기독교도 연맹의 4인 대표'와 'WCC회원교회 및 대한민국의 한국기독교교회협의회를 대표하는 6인 대표단'을 포함한 '22명'이 참석했으며, '악수와 포옹'을 나눈 감격적인 것이었다 ……. 이 첫 만남은, 성만찬을 나누고 민족애를 확인한 '기념비적 사건'을 한국 교회사에 남겼다. 그것은 곧 한국통일의 가능성의 한 증거로 비쳐졌다"(이만열, 2001).

는 한국의 위기상황을 풀어나가는 데 좋은 영향을 줄 수가 있는 것이다. 세계에서 가장 유동적인 상황에 있는 이 지역의 평화, 정의, 화해를 달성하기 위한 노력의 일환으로 교회는 이 지역의 특별한 정세와 또 그것들이 어떻게 얽혀 있는지를 연구해나가야 한다.

4항 "새로운 지평"에서 이 보고서는 통일을 위한 남북한 기독교인의 조용한 움직임을 의미 깊게 언급했다.

또 남한의 교회가 역사 속에서 이러한 부름에 응답하여 화해의 역할을 수행해야 한다는 것을 깨우쳐주었다. 참신한 신학적 성찰은 독립과 정의를 위한 한국 민중투쟁사와 민중과 함께하는 교회사에서 풍부하고 새로운 대화들로 한국 교회와 해외 교회에서 일어나고 있다. 이제까지 접촉이 가능했던 북한의 소수 기독교인들도 통일의 열망을 피력했다. 비록 북한의 기독교인들과 광범위하게 대화하는 것이 시간이 걸린다 해도 우리는 그들이 매일 드리는 기도가 오랫동안 멀리 떨어져 있었던 다른 한국 기독교인들의 기도와 공명된다는 것을 믿는다. 또 남북한 정부의 대표들이 세계교회협의회 통일에 관계된 문제들을 논의하려는 것도 희망의 징표라고 할 수 있다.

1988년 2월 29일에 발표된 "민족의 통일과 평화에 대한 한국 교회의 선언"은 모두 6항으로 구성되어 있다(1항 정의와 평화를 위한 한국 교회의 선교전통, 2항 민족분단의 현실, 3항 분단과 증오에 대한 죄책고백, 4항 민족통일을 위한 한국 교회의 기본원칙, 5항 남북한 정부에 대한 한국 교회의 건의, 6항 한국 교회의 과제). 이 중에서도 주로 논란이 되었던 부분은 4, 5, 6항이다. 4항 민족통일을 위한 한국 교회의 기본원칙은 7·4 남북 공동선언의 원칙을 재천명하되 인간의 자유와 존엄성이 보장되는 통일과 통일 논의과정에서 민족구성원

전체의 민주적 참여보장이라는 부분을 강조한다. 이 선언의 5항은 남북한 정부에 대한 한국 교회의 건의를 담고 있다(분단 상처 치유 노력[거주 이전의 자유 보장], 분단 극복 과정의 국민의 참여 보장, 사상, 이념, 제도 초월한 대단결[교류 확대, 통신 개방 요구], 긴장완화와 평화증진 노력[미군 철수, 평화협정 체결, 군비축소, 비핵/반핵 등], 민족자주성의 실현). 마지막으로 이 선언 6항은 평화통일을 위한 한국 교회의 과제인데, 그중 하나가 1995년 분단 50주년 되는 해를 평화와 희년의 해로 정하고 그것에 맞추어 평화와 통일의 대행진을 추진하기로 한 것이다. 당시 기준으로 볼 때 혁신적인 이 선언은 보수적인 교회들의 반발을 샀고 서울대 복음주의 기독학생들이 발간하던 ≪대학기독신문≫은 같은 날 보수적인 교회들의 반발을 다시 반박하는 사설("통일논의의 기독교적 접근")을 실었다. 보수적인 교회들의 반발의 핵심은 동 선언이 주한미군 철수를 요청한 것, 적절한 때에 유엔군 해체를 요구한 것, 민중주도 통일론을 주창한 것, 북한 내 기독교 신앙의 존재 및 순수성을 승인한 것 등이었다. ≪대학기독신문≫의 사설은 이 보수적 교회들의 반발의 무근거성을 비판하면서, 한국 교회가 이번 기회에 분단현실이라는 십자가의 과제를 자신의 것으로 받아들여 국민 사이에 창조적인 논란거리를 제공할 수 있기를 바라고 있었다.

1988년 2월 29일의 KNCC의 통일선언은 후에 계속되는 WCC 주최의 두 차례에 걸친 글리온 회의의 계기가 되었다(1차 글리온 회의는 1986년). 1988년 11월 23일부터 25일까지 스위스 글리온에서 한반도의 통일을 위한 세계교회의 역할이 논의되었다. 이 회의는 제2차 글리온 회의로 불리는데 세계교회협의회(WCC)가 주최한 것으로 조선기독교도연맹 대표 7명, 한국기독교교회협의회 대표 11명을 포함한 40명의 세계교회 대표들이 참석했다. 참석자들은 회의를 마치면서 "한반도의 평화와 통일을 위한 글리온 선언"과 "한반도 민족통일을 위한 세계기도주일 기도문"을 발표했는데, 이 선언들은 도잔소 협의회(1984, 일본)와 제1차 글리온 회의(1986, 스위스), "민족의 통일과 평화에 대한 한국기독교회선언(1988. 2)의 정신을 다시 확인하는 것이었다. 글리온 선언은 서론, 신앙적 결단, 건의의 세 부분으로 나뉘어 있다. 특히 건의에서는 그리스도인들의 합의라는 형식적 제약성이 있었음에도 8개 합의사항을 명시하고 이를 위해 공동으로 노력할 것을 다짐하여 7·4 남북공동성명보다 훨씬 더 구체적인 내용을 담았다. 그리고 공동기도문은 1989년 8월 13일 남북한의 교회뿐만 아니라 전 세계의 교회에서 공동으로 사용되었다. 이후 남북한의 교회는 기도문을 공동으로 작성하여 8·15 직전 주일을 평화, 통일 공동기도주일로 지키고 있다. 이 선언은 우리 민족 통일운동사에 남을 만한 문건이다. 곧 어느 일방의 선언이 아닌 남북한의 교회가 공동의 입장을 밝힌 것으로 민간 차원에서 발표된 최초의 남북한 공동선언이라는 역사적 의미를 갖는다. 이 선언을 계기로 통일운동은 일방의 선언에서 상호협의와 교류의 단계로 발전되었다. 그리고 남북한 교회의 서로의 상호편견과 상호불신을 극복하는 계기가 되었다. 특히 사회주의 체제하의 교회에 대한 이해의 발판을 마련했다. 그러나 이 선언은 남북한 교회의 입장을 밝히고 있지만 남북한 교회가 주체적으로 회의를 주관하지 못하고 국제기구를 통한 외국 땅에서의 만남이라는 한계를 갖고 있다.

1990년에 WCC의 주최로 스위스 글리온에서 열린 세 번째 회의는 1984년 도잔소 협의회에서 합의된 에큐메니컬 원칙과 2차의 선언문을 기본으로 1995년에 다가올 민족 통일을 위한 희년을 준비하는 데 강조점을 두었다.[35] 마지막으로, 1988년 2월 29일 KNCC의 통일선언은 1989년에 모스크

---

35) 3차 회의는 희년 5개년 공동사업을 위한 계획안들을 열 가지 항목으로 나누어 제시했다. 이는 민족통일을 위한 세계기도주일 제정, 한반도의 평화와 통일을 위한 글리온 공동선언을 내용으로 하는 평화교육과 통일교육을 북남교회가 실시할 것 결정, 민족의 통일을 위한 남북교회의 연대사업 전개, 북남 당국 간에 상호불가침

바에서 열린 WCC의 한 분과모임이 채택한 WCC 성명서(정책성명), "한반도의 평화와 통일"의 탄생에 이바지했다. 이 성명서는 "우리 스스로 한반도 문제를 항상 공평하게 다루어오지는 못했다는 사실"을 고백한 후, 1984년 일본의 도잔소협의회에서 수립된 에큐메니칼한 상호조정의 원칙들을 재확인한다. 또한 대한민국의 동역교회 및 한국기독교교회협의회가 WCC와 긴밀한 연락을 유지하면서 적극적으로 그리고 책임적으로 조선민주주의인민공화국의 그리스도인들과 접촉을 추구해온 노력에 대해 치하한다. 결론적으로 이 모스크바 WCC 성명서는 그동안 도잔소 선언(1984), 1차 스위스 남북기독자 모임 및 회의(1986), 한국기독교협의회 통일선언(1988), 2차 스위스 글리온 회의(1988), 3차 스위스 글리온 회의(1990)에서 천명된 모든 남북한 통일 및 화해 운동과 그 기본방향을 전폭적으로 지지한다.

WCC의 도움과 주도 아래 이렇게 축적된 남한 교회, 특히 KNCC의 북한 접촉의 성과가 1992년 12월 8일 남북나눔운동의 탄생으로 의미심장한 결실을 맺는다. 남북나눔운동은 한국 교회가 이상의 선언들을 창조적으로 실천하는 과정에서 탄생된 운동체로서 수백 차례 수백억 원대의 대북 지원활동을 계속해오고 있다. 남북나눔운동은 1988년 2월의 KNCC의 통일선언이 불러일으킨 창조적 논란이 맺은 결실이면서 북한의 공식교회와 인적 접촉을 유지하던 진보적 교회와 그동안 통일운동에 다소 소극적이었던 보수적인 교회가 협력하여 출범시킨 민간통일 운동체인 것이다.[36)]

선언 체결 및 단계적 군비축소 실현 촉구 결의 등이다.

36) 한국 기독교회의 평화통일 운동을 간략하게 정리한 이만열의 2004년 6월 21일 전북 학복협 강연(이만열, 2004: 110~121)은 기능주의적 남북교류와 북한 돕기에 투신한 남한 교회 노력의 중요성을 잘 정리하고 있다.

7. 대화의 전망: 북한 체제의 창조적 해체에 대한 준비로서 요청되는 남한의 창조적 변화

한반도는 국내외적으로 유례없는 변화와 도전적 과도기 시점에 돌입하고 있다. 북핵 위기로 촉발된 최고점의 위기상황, 금강산 관광객 피살사건, 천안함 사건, 김정은 후계자 부상 등 다양하고 복합적인 요인이 겉으로 볼 때 남북 간의 대화를 가로막고 있는 것처럼 보이고, 북한을 대화와 협상의 광장으로 이끌어내기 위한 남한 교회의 오랜 노력이 결실에 이르지 못한 채 교착상태에 놓여 있다. 이런 상황에서 발생한 김정은의 대장 승진과 김정일 승계 사건은 단기적으로 남북관계를 불확실한 시계로 몰아넣는 것처럼 보인다. 그러나 국제외교관측통들은 김정은이건 장성택이건 김정일 이후의 주체북한은 국제적 보편질서의 빛 아래에 노출될 수밖에 없다는 점을 강조한다. 북한의 붕괴는 불원간에 일어날 현실이 될 수 없다고 국내외 외교 및 정치전문가들이 진단했음에도, 북한은 언제든지 갑자기 위기국면으로 전락할 위험성을 안고 달리는 기차이다.

김정은 체제로 이행하는 과정에서 주체북한은 어떤 모양으로든지 생존을 위해 자발적 혹은 비자발적인 변화를 감수하지 않을 수 없을 것이며 이 과정에서 주체사상적 북한정치도 일정량 변화를 겪지 않을 수 없다. 북한 정권이 인민에게 정직하게 다가와 주체의 실패를 자인하고 권력을 인민에게 돌려주든지 아니면 완고하게 억압적으로 경화되어 인민을 대적하든지 둘 중 하나의 상황에 맞닥뜨릴 수 있다는 것이다. 만에 하나 주체북한과 그것을 기반으로 한 당과 수령이, 로흐만이 우려한 교조화된 유사종교적 구원자가 되려고 하면 할수록 그 주체북한의 체제붕괴는 가속화될 것이며 북한 인민들의 정신적 내상은 치명적으로 확대될 것이다. 북한이 갑자기 주체의 나라에서 보편적 질서로 편입되면 거주 이전의 자유를 제한하는 북한의 폐쇄적 국민통제는 불가능해질 수도 있다. 대규모의 난민 발생으로 북한이 무정부 상태로 굴러 떨어질 수도 있다는 것이다. 북한이 당분간 안정화되어간다면 다행일 수 있으나 그렇지 않은 경우에는 남한 사회와 교회는 엄청난 재난에 직면할 수도 있다. 구체적으로 북한의 유고 상황 발생 시나리오에 착안하여 교회가 북한 동포들을 포용하여 실제적인 남북한 인적 화해를 이룰 수 있는 신앙적 결단과 신학적 이해를 구비해두어야 한다는 말이다. 평화적인 방식이건 혹은 난민 유입방식이건 간에 북한 동포들이 남한으로 대규모로 유입될 때 남한의 기독교회는 어떤 신학적·목회적 준비를 해야 할까?

주전 8세기 유다의 예언자 이사야와 히스기야의 남북통일 정책에서 남북한의 인적 화해와 통일을 위한 준비과정을 배울 수 있을 것이다. 이사야는 주전 721년에 약 10지파로 구성된 북이스라엘이 멸망당하는 과정을 목격한 남유다의 예언자이다. 그는 북이스라엘의 멸망이 남북통일이 일어날 적기라고 보았다. 그는 북이스라엘의 난민이 남유다 예루살렘으로 대규모 유입되는 사태를 전망하고 남유다 왕실로 하여금 적극적으로 난민을 받아들이도록 독려했다. 그래서 유다 왕 히스기야는 예루살렘 시경계지가 약 네 배로 확장될 정도로 적극적으로 북왕국의 난민들을 받아들였다. 이 모든 과정에서 이사야는 남유다가 북이스라엘을 "흡수통일"하라고 말하지 않고 남유다와 북이스라엘 모두가 그 옛날 이스라엘의 황금시대를 대표하던 공평과 정의의 나라였던 다윗 왕국 같은 나라(삼하 8:15), 제3의 나라를 건설하라고 촉구했다. 현실의 유다로서는 북이스라엘의 난민을 받아들일 수 없고 오로지 다윗제국적인 기상, 공평과 인애, 사랑과 형제우애, 그리고 강력하고 의로운 군주와 공무원으로 가득 찬 나라가 될 때에만 남유다와 북이스라엘을 동시에 발전적으로 흡수할 수 있다고 본 것이다(김회권, 2006: 250~251, 283~285).[37]

8. 맺음말

교회 공동체는 선포를 통해, 또 성령의 능력에 의해 변화된 공동체적인 삶을 통해, 하나님 나라를 위해, 주변세계를 위해 자신을 헌신하고 아낌없이 자신을 내어주도록 이끌린다(크라우스, 1986: 469). 성령의 능력 안에서 포괄적인 의미의 하나님 나라 운동에 참여함으로써 교회는 세상을 향한 복된, 해방적 공격을 감행한다. 예수 그리스도가 선포하는 하나님 나라의 관점에서 보면 모든 단위의 인간적·정치적 결사체(민족, 국가, 정당, 국제기구)는 극도의 자기중심적 편집증과 정신착란에 빠져 있다. 세계 속에 흩어져 있는 모든 그리스도인은 극도의 자기중심적인 혈과 육의 집단(국가와 민족)의 편집증과 정신착란을 경각시키며, 그들을 하나님 나라의 도래에 대면시켜야 한다.

그런 점에서 한반도 평화통일 운동에 참여하는 한국 교회는 남북한 사회가 하나님 나라의 이상에서 얼마나 심각하게 이탈되었는가를 동시에 조명하여 하나님 나라라는 더 큰 비전을 염두에 두고 남북한의 창조적 해체와 변형작업에 주도적으로 참여해야 한다. 남한 사회에 공평과 정의, 인애와 우애가 충만할 때(시 89:11~14; 사 32:16~20; 암 5:24), 그리고 이 일에 교회가 쓰임받을 때 북한 동포들과 창조적으로 접목될 수 있다. 어떤 의미로 북한의 창조적 해체를 가장 잘 준비하여 남북통일과 일치의 겨레 공동체를 만드는 길은 남한이 훨씬 더 공의롭고 인자하고 의로운 공동체로 변화되는 길이다. 남한이, 주체사상과 북한이 그토록 강조하는, 기층 노동자와 농민 등 하층 계급 사람들의 인간다운 삶을 보장하는 강력한 사회안전망이 확충

37) 이사야의 민족통합 신학에 대한 더 자세한 논의를 참조하려면 김회권(2005: 41~43)을 보라.

된 공동체로 창조적인 발전을 이룩하는 것이다. 남한 또한 창조적 해체를 준비해야 한다는 점이다. 북한을 거룩하게 흡수통합하여 평화로운 한반도를 창조하려면 남한의 창조적 변화는 필연적으로 요청된다. 이 남한의 변화를 위해서는 기독교의 이상이자 성경의 명령인 자발적인 형제애를 실천하는 교회와 그리스도인들이 남한 기독교의 중심에 서야 한다.

참고문헌

국내 자료

김일성. 1992. 『세기와 더불어 2』. 평양: 조선로동당출판사.

______. 1994. 『세기와 더불어 4』. 평양: 조선로동당출판사.

김병로. 1998. 「교회여 통일맞이를 준비하자」. ≪복음과 상황≫, 통권 84호(1998년 12월호), 21~30쪽.

김인회. 1992. 「주체사상과 기독교」. ≪복음과 상황≫, 통권 8호(1992년 3·4월호), 74~80쪽.

김회권. 2006. 『성서주석 이사야 I』. 서울: 대한기독교서회.

______. 2005. 「남은 자 사상에 나타난 이사야의 민족통합 신학」. ≪한국기독교학논총≫, 37집, 41~56쪽.

김회권 외. 2007. 『사회선교 한 걸음』. 서울: 뉴스앤조이.

녹두편집부 편. 1985. 『세계철학사 III』. 서울: 녹두.

돌베개편집부. 1988. 『북한 조선로동당대회 주요문헌집』. 서울: 돌베개.

박철수. 2006. 『축복의 혁명』. 서울: 뉴스앤조이.

백두편집부. 1988. 『김정일 사상비판』. 서울: 백두.

백용기. 2001. 「19세기 독일의 사회적 개신교에 관한 연구」. ≪한국기독교신학논총≫, 21집, 81~107쪽.

송두율. 2002. 『경계인의 사색: 재독철학자 송두율의 분단시대 세상읽기』. 서울: 한겨레신문사.

숭실대학교 역사편찬부. 1992. 『인물로 본 숭실 100년』. 서울: 숭실대출판부.

양상철. 1987. 『경제사학습』. 서울: 세계.

이만열. 2001. 『한국기독교와 민족통일운동: 한국기독교사 연구』. 서울: 한국기독교역사연구소.

______. 2004. 「한국기독교계 통일운동 2」. ≪복음과 상황≫. 통권 153호(9월호), 110~121쪽.

이승장. 1985. 「1974년 로잔 언약 제5항에 대한 해설」. ≪소리≫, 2. 서울: 성경읽기사, 20~25쪽.

이신건. 1991. "하나님 나라와 세계변혁 I", ≪총신대보≫, 142호.

이진경 편. 1989. 『주체사상 비판』, I, II. 서울: 새길.

정용욱 외. 1989. 『한국민중론과 주체사상과의 대화』. 서울: 풀빛.

한상진 편. 1984.『계급이론과 계층이론』. 서울: 문학과지성사.
홍동근. 1997.『김일성 회고록 세기와 더불어를 읽고』. 해외통일신학동지회.

번역 자료

고노 겐지, 1983.『시민혁명의 역사구조』. 서울: 청아.
기든스, 앤서니. 1984.「마르크스와 베버의 차이」. 한상진 엮음.『계급이론과 계층이론』. 서울: 문학과지성사. 44~45쪽.
니버, 라인홀드. 1988.『맑스 엥겔스의 종교론』. 서울: 아침.
데이, 도로시. 2009.『고백』. 김동완 옮김. 서울: 복있는사람.
마르크스, 칼. 1987.『자본론 I-1』. 김영민 옮김. 서울: 이론과실천.
마르크스·엥겔스·보일. 2005.『세계를 뒤흔든 공산당 선언』. 유강은 옮김. 서울: 그린비.
베르자예프, 니콜라이. 1986.『그리스도교와 계급투쟁』, 정용섭 역. 서울: 대한기독교서회.
로흐만, 얀 밀리치. 1973.「마르크스주의자의 희망과 그리스도의 구원」. ≪기독교사상≫, 통권 182호(7월호), 128~146쪽.
______. 1975.『그리스도냐, 프로메테우스냐?』. 손규태 옮김. 서울: 대한기독교서회.
______. 1997.『살아있는 유산』. 김원배·김미현 옮김. 서울: 한국기독교장로회 신학연구소.
린저, 루이제. 1988.『또 하나의 조국』. 한민 옮김. 서울: 공동체.
슈베벨, 크리스토프. 2007. "The Heritage of the Reformation," 숭실대 제8회 한경직 기념 강좌(2007년 4월 2일) 강의안(요약본을 보려면「종교개혁의 유산」, ≪숭실대학교 기독교학대학원 소식≫, 통권 16호[2007년 9월]).
존슨, 폴. 2004.『지식인의 두 얼굴』. 윤철희 옮김. 서울: 을유문화사.
크라우스, 한스 -요아힘. 1986. 박재순 옮김.『조직신학: 하느님의 나라 - 자유의 나라』. 서울: 한국신학연구소.
틸리히, 폴. 1980. 송기득 옮김.『19~20세기 프로테스탄트 사상사』. 서울: 한국신학연구소.
폴라니, 칼. 2009. 홍기빈 옮김.『거대한 전환』. 서울: 길.

원서 자료

Bonino, Jose M. 1976. *Christians and Marxists: the Mutual Challenge to Revolution.*

Grand Rapids, MI: Eerdmans.

Driesch, Hans A. E. 1903. *Die Seele als elementarer Naturfaktor: Studien über die Bewegungen der Organismen.* Leipzig: S. N.

Dutt, R. Palme. 1997. *Facism and Social Revolution.* Chicago: Proletarian Publishers.

Graham, Billy. 1997. *Just As I Am.* New York: Harper Collins.

Grun, B. 1979. *The Timetables of History.* New York: A Touchstone Book.

Hess, Moses. 1921. *Sozialistische Aufsätze 1841-1847.* Berlin: Welt-Verlag.

______. 1980. *Philosophische und sozialistische Schriften 1837-1850.* Vaduz/ Liechtenstein: Topos.

Lochman, Jan Milic. 1977. *Encountering Marxism: Bonds and Barriers between Christians and Marxists*, trans. E. H. Robertson. Philadelphia: Fortress.

Kim, Hee-Eun. 1991. *Das Verhältnis zwischen Christentum und Marxismus-Leninismus bei Leonhard Ragaz in seiner Bedeutung für die Minjung-Theologie.* Haag: Herchen.

McManners(ed.). 1990. J. *The Oxford Illustrated History of Christianity.* Oxford/New York: Oxford University Press.

Ragaz, L. 1972. *Von Christus zu Marx, von Marx zu Christus: ein Beitrag.* Hamburg: Furche.

Scarfe, Alan & Sookhdeo, Patrick(eds.). 1982. *Christianity & Marxism.* Exeter: The Pasternoster Press.

Segundo, Juan Luis. 1985. *The Historical Jesus of the Synoptics.* Maryknoll: Orbis books.

Viault, Birdsall S. 1990. *Modern European History.* New York: McGraw-Hill.

Weitling, Wilhelm. 1897. *Das evangelium eines armen Sünders.* München: M. Ernst.

______. 1842. *Garantien der Harmonie und Freiheit.* Hamburg: Im Verlage des Verfassers.

제2장

독일의 내적 통일을 위한 교회의 역할

고재길 _ 장로회신학대학교 기독교와 문화 학술연구교수

1. 들어가는 말

통일 독일의 수도, 베를린을 방문하는 사람들은 베를린의 변화된 모습을 보면서 놀라게 된다. 통일의 상징이라고 할 수 있는 브란덴부르크 문(Brandenburg Tor) 가까이에는 새롭게 보수한 현대식 건물의 국회의사당이 있고 그 주변에는 본(Bonn)으로부터 베를린으로 옮겨서 새로 단장한 각 나라의 대사관 건물들이 들어서 있다. 더 놀라운 것은 이곳에서 도보로 5분만 가면 볼 수 있는 포츠담 광장(Potsdamer Platz)과 그 주변의 발전된 모습이다. 포츠담 광장 주변의 초현대식 건물들은 분단 시절, 동독 지역 안에서 볼 수 있는 유일한 서독 지역이었던 서베를린의 중심가인 쿠담(Kurfürstendamm)의 현대성을 능가한다. 그러나 베를린에서 유학생활을 했던 필자에게 가장 인상적이었던 곳은 포츠담 광장의 초현대식 건물이 아니라 베를린 장벽이었다. 17년 전에 이루어진 독일 통일의 사건의 정점과 아쉬움을 동시에 보여주는 베를린 장벽! 그 장벽의 남은 귀퉁이에는 다음과 같은 글이 적혀 있다. "모든 것이 좋아질 것이다. 하지만 더 나아진 것은 아무것도 없다"(Alles wird gut, aber nichts wurde besser). 이 짧은 문장은 독일 통일 전후의 동서독인이 가지고 있던 통일에 대한 기대감과 실망을 함께 보여준다. 국가의 통일을 계기로 동서독인들은 모두 새로운 희망을 품었다. 사회주의 체제 아래에서 살았던 동독인들은 개인의 자유에 대한 보장과 사유재산의 확보를 가능하게 해주는 새로운 희망을 통일된 국가 안에서 찾았다. 하지만 서구적 자본주의 체제하에 있었던 서독인들은 "하나의 민족"을 이룬 통일의 사건을 세계 내에서의 독일국가의 새로운 도약의 발판으로 삼으려고 했다. 그러나 베를린 장벽의 그 문장은 1990년 10월 3일 이후로 동독과 서독 간의 국가적 통일(staatliche Einheit)은 이루어졌지만 동서독 간의 진정한 내적 통일(innere Einheit)은 이루어지지 않았음을 단적으로 보여준다.

"우리는 한 민족이다(Wir sind ein Volk)!" 독일 통일의 날에는 그와 같은 하나의 표제가 있었다. 동서독의 사람들은 분단 이후로 나뉘어 있었던 자기들의 마음을 그렇게 하나로 엮었다. 그러나 통일 이후의 지난 17년의 시간들은 통일 독일 국민들의 전체 희망이 역사 속에서 구체적으로 실현되지 않았음을 보여준다. 동독인들은 서구식 자본주의 체제에 쉽게 적응하지 못했고 그들은 통일 독일에서 보장받은 더 많은 개인의 자유가 자동적으로 더 많은 사유재산의 축적으로 이어질 수 없음을 알게 되었다. 또한 통일 당시의 서독 정부의 약속과는 다르게 점점 올라가는 통일세의 부담을 극복하는 일은 서독인들에게는 결코 쉬운 일이 아니었다. 끝을 예측할 수 없는 구 동독 지역의 개발 정책은 서독인들로 하여금 세금의 인상과 사회복지 혜택의 축소라고 하는 두 가지의 현실적 부담 앞에서 벗어날 수 없도록 만들었던 것이다. 그것 때문인가? 베를린 장벽 위의 문구는 아직도 지워지지 않고 있다. "모든 것이 좋아질 것이다. 하지만 더 나아진 것은 아무것도 없다." 이 짧은 문장은 우리로 하여금 이제 독일 통일에 대해 동서독인이 갖고 있었던 단순한 기대감이나 또는 실망을 넘어서는 그 이상의 것을 생각하게 한다. 다시 말해서 우리는 이제 독일인의 모든 삶의 자리(Sitz im Leben)—정치, 경제, 사회, 문화의 모든 영역—에서 심각한 모습으로 나타난 독일 통일의 후유증들에 대해 쉽게 짐작할 수 있다는 것이다.

이 연구는 이러한 통일 이후에 발생한 후유증들을 극복하기 위해 독일 교회가 행했던 일을 살펴본다. 그것은 "하나의 민족"으로서의 진정한 통일을 완성하기 위한 또 하나의 길이었다. 그와 같은 "내적 통일(innere Einheit)"을 이루는 일에 동역한 독일 교회의 모습은 한반도의 평화와 통일을 준비하는 한국 교회에게 분명히 큰 도움을 줄 것이다. 그러나 본 주제에 들어가기 전에 필자는 독일 통일의 기본 과정과 거기에서 동서독 교회가 감당했던 역할에 대해 알아볼 것이다. 독일의 통일을 이루기 위해 서독 교회가 실천했던 평화운동과 디아코니아(Diakonia) 활동은 빼놓을 수 없는 중요한 일이다. 또한 동독의 사회주의 체제하에서 인권과 평화의 증진을 위해 헌신한 동독의 교회의 노력, 특별히 "사회주의 속의 교회(Kirche im Sozialismus)"의 노력들은 결코 간과되어서는 안 된다.

2. 독일 통일의 과정: 동독 사회주의 체제의 변혁

1989년 11월 9일은 독일 통일의 서막을 여는 날이었다. 그날에 동독과 서독의 분단의 상징이라고 할 수 있는 베를린 장벽(Berlin Mauer)은 무너졌다. 그날 이후로 동독은 주변의 동유럽의 사회주의 체제의 다른 국가들과 마찬가지로 정권의 존재 기반이 흔들리는 결정적인 위기에 처하게 되었다. 서서히 체제붕괴의 현실로 들어가는 동독의 역사는 다음과 같이 진행되었다.

1989년

- 10월 18일 호네커가 18년 만에 실각, 에곤 그렌츠가 후계자가 됨
- 11월 8일 내각 총사퇴, 개혁파 한스 모르도프가 수상이 됨
- 11월 9일 베를린 장벽 개방
- 11월 28일 서독 콜 수상의 통일 3단계 10개항 발표
- 12월 1일 동독 헌법에서 SED(독일 사회주의 통일당)의 지도적 역할 부분적 삭제
- 12월 4일 호네커가 당에서 축출됨
- 12월 6일 에곤 그렌츠의 국가 평의회 의장 사임
- 12월 7일 동독의 당 간부와 재야 세력이 첫 원탁회의(Rundtisch) 가짐
- 12월 8일 SED 임시전당대회를 개최하여 그레고르 기지가 새로운 정당인 PDS(독일민주사회당)의 의장이 됨
- 12월 16일 동독기독민중당(CDU)이 이전의 SED의 협력 당으로서 과거를 청산하고 로타르 드메지에르가 새로운 의장이 됨

1990년

- 2월 5일 8개 야당이 참여하는 거국내각이 들어섬
- 2월 10일 고르바초프가 모스크바에서 콜과의 회담에서 독일 통일을 인정
- 3월 18일 동독인민회의 선거 실시, 보수파 압승
- 3월 18일 기민당(CDU), 독일사회연합(DSU), 민주개혁(DA) 48%
- 3월 18일 사민당(SPD) 22%, 민주사회당(PDS) 16%, 자유당(FDP) 5%
- 5월 5일 본에서 제1차 2+4(동, 서독+미, 소, 영, 프)회담 열림
- 7월 1일 양 독일의 통화, 사회, 경제 통합협정 발효
- 8월 23일 동독 인민회의 10월 3일 서독에 통합을 결정
- 9월 12일 모스크바에서 제4차 2+4 회담, 독일 문제 최종 해결 조약 조인으로 독일에서 전승 연합국의 권리가 끝남

• 10월 2일 동독 인민회의 '독일민주공화국'의 소멸을 공식 선언

• 10월 3일 독일 통일 선포

• 10월 14일 구동독 지역의 주 의회 선거

• 12월 2일 새 연방회의 선거를 16개 독일 전체 주에서 실시(권오성, 1995: 85~86)[1)]

위에서 서술한 내용에서 우리는 독일 통일이 무엇보다도 동독 사회주의 체제의 변혁의 과정에서 비롯된 것임을 알게 된다. 동독에서 일어난 역사적 변동을 동독 사회주의 정권의 붕괴라고 말하지 않고 굳이 사회주의 체제의 변혁이라고 표현한 것은 두 가지 이유 때문이다. 하나는 동독의 역사적 변화 사건이 주변 동유럽 사회주의 국가들의 역사적 변혁이라는 과정의 배경하에서 이해되어야 하기 때문이고 다른 하나는 동독 사회주의 체제의 개혁과 변화를 역사적 현실 안에서 실현하고자 했던 동독과 서독의 부단한 노력, 특히 동서독의 교회의 역할이 있었기 때문이다.[2)] 베를린과 더불어 통일 독일의 역사적 도시라고 일컬어지는 도시가 있다. 독일 통일의 역사에 관심이 있는 사람이라면 누구든지 라이프치히(Leipzig)의 니콜라이(Nikolai) 교회를 잊지 않고 방문한다. 여기에서 사람들은 지금으로부터 18

1) 독일 통일의 과정에 대한 더 자세한 내용은 클레스만(2004: 28~42), 풀브룩(2000: 301~360) 참조.

2) 독일 통일의 과정에서 한 가지 주목할 만한 것은 동유럽 사회주의 국가들이 체제의 변혁과정에서 민족주의의 재등장을 통한 국가의 분열에로의 길로 들어간 반면에 독일 통일은 그 반대의 경우였다는 사실이다. 즉, 독일은 통일의 과정에서 민족주의에 대한 강조–"우리는 하나의 민족이다(Wir sind ein Volk)"–가 있었지만 국가의 분열이 아닌 하나의 국가적 통일을 이루었다는 것이다. 그러나 이러한 동독과 서독의 국가적 통일(eine staatliche Einheit)이 독일의 내적 통일(die innere Einheit Deutschlands)로 바로 연결되지 않았다(권오성, 1995: 86~87).

년 전, 그곳에서 일어났던 극적인 역사적 사건에 관한 아래의 이야기들을 지금도 들을 수 있다.

> 1989년 여름까지는 100명 정도가 모이는 소규모 집회였으나, 가을에 젊은 이들이 동유럽을 통해 탈출하는 사건이 진행되면서 참석자의 수가 급격하게 증가했다. 이곳에서 9월 11일, 목사, 재야 민주 운동가들이 모여 '새로운 논단(Neues Forum)'이라는 운동단체를 조직했다. 10월 2일에는 2만 명, 9월에는 7만 명, 16일에는 20만 명, 23일에는 36만 명, 30일에는 57만 명이 모였다. 라이프치히 인구는 당시 55만 명이었다. 이 반정부 시위는 드레스덴을 포함해 전국으로 확산되었고, 11월 4일 동베를린 알렉산더 광장에 100만 명의 시위대가 몰려들었다. 여기서 자유로운 인간을 위한 자유 언론, 민주주의를 요구했다. 이 모든 과정이 비폭력과 무혈로 이루어졌다"(권오성, 1995: 85).

라이프치히 니콜라이 교회는 동독 사회주의 체제의 변혁의 과정에서 그와 같은 모습으로 통일 독일의 역사의 중심에 자리를 잡게 되었다. 1989년 10월 18일은 동독 사회를 18년의 긴 시간 동안 지배해왔던 호네커 정권이 무너지는 날이었고 그해 11월 9일에는 베를린 장벽이 무너졌다. 즉, 그날은 동독 사회주의 체제가 마침내 변혁의 길로 들어서는 역사적인 날이었다. 그러나 그와 같은 역사적인 순간들은 동서독의 분단 시절하에서 꾸준하게 진행되었던 통일을 위한 준비와 노력의 시간들이 있었기 때문에 가능한 것이었다. 여기에서 우리는 독일 통일의 과정 속에서 행했던 동서독 교회의 중요한 역할들을 분명하게 확인할 수 있다.

3. 독일 통일과 동서독 교회의 역할

1) 동서독 교회의 "특별한 공동체(die besondere Gemeinschaft)" 의식

1949년은 독일에서 분단의 아픔이 시작되는 원년이었으며 1968년은 독일 교회의 분열을 알리는 그 첫 번째 해였다. 즉, 사회주의 체제의 동독 정권은 1968년 새 헌법을 공포했는데 그것으로 인하여 동서독의 교회는 분리되는 아픔을 맛보아야 했다.[3] 그 결과 동독에서는 새로운 교회의 조직과 교회법이 만들어지게 되었다. 1969년에는 동독개신교연맹(Der Bund der Evangelischen Kirche in der DDR)이 공식적으로 출범했다. 그러나 이러한 외적 분열의 위기가 동서독 교회의 내적인 하나 됨(innere Einheit)을 결코 무너뜨리지는 못했다. 그 이유를 우리는 "하나의 교회"라는 교회의 본질적 특성에서 찾을 수 있다. 동독 교회는 동독개신교연맹의 교회법 속에 동서독의 교회 사이에는 "특별한 공동체(die besondere Gemeinschaft)"[4]가 존재함을 명확하게 밝혔다. 그것은 교회 "공동체(Gemeinschaft)"로서 존재하는 그리스도를 둘로 나눌 수 없다는 동독 교회의 확신에서 출발한 결과였다. 서독 교회와의 하나 됨의 관계를 지속적으로 유지하겠다는 동독개신교연맹의 약속을 교회법은 다음과 같이 말하고 있다.

---

3) 제2차 세계대전의 패배 이후 독일은 분단의 아픔(1949)을 경험했지만 〈독일교회연합(Evangelische Kirchen in Deutschland: EKD)〉의 이름하에 서독 교회와 분리되지 않은 하나의 교회로 머물고 있었다(주도홍, 1999: 67).

4) 주도홍 교수는 핵심단어－"die besondere Gemeinschaft"－를 "특별한 유대관계"로 번역하고 있지만 필자는 이것을 "특별한 공동체"로 옮긴다. 그것은 후자가 전자보다 그리스도의 몸으로서 이해되는 교회의 신학적 특성을 더 잘 드러내기 때문이다.

교회연맹은 모든 독일 개신교 신자들과 "특별한 공동체(die besondere Gemeinschaft)"를 이루고 있음을 고백한다. 이러한 공동체를 위해 교회연맹은 동지적 책임감을 갖고 동독과 서독의 모든 개신교 교회가 각자의 기관을 통해 동반자적 자유를 가지고 함께 만나는 것을 과제로 한다(Hessler, 1970: 35).

여기서 주목할 사실은 동독 교회가 "특별한 공동체"의 특성을 자유로운 그리고 동반자적인 관계성 안에서 찾고 있다는 점이다. 동독교회연맹은 모든 교회가 그들의 고유한 특성을 가지고 그 어디에도 구속되는 것이 없는 상태에서 공동의 과제를 가지는 것에 주목한다. 동독교회연맹은 특별히 이러한 "자유로운 동반자적 공동체(freie partnerschaftliche Gemeinschaft)"를 서독 교회와의 관계에서 가지기를 원했다. 이러한 "특별한 공동체"는 마음의 결심만으로 성취될 수 있는 것은 아니었다. "특별한 공동체"를 만드는 일에 필요한 자문단(Beratergruppe)과 협의단(Konsulationsgruppe)의 역할은 동서독 교회의 관계에서 특별히 중요하게 되었다.[5] 이러한 "특별한 공동체"를 만들고 유지시키는 동서독 교회의 노력과 활동은 1990년 10월 3일 독일 통일의 역사적 그 순간까지 계속되었다. 1969년의 동서독 교회의 분열의 시간을 생각하면 20년 가까이 "특별한 공동체"를 유지시켜나간 양 교회의 섬김과 인내–특히 서독 교회의–는 실로 대단한 것이라고 평가할 수 있다.

---

5) 자문단은 동서독 교회의 대표 15명씩이 모여 1969년 12월에 처음으로 구성되었고 여기에서는 주로 동서독 교회의 일반적인 소식을 주고받고 서로 간의 사업계획을 세우는 일을 의논했다. 모임은 1년에 4~5회 정도 열렸고 20년 이상 지속되었다. 한편 협의단은 1980년 동독교회협의회에 의해 '독일교회연합'과 합의하여 시작되었고 특별히 '평화와 화해'의 주제를 가지고 사업들이 진행되었다. 매년 열리는 '평화를 위한 공동예배'는 협의단의 대표적인 사업이었다(주도홍, 1999: 78~79).

1990년 1월 17일에 독일의 로쿰(Loccum)에서 모인 양 교회의 책임자들과 개신교 감독들은 그들 사이에서 유지된 "특별한 공동체" 의식을 "분단의 독일 민족을 묶어주는 하나의 힘 있는 연결고리"(Kremser, 1993: 85~86, 주도홍, 1999: 85에서 재인용)로 간주했는데, 이러한 로쿰 선언은 양 교회 사이의 특별한 공동체가 내포하고 있는 역사적 의미를 잘 보여준다.

2) 서독 교회의 재정 지원

동독 교회의 재정적인 어려움은 1956년부터 교회세(Kirchensteuer)의 혜택을 박탈당하는 데서부터 본격적으로 생겨났다. 그 이전과 다르게 50%이상까지 감소된 동독 교회의 재정은 일반 교회의 구성원뿐만 아니라 교회의 목회자에게도 큰 불이익을 가져다주었다. 목회자는 심지어 보험과 연금의 혜택까지도 누릴 수 없게 되었다. 이러한 동독 교회의 어려운 재정 상황은 "특별한 공동체"의 동반자인 서독 교회의 재정적 후원을 통해 큰 도움을 받고 개선될 수 있었다. 동독 교회를 돕는 서독 교회의 지원 방식에는 중요한 원칙이 있었다. "언제나 무조건적이 아닌 명목 있는 지원"이란 원칙을 가지고 서독 교회는 동독 교회에게 도움을 제공한 것이다. 사례를 든다면 동독 교회의 봉사활동, 교회의 건축이나 증축, 교회의 농업 또는 임업활동, 교회의 자동차 구입 등등의 명목을 말할 수 있다. 이러한 서독 교회의 도움은 일회적인 차원에서 끝나지 않았고 과시적인 방식으로 전개되지도 않았다(주도홍, 1999: 80~83). 서독 교회가 매해 동독의 교회를 위해 지원한 재정의 규모는 한화로 약 300~400억 원에 이르렀고 그 후원의 과정에서 서독 교회는 지혜롭게도 직접적인 금전의 지불을 지양하고 동독 교회가 실제로 필요로 하는 자재를 제공했다(주도홍, 2006: 23).[6]

특이한 점은 그와 같은 지원이 용도에 맞게 바르게 사용되고 있는가의 여부에 대해서는 서독 교회가 매우 유연한 태도를 가지고 대처했다는 사실이다. 이것은 주도홍 교수가 적절하게 표현했듯이 "모든 삶에서 정확성을 기하는 독일인의 모습과는 전혀 일치하지 않는 대목"(주도홍, 1999: 80)이었다. 그러나 여기에서 우리는 동독 교회를 돕는 과정에서 동독 교회가 받을 수 있는 상처의 가능성—그들의 자존심을 건드리는—을 생각하면서 조심스럽게 접근하는 서독 교회의 신중한 태도와 깊은 배려의 마음을 보게 된다.

물론 이러한 서독 교회의 재정 지원이 서독 사회 안에서 전적인 찬성만을 얻은 것은 아니었다. 서독 내부에서 제기된 한 가지 의문이 있었는데 그것은 서독 교회의 도움이 결론적으로는 동독 사회주의 체제의 유지와 강화에 필요한 도움을 제공하는 것이 아니냐는 질문이었다.[7] 여기에 대해 서독 교회의 입장은 명확했다. 동독 교회를 위한 서독 교회의 아낌없는 재정적인 후원은 두 교회 간의 "특별한" 공동체적 관계를 유지하는 구체적인 실천

6) 주도홍 교수에 따르면 동독 교회를 위해 매해 지원된 서독 교회의 재정 가운데 "독일 통일 바로 전의 경우 이 지원금의 50% 정도가 동독 교회의 재정으로 충당되었으며, 20% 정도는 교회가 행하는 사회봉사 활동(Diakonie)에 책정되었고, 17% 정도는 목회 사역을 하는 동역자들의 사례를 위해서 할당되었다. 그리고 남은 13% 정도는 교회의 청소년을 위해서, 그리고 교육기관을 위해서 또는 교회 휴양시설을 유지하는 데 활용되었다"(Heidingsfeld, 1993: 98~100; 주도홍, 2006: 82~83에서 재인용).

7) 여기에 대해서 폴체(Armin Volze)는 아래의 일곱 가지 논점을 가지고 대답했다. "재정 지원은 ① 동독의 국민경제에 분명 도움을 주었다. ② 동독의 외화획득에 도움을 주었다. ③ 물자공급은 동독의 어려운 물자조달에 부담을 덜어주었다. ④ 기독교적 유대 관계가 향상되어 정치적·법률적 장애도 극복할 수 있도록 했다. ⑤ 동독의 교회 단체, 교회 부속병원, 양로원 그리고 기타 기관을 실질적으로 도움으로써 동족의 고통을 완화시켜주었다. ⑥ 동독 교회가 계속적으로 복음 전파를 통해 동독인들의 삶에 중요한 원리를 제공함으로써 유물론적 사회주의를 향한 저항의 토양을 형성하게 했다. ⑦ 결국 동독 사회주의 정권의 붕괴를 재촉하는 결과를 가져오게 했다"(Volze, 1991: 59ff; 주도홍, 1999: 84에서 재인용).

의 형태였다. 그것은 일방성, 과시성, 일회성의 특성을 가진 도움이 아니었고 그리스도의 사랑에 근거한 섬김(Diakonia)과 인내와 희생에서 나오는 도움이었다. 그렇게 함으로써 서독 교회는 자기에게 향한 오해와 불신의 장벽을 넘어서고 마침내 독일 통일의 역사를 이룰 수 있었다. 동서독 교회가 이루려 했던 "특별한 공동체"는 단순한 말에서 끝나지 않았고 구체적인 재정 지원과 섬김의 활동을 통해 그 결실—독일의 통일—을 볼 수 있었던 것이다.

3) 동서독 교회의 평화 운동

통일 독일의 역사의 물줄기는 동서독의 교회들이 추구한 평화 운동까지 거슬러 올라간다. 동서독 교회가 분리된 이후 두 교회의 그리스도인들은 이 세상 안에서 평화를 증진시키는 일에 적지 않은 노력을 기울인다. 1979년은 제2차 세계대전 발발 40주년이 되는 해였다. 이해 9월에 동서독의 교회는 한 목소리로 평화에 대한 자신들의 입장을 분명하게 전했다.

"지난 30년 동안 유럽에서의 평화를 우리는 돌이켜본다. 1945년 헤아릴 수 없이 무수한 사람들이 맹세했다. '다시는 전쟁이 없기를(Nie wieder Krieg)!' 오늘날 이 요청은 찢기는 가슴의 고통과 각별한 이해를 가지고 더욱 강화되지 않으면 안 된다. 평화질서를 위한 작업과 신뢰가 성장하도록 하고 민족들에게 안보가 보장되며 국가 간의 갈등에서 군사적인 위협과 폭력사용이 없도록 냉철함과 관용 그리고 용기가 필요하다. 양 독일국가의 교회와 그리스도인들은 특별한 짐을 짊어지고 있다. 긴장 완화 정치를 심화하고 헬싱키 협약을 위해 공동 노력하는 것이 그것이다……. 이에 따라 우리는 지금 지속적인 평화교육을 위해 염려하지 않으면 안 된다"(EKD-Denkschrift, 1984: 39~40).

평화를 이 땅에 만드는 서독 교회의 활동은 1980년에 이르러 구체적 상황 속에서 더욱 분명하게 나타났다. 그 이전까지 견지했던 핵무기의 사용에 대한 이중적인 태도를 근절하고 "핵무기를 가지지 않고 평화를 창조하는 것(Frieden schaffen ohne Waffen)"을 강조한 그 당시의 서독개신교협의회의 표어가 바로 그것이었다. 서독 교회는 이 표어를 가지고 그해 11월에 전국적으로 거행되는 평화운동의 행사를 가졌다. 개신교회의 평화 봉사대(Freidendienst)와 가톨릭교회의 "평화를 위한 행동 공동체(Aktionsgemeinschaft für den Frieden)"가 만들어졌다. 교회의 두 그룹을 중심으로 "새로운 평화정치를 위한 시민운동"이 시작되었다. 1981년 10월 10일에 본(Bonn)에서 있었던 "평화주간"의 시위를 계기로 하여 매해 11월에 열렸던 평화주간의 시위는 1989년까지 지속되었다(박명철, 1997: 50).[8)]

이러한 평화운동의 여정에 동독 교회도 참여했다. 동독 정부와의 관계가 갈등적으로 표출되기도 했지만 동독 교회는 정부와의 대화를 중지하지는 않았다. 그러한 대화의 시도의 중심에는 늘 평화의 주제가 있었다. 1958년에 "동독 정부와 교회는 외적으로는 세계평화의 정착을 위하고 내적으로는 분단극복을 위한 독일 내의 평화에 함께 기여한다"(박명철, 1997: 45)는 발표를 했다. 1964년 8월에 동독 교회는 유럽의 평화와 통일문제 등에 대한 국가와 교회 사이의 공동의 사회적 책임을 강조했다. 그러한 방식으로 동독 교회는 동독의 사회주의 체제 아래에서 교회의 독자성(Eigenständlichkeit)를 확보해나갔다.

한편, 동독 교회는 자기의 정체성을 "사회주의 속의 교회(Kirche im

8) 특별히 이 시기(1980, 1981년)에 주목해야 하는 점은 평화주일(평화주간의 일요일)은 동서독의 모든 교회가 동일한 목적하에 예배와 기도를 드렸다는 사실이다. 그때 양 교회가 즐겨 인용한 성경구절은 "칼을 쳐서 보습을 만들라"는 미가서 4장 3절이었다(박명철, 1997: 50).

Sozialismus)"[9]로서 규정했다. 동독 교회는 동독 정부와의 관계에서 야당의 입장이나 기회주의적 입장을 취하지 않았다. 동독 교회는 사회주의 동독 정부에 대항(gegen)하지도 않았고 그 곁(neben)에 있었지만 무책임한 태도를 보이지도 않았다. "사회주의 속의 교회"는 크게 두 가지로 이해할 수 있다(권오성, 1995: 97). 첫째, "사회주의 속의 교회"는 현재의 동독 교회가 처해 있는 상황 속에서 존재하는 교회가 되겠다는 의지의 표현이다. 둘째, "사회주의 속의 교회"는 "좀 더 나은 사회주의를 위한 교회"를 의미한다. 즉, 동독 교회는 사회주의의 상황 속(in)에서 더욱 인간적인 사회주의 체제를 만드는 데 필요한 "비판적 연대"의 입장을 견지한 "사회주의 속의 교회"였다. 평화와 더욱 인간적인 사회주의의 형성을 위한 동독 교회의 활동은 동독 교회가 사회주의 정권하에서 비판적인 정치인들의 피난처가 될 수 있도록 만들었다. 1989년의 동독 시민들의 평화적인 시위－더 많은 자유와 민주화를 요구하는－의 현장에서 동독의 교회가 그러한 행사의 주요 거점이 된 것은 결코 우연이 아니었다.

9) '사회주의 속의 교회(Kirche im Sozialismus)'라는 용어는 동독교회연맹의 교회법에는 나오지 않는다. 이 용어는 1971년 아이제나흐(Eisenach) 총회에서 처음 나온 이후 동독의 신학자들과 교회 지도자들이 자주 사용했다. "증언과 봉사 공동체로서 동독의 교회는 이 특징적인 사회 속에서 그 사회 옆도 아니고, 또 이 사회 반대에 서지도 않으면서, 자신이 속한 사회에 대해 깊은 고려를 해야 한다"(권오성, 1995: 97). 더 자세한 내용에 대해서는 EKD Texte(1991: 5~34) 참조.

4. 독일 통일 이후의 문제[10)]

베를린 장벽이 무너지고 마침내 통일이 되는 그 시간까지 동서독인들이 가장 많이 언급한 말은 "우리는 한 민족이다(Wir sind ein Volk)"라는 문장이었다. 그러나 독일이 통일된 지 만 17년의 시간을 보낸 지금 그 어떤 독일 사람도—동독인이든 아니면 서독인이든—모두 "한 민족(ein Volk)"이란 단어 속에 내재된 깊은 연대감을 느끼지 못하고 있다. 그것은 동독인 가운데 자기들이 "한 민족"이 아니라 한 국가 내의 "2등 국민"[11)]이라고 생각하는 사람이 많기 때문이다. 여기에서 우리는 독일 통일 이후, 지금까지 독일의 모든 영역—정치, 경제, 사회, 문화, 종교 등—에 걸쳐 나타나는 "독일의 내적 통일(die innere Einheit Deutschlands)"의 문제를 보게 된다. 이러한 통일의 후유증이 발생한 것은 무엇보다도 동서독 양 국가가 대등한 입장에서 대등한 방식으로 통일을 이룬 것이 아니었기 때문이었다. 서독의 주도에 의한 동독의 흡수통합의 과정은 통일 이후의 다양한 후유증을 초래할 수밖에 없었다. 이와 관련하여 이 연구는 아래에서 특별히 경제적인 측면, 사회적 측면에서의 후유증에 주목할 것이다.

---

10) 통일 이후의 문제들에 대한 최근의 독일어 연구서들로는 다음의 책들이 있다. G. A. Ritter, *Der Preis der deutschen Einheit. Die Wiedervereinigung und die Krise des Sozialstaats*(München, 2006). R. Hufnagel, T. Simon(Hrsg.), *Problemfall Deutsche Einheit* (Wiesbaden, 2004). K. Eckart u. K. Scherf(Hrsg.), *Deutschland auf dem Weg zur inneren Einheit*(Berlin 2004). Helmut Meier(Hrsg.), *Uneinige Eingheit. Der öffentliche Umgang mit Problemen der deutschen Einheit*(Berlin, 2005).

11) 1997년에 출간된 클라게스의 논문에 따르면 구서독인이 동독인을 2등 국민으로 간주하고 있느냐는 질문에 대해 서독인의 28%가 그리고 동독인의 71%가 그렇다고 대답했다(김해순, 2002: 184).

1) 과도한 통일 비용과 높은 실업률

통일 이후의 독일의 삶의 조건에 대해 당시의 집권 기민당(CDU)의 콜(H. Kohl) 수상이 제시한 제안은 결국 '장밋빛 환상'에 지나지 않았다. 1990년 12월의 연방의회 선거에서 그는 동독 지역의 삶의 제반 조건을 1년 내에 서독만큼 올려놓겠다고 약속했지만 현실은 정 반대의 방향으로 나아갔다. 특별히 서독 지역 국민에게는 통일을 위해 새로 부담해야 하는 통일세의 신설이나 증세를 하지 않겠다고 했던 그의 공약은 곧 물거품이 되고 말았다. 1990년 7월 동서독의 경제를 통합시켰던 그 당시 서독의 바이겔(T. Waigel) 재무장관은 1995년까지 필요한 동독 지원 금액을 580억 마르크(DM) 수준에서 생각했다. 그러나 현실은 그렇게 되지 않았다. 1991년 한 해에 예상했던 지원 금액의 2.7배에 해당하는 1,550억 마르크가 투자되었던 것이다. 이러한 빗나간 예측은 자연스럽게 통일 비용의 증가로 이어졌다. 1991년 7월 이후 서독 지역의 국민은 기존 소득세의 7%를 '연대세'의 명목으로 통일세로 내야 했으며 연초세의 인상과 실업연금, 은퇴연금 등 사회보장금이 인상되었다(권오성, 1995: 89).

통일 이후 독일 정부는 동독 사회주의 정부가 소유하고 있던 부와 재산을 가능한 한 빨리 개인의 것으로 사유화하는 정책을 폈다. 구동독 정부 소유의 기업을 구서독이나 아니면 해외기업에 매각하고 그 기업을 자본주의식 기업으로 전환시킴으로써 경쟁력을 확보하려고 한 것이 그 정책의 목적이었다. 그러나 현실은 전혀 다르게 나타났다. 1992년까지 전체 기업의 50%에 이르는 7,000개의 기업이 대부분의 서독 민간 기업이 예상한 것 보다 훨씬 저렴한 가격으로 매각되었다. 자본주의적 시장 구조 내에서 그 기업들의 현실적 경쟁력은 실제로는 확보될 수 없었다. 그 결과 기업은 파산하게 되었고 일자리를 잃는 사람들이 점점 늘어났다. 1990년 통일 이후 9

개월이 지났을 때 이미 실업률은 세 배 이상 증가했다(권오성, 1995: 89~90). 최근의 독일의 실업률 통계조사에 따르면 동독 지역의 실업률은 서독 지역의 실업률의 두 배에 이르고 있다. 통일 17주년을 맞이하는 지금의 시점에서 아직도 구동독 지역의 임금은 구서독 지역의 70% 수준이고 구동독 지역의 실업률도 14.7%로 구서독 지역의 2배이다(≪한겨레≫ 2007.9.30).

2) 가치관의 급격한 변화와 자기 정체성의 위기

통일 이후 독일 사회는 정신적 가치관의 변화를 경험한다. 그것은 특별히 반세기 가까이 사회주의 체제하에서 살았던 동독 주민들이 겪었던 대표적인 후유증이었다. 자유시장 경제와 자본주의적 경쟁 가치가 형성된 새로운 사회적 환경 속에서 동독인들은 자신의 기존 가치관에 대한 변화의 요구에 직면하게 되었다. 그러나 실제로는 어떤 사회적 가치가 그들의 삶의 기반으로 형성되어야 하는가에 대해서는 그 누구도 분명한 답변을 가지고 있지 않았던 것 같다. 특별히 동독인들은 사회적·정치적 가치관으로서의 서독의 민주주의에 대해 큰 확신을 갖고 있지 않았다. 예를 들면 1997년에 실시한 한 여론조사기관의 연구에 따르면 동독인의 과반수 이상이 서독 사회의 민주주의가 통일 이후의 여러 사회적 문제를 해결하는 데 좋은 수단이 될 수 없다고 생각하고 있다(김해순, 2002: 200).

이러한 사례는 통일 이후 삶의 과정에서 동독인이 경험하는 값비싼 대가가 있음을 잘 보여준다. 그 대가는 동독인의 자기 정체성 위기 문제를 의미한다. 거의 50년의 세월 동안 자기 안에 깊이 자리 잡은 사회주의적 삶의 가치관이 통일 이후의 삶에서는 이제 가치 있는 것으로 여겨지지 않고 오히려 해체하고 폐기해야 할 대상이 될 때 그들이 겪게 되는 정체성의 위기는 매우 심각한 것이었다. 개인들 사이의 경쟁과 개인의 업적을 중시하는 사회 속에서 구(舊)동독인들은 자기들 안에서 이미 내면화된 사회주의적 가치―공동체적인 목적과 과제 그리고 그것의 해결을 위한 협력 등―를 회상하는 경우가 많다는 것이다.[12] 그들은 모두 이기적 개인주의와 황금만능주의가 사람 중심적이었던 구동독 사회를 지배하고 있고 이와 같은 "사회적 인간관계의 상실"이 통일 이후 독일 사회에서 사회적 소외감과 상호 불신 관계를 조장하고 있다고 생각한다(이영란, 2004: 182~183).

3) 극우파의 등장과 인종차별

독일 통일의 역사적 사건은 동독과 서독을 두 개의 지역으로 나눈 장벽을 무너뜨렸다. 그러나 통일은 독일의 모든 사람의 마음을 통일시키는 데는 실패했다. 이것은 무엇보다도 구서독인이 구동독인을 동일한 하나의 민족이 아니라, 앞에서 이미 잘 살펴보았듯이 그들을 한 국가 안에 존재하는 또 하나의 다른 2등 국민으로 여기는 행동에서 잘 나타났다고 볼 수 있다. 한 가지 흥미로운 것은 동독 출신의 국민이 스스로 자신들을 2등 국민으로 여기고 있다는 사실이 구체적인 조사의 결과를 통해 나왔다는 것이다. 비트룩(Evelin Witruk) 교수의 조사(1998년)는 그 주된 이유를 통일 이후의 독일 사회에서 동독 출신의 엘리트들이 배제된 사실, 예를 들면 "독일 전체

---

12) 이에 대한 구체적인 예가 구동독인에게 실시한 다음 인터뷰에 나온다. "구동독 시절 인간 사이를 따뜻하게 결속시켰던 그런 유대감은 이제 볼 수 없다. 개인주의와 이기주의만이 이 사회를 지배하고 있다. 내가 살던 작은 마을에는 전에는 직장이 끝난 후 모두 동네 주점에 모여서 맥주 한 잔을 마시고 이야기꽃을 피웠다. 누가 근심이 있으면 다 같이 걱정을 해주고 해결책을 찾기 위해 모두 노력했다. 마을에 누가 아픈지, 지붕에 물이 새는지 하면 다 같이 돌보고 고쳐주었다. 오늘날 그 누구도 전처럼 주점에 모여서 자신의 이야기를 하지 않는다. 단지 서로 불편한 긴장감만 있을 뿐이다(랄프, 메클렌부르크 포어포메른)"(이영란, 2004: 182).

인구의 20%를 차지하는 동독 엘리트는 전체 독일 엘리트에서 11.6%밖에 차지하지 못하고 있다"는 사실에서 찾는다.[13] 정치 부문을 제외하고는 동독 지역 출신 사람들이 통일 독일의 다른 영역–사회, 문화, 경제, 기술–에서 차지하는 엘리트의 비율은 10%가 되지 않는다.

그러나 이러한 내적 통일의 심각성은 구동독인의 외국인에 대한 차별과 증오 그리고 외국인에 대한 폭력적인 행동에서 더 잘 나타났다. 베를린에서 유학생활을 했던 필자는 동베를린 지역의 지하철역에 밤 10시 이후부터는 특히 외국인이 가서는 안 된다는 경고를 매우 잘 알고 있었다. 즉, 동베를린 지역 또한 다른 구동독 지역과 마찬가지로 외국인에 대한 인종차별의 문제에서는 예외가 될 수 없었다. 이러한 극우파의 외국인에 대한 범죄행위의 기원은 과거 독일 나치 시대의 인종차별주의까지 거슬러 올라간다. 2000년 통계 조사에 의하면 극우파에 속한 단체의 수는 120개이며 그 구성원의 수는 5만 3,000명에 이른다. 놀라운 것은 이 가운데 폭력사용에 대해 개방적인 사람이 1999년을 기준으로 9,000명에 이른다는 점인데 이 수는 1996년과 비교할 때 3,000명이 더 증가한 것이다. 그리고 통일 이후 2000년대에 이르기까지 외국인에 대한 극우파 독일인의 범죄 행위는 점점 증가했다(주도홍, 2006: 103~104). 극우파가 외국인을 증오하는 주요 원인 세 가지를, 동독의 도시 코트부스(Cottbus) 지역의 교회 감독인 비시나트(R. Wischnath)는 베를린-브란덴부르크 교회 총회(2000. 11.17)에서 다음과 같이 분석하고 있다.

---

13) 동독인이 자신들을 2등 국민으로 여기게 된 또 다른 이유들을 비트룩 교수는 다음과 같이 요약한다. ① 동독이 정치적으로 서독에 종속되는 길을 걸었다는 것, ② 동독 지역의 탈산업화과정, ③ 동독 사회주의의 사회구조적 성취에 대한 경멸. 여기에 대한 자세한 설명은 전태국(1999: 84~88) 참조.

첫째, 지금까지 동독 정권하에서 이루어진 국가 차원의 보복 시스템의 부작용이다. 항상 보복과 대가를 지불했던 사회주의 정권이 남긴 후유증이다. 둘째, 사회주의 세계관의 가치 상실로 인한 이데올로기적 진공 상태에서 나온 잘못된 흑백논리가 판을 치는 상황에서 쉽게 나타나는 범죄다. 셋째, 승자와 패자, 강자와 약자로 나누는 비인간적 분류는 서구 자본주의의 모델의 전형으로 자본주의와 동부에서의 높은 청소년 실업률이 이러한 비정상적 범죄를 유도한 것으로 보인다.[14)]

5. 독일의 내적 통일을 위한 교회의 역할

1) 교회의 사회적 언표(Sozialwort): "연대적인, 정의로운 미래를 위해(Für eine Zukunft in Solidarität und Gerechtigkeit)"

우리는 앞에서 이미 통일 이후, 독일 사회의 경제적 측면에서 나타난 후유증에 관해 살펴보았다. 예상했던 것과는 다르게 과도한 통일비용을 지불하게 되고 높은 실업률을 경험하게 된 통일 독일의 국민이 그들의 현재와 미래에 대한 안정감을 가지는 것은 쉬운 일이 아니었다. 현재와 미래의 자기의 삶에 대한 불안감은 동서독 주민의 내적 통일을 방해하는 큰 장애물이었다. 이러한 상황 속에서 독일 교회는 독일의 어려운 경제적 상황을 개선하는 데 필요한 도움을 주기 위해 노력했다. 이러한 노력의 구체적인 형태는 독일 개신교회(EKD)와 독일 가톨릭교회가 1997년 2월에 함께 준비하고 발표한 "사회적 언표(Sozialwort)"를 통해 나타났다.[15)] 이 언표–"연

14) Epd-Dokumentation. 4/01, 16-17.

대적이며 정의로운 미래를 위해"–에 따르면 연대와 정의는 장래성이 있는(zukunftsfähige) 그리고 지속가능한(nachhältige) 경제정책과 사회정책의 주요한 척도가 된다. 또한 독일 교회는 그와 같은 사회적 국가(Sozialstaat)를 구성하는 기본요소로서 인권, 자유로운 사회민주주의(freiheitlich-soziale Demokratie), 생태-사회적 시장경제, 노동의 권리와 새로운 노동이해, 갱신된 사회문화 속에서 나타나는 연대성의 기회와 형태, 국제적 책임을 특별히 중요하게 생각했다.[16]

여기에서 우리는 독일 개신교와 가톨릭교회가 모두 신자유주의적 경향에 반대하고 있으며 독일의 모든 국민을 위한 공동의 복지(Gemeinwohl)를 추구하면서도 특별히 실업문제 해결, 사회적 약자들의 고난 그리고 생태계 파괴 문제를 얼마나 우선적으로 중요하게 다루고 있는가를 잘 알 수 있다. 또한 우리는 독일 교회의 사회적 언표가 통일 이후의 독일 경제체제에 대한 "구조적이고 도덕적인 갱신"을 주장하고 있으며 통일 독일이 "사회적인 시장 개념"을 장래성과 지속가능성을 갖춘 바른 경제체제로 생각하고 있음을 잘 알 수 있다(쉐퍼, 1999).[17] 즉, 독일 교회는 국민의 경제적 생산능력과 수준 높은 사회보장 제도를 모두 견지하고 그 어느 것 하나도 소홀함이 없이 중요하게 여기는 사회적 시장경제에 기초한 제도의 형성을 위한 대사회적 경고를 게을리 하지 않았던 것이다.

---

15) http://www.ekd.de/ausland_oekumene/1773.html, 1997.02.28. 1-4.

16) http://www.ekd.de/EKD-Texte/sozialwort_1997_sozial 4.html. 1-10.

17) 쉐퍼에 따르면 기독교의 바른 신앙의 핵심은 맘몬주의와의 싸움 속에서 분명하게 나타난다. 그는 맘몬주의를 통해 사람들이 "하나님을 섬기는 것"을 우리의 삶 가운데에서 몰아낼 수 있음을 경고한다. "경제가 이윤 최대화에 고착되어 있고 더는 사람들의 삶 및 사람들의 요구에 따라 운영되지 않는 바로 그곳에서 맘몬주의가 이기는 것이고, 바로 그곳에서 소유가 하나님이 되고, 늘 많은 것을 바라는 소유욕은 독이 되어 사람들 사이의 공동체를 깨뜨립니다"(쉐퍼, 1999: 49).

이와 같은 연대와 정의의 가치를 사회적 제도 안에서 실현하는 일은 독일 교회의 견해에 따르면 "사회적 국가(Sozialstaat)" 안에서 이루어진다. "사회적 국가"에 대해 우리는 좀 더 자세하게 알 필요가 있다. 후버(W. Huber)의 견해에 의하면 "사회적 국가"는 다음의 세대를 위해 필요한 모든 재정을 지원할 수 있는 국가로서 구체적으로 다음과 같다.[18] 거기에서는 특별히 실업자들에게 보다 많은 고용의 기회가 주어진다. "사회적 국가"는 사람들의 경제적 고난의 부담이 사회의 현실 안에서 정의롭게 나누어지도록 하는 국가이며 교회는 사회적 약자들을 위해 자신을 희생해야 한다는 사회윤리적인 의무를 갖는다. 이와 같은 "사회적 국가"를 실질적으로 만들기 위해 필요한 제도의 개혁이 이루어져야 하며 이 과정에서 개혁은 제도 그 자체만을 위한 개혁이 아닌 진정한 의미에서의 "사람들을 위한 개혁(Reform um der Menschen willen)"이 되어야 한다.

또한 독일 개신교 협의회는 2006년 7월에 처음으로 가난에 대한 교회의 입장을 전하는 백서(Denkschrift)를 만들었다. 그 백서에 따르면 부유한 국가에서 볼 수 있는 가난은 명백한 "하나의 스캔들"이며 가난이란 단순한 의미에서의 "수입의 부족이 아닌 그 이상의 것"을 의미한다.[19] 여기에서 우리는 특별히 독일 교회가 "공정한 참여(gerechte Teilhabe)"의 문제를 중요하게 다루어야 하는 "사회적 국가"의 기본적인 의무에 대해 강조하는 것을 주목할 필요가 있다. 여기에 나오는 "공정한 참여"란 우선적으로 모든 사람이 교육, 직업교육 및 일반 사회의 경제적·사회적·연대적인 절차와 과정(Prozessen)에서 소외되지 않는 것을 의미한다. "공정한 참여!" 이것은 후버의 확신에 따르면 위에서 언급한 "연대적인 정의로운 미래를 위한" 독일 교

18) http://www.ekd.de/soziales/040930_huber_sozialrede.html, 2004,09.30. 1-2.

19) http://www.ekd.de/gesellschaft/pm145_2006_armutsdenkschrift.html, 2006.7.11. 1.

회의 사회적 언표의 내용을 더 구체화시킨 것으로 보인다.[20] 모든 국민이 자기 삶의 다양한 사회적 과정들에 균등한 참여의 기회를 제공받을 수 있는 사회! 미래에도 지속가능한 정의로운 사회의 건설을 위한 독일 교회의 사회적 언표는 위와 같이 요약될 수 있다.

2) 대화(Dialog): 정체성과 연대성의 회복의 길

반세기에 이르는 동서독 분단의 긴 세월은 통일 이후, 동서독 주민의 마음을 하나가 되게 하는 데 큰 장애였다. 개인의 자유, 자유주의적 시장경제, 업적 위주의 경쟁적 사회관계 등의 가치는 서독 지역 주민의 사고에 깊이 자리 잡고 있었다. 그와는 다르게 동독 지역의 주민은 집단의 공동체성, 사회주의적 계획경제, 상호 협력적 인간관계를 중시하는 가치에 익숙해 있었다. 독일 통일은 이와 같이 상이한 신념과 가치를 가지고 살아온 동서독 주민의 마음을 하나로 만들지 못했다. 서독의 자본주의적 경쟁적 시장 시스템에 적응하기가 쉽지 않았던 동독 주민이 경험했던 정체성의 위기는 매우 심각한 것이었고 그것은 곧 동서독 주민의 연대성을 가로막는 큰 장벽이 되었다. 이와 같은 상황을 바로잡는 분명한 기회와 방법은 1991년 베를린의 개신교 연맹의 신학위원회의 노력을 통해 나타났다. 그 위원회의 연구의 목적은 "다르게 생각하는 사람들과 함께 나누는 대화(Dialog mit Andersdenkenden)"의 가능성을 현실로 만드는 것이었다. 「그리스도인이 다른 사람들을 만날 때(Als Christen anderen begegnen)」(EKD Texte, 1991: 5~34)라는 제목의 글 안에서 신학위원회는 통일 이후 서로 다른 가치체계와 상이한 삶의 방식을 가지고 수십 년을 살아온 동서독 주민들의 마음의 벽을

---

20) http://www.ekd.de/gesellschaft/pm145_2006_armutsdenkschrift.html, 2.

허무는 방법을 중점적으로 다루었다. 그 신학위원회의 연구의 결론에 따르면 동서독 주민 사이의 진정한 대화(Dialog)만이 자기들의 본래의 정체성(Identität)을 갖도록 하게 할 뿐만 아니라 그들 사이의 견고한 연대성(Solidarität)을 형성하게 한다.

대화는 두 사람 사이의 동반자적 관계성(Partnerschaft)을 전제로 한다. 이러한 동반자적 관계성은 존중(Respekt)과 공감(Sympathie)에 의해 결정된다. 진정으로 열려 있는 대화를 위해서 사람들은 상호 간에 존경심과 상대방의 이야기를 경청하고자 하는 준비된 태도를 가져야 한다. 이와 같은 대화의 주요 원칙은 그리스도인의 선포와 증언의 행위에도 같은 방식으로 적용된다. 다르게 생각하는 사람들과 만날 때에 이러한 열린 대화의 원칙들은 매우 중요하다(EKD Texte, 1991: 7~8). 신학위원회의 연구는 이러한 대화의 방식을 서독 지역 그리스도인이 구동독 지역 사람과 만날 때 가져야 한다고 강조한다. 왜냐하면 "많은 사람이 그들 자신을 마르크스주의자로 생각하지 않거나 그러한 이데올로기와 논쟁을 하고 있다 하더라도 그들의 일상적인 삶에서는 무의식적으로 또는 지속적으로 마르크스주의적 사고에 영향을 받고 있기 때문이다"(EKD Texte, 1991: 10).

흥미로운 한 가지 사실은 열린 대화가 상호의 정체성을 유지시키는 데 기여함과 동시에 대화의 상호 주체들을 하나의 연대감으로 이끈다는 점이다. 그리스도인들도 이 세상의 삶 속에서는 자신이 죄인이라는 범주에서 완전히 벗어날 수 없다. 이와 같은 신학적 진리가 대화를 할 때 사람들로 하여금 상대방에 대한 우월성이 아닌 상대방과 하나가 되는 연대성을 경험하게 한다(EKD Texte, 1991: 11).[21] 우리는 이러한 서독 교회의 입장과 태도

---

21) 대화의 선교를 지향하는 선교 신학적 내용에 대해서는 C. Lienemann-Perrin(2003)을 참조할 수 있다. 대화의 선교를 지향하는 독일 교회의 노력은 단순히 국가 내적

가 특별히 동독 교회를 돕는 재정 지원의 경우에도 마찬가지 방식으로 적용되었다는 것을 이미 앞에서 알아본 바 있다. 동독 주민의 정체성을 기본적으로 인정하는 대화의 방식이 통일 이후의 동서독 주민의 연대성을 이루는 데 도움이 된다는 위원회의 견해는 매우 설득력이 있는 것으로 보인다. 이것은 동독의 사회주의적 가치체계의 장점을 유지하면서 동시에 서독의 자본주의적 가치체계의 한계를 보완하는 방법과 관련되는 것으로서 우리에게 매우 유익한 주제가 될 것으로 여겨진다.

3) 비폭력, 평화, 인권을 위한 교육

평화와 비폭력의 길을 추구하는 교회의 의무에 대해 콕(Manfred Kock)은 2000년 11월에 있었던 독일개신교협의회 총회에서 강하게 주장했다. 그리고 콕은 2001년 2월에 베를린에서 "폭력의 극복과 제거를 위한 10년"의 주제하에서 개최된 세계 에큐메니칼 회의와 연관하여 가정에서의 폭력, 특별히 인종주의에 입각하여 거행되는 폭력–국가들 간에서 또는 국내에서 일어나는–에 대해 보고했다.[22] 여기에서 그는 가정 안에서 발생하는 여러 종류의 폭력(여성에 대한 폭력과 아동에 대한 성폭력)을 "우리 사회의 그늘의 측면들"에 속하는 것이라고 언급하면서 특별히 독일 내에서 발생한 유대인에 대한 폭력의 행사를 엄중하게 경고했다. 이것은 통일 이후 동독 지역 내에서 주로 발생하는 극우주의자들의 폭력이 나치의 인종주의에 그 뿌리를 두

인 영역에만 한정되지 않았다. 그 노력은 유럽 전체 대륙의 다른 종교인들과 함께하는 대화와 공존의 삶의 영역까지 포함하는 것이었다. 더 자세한 내용은 다음을 참조하라. http://www.ekd.de/synode 2005_schwerpunktthema_von_thadden.html

22) http://.www.ekd.de/presse/1068.html.2000.11.05. 1.

고 있다는 앞의 연구를 다시 생각나게 한다. 그의 견해에 따르면 교회는 이러한 사회 병리적 문제들에 대한 바른 답을 줄 수 있어야 하며 교회의 공동체 교육과 사회봉사 프로그램이 그 답이 될 수 있다.

그런데 여기에서 우리가 한 가지 주목할 것은 독일 교회가 콕이 평화와 비폭력에 관한 교회의 의무를 강조하기 1년 전, 1999년에 이미 극우파의 폭력 사용에 반대하는 성경의 입장을 정리하여 발표했다는 사실이다. 거기에 나오는 독일 교회의 주장을 요약하면 다음과 같다. 첫째, '인간은 본래 동일하지 않다'는 극우파의 기본 입장은 하나님의 형상으로 지음을 받은 모든 인간은 동일하며 그리스도 예수 안에서 모두 하나가 되어야 한다는 성경의 입장과 확연하게 대치된다(요 17:21). 둘째, 종종 민족주의와 연결된 극우파적 가치관은 전적 부패한 인간성의 표현, 한마디로 죄로 묘사될 수 있다. 셋째, 다원주의에서 말하는 약자 도태설의 논리는 이웃사랑과 약자에 대한 배려를 말하는 성경의 입장에 배치된다. 넷째, 사람들과 민족들의 관계에서 두려움을 부추기고 미움의 씨를 심는 행위는 그리스도의 생애와 결코 조화될 수 없다. 다섯째, 극우파가 내세우는 지도자와 국가 폭력에 대한 숭배는 성경에서 볼 때 우상 숭배이고 반신적인 행위이다.[23] 극우파에 대한 교회의 입장은 매우 명확하고 그것은 모두 성경에 기초하고 있다. 비록 여기에서는 명시적으로 분명하게 나타나고 있지는 않지만 우리는 여기에서 제2차 세계대전의 주범이었던 히틀러와 나치정권의 이데올로기였던 인종주의를 역사 속에서 결코 반복하여 경험하지 않으려고 하는 독일 교회의 단호한 결단을 볼 수 있다(주도홍, 2006: 108).

---

23) 더 자세한 설명에 대해서는 epd-Dokumentation 15/1999, "Konflikte in Deutschland—zehn Jhre nach den Fall der Mauer," 1-67(주도홍, 2006: 106~108에서 재인용) 참조.

평화를 지향하는 독일 교회의 노력과 관련하여 한 가지 특이한 점은 독일 교회는 단순히 동독과 서독 간의 통일만이 아니라 유럽 전체의 평화 문제에 대해 진지하게 고민하고 그것을 자기들의 과제로 받아들였다는 점이다. 독일개신교 회의는 이 문제를 '유럽을 한데 묶어 화해하기'라는 주제를 가지고 논의했다. 그 회의는 다음과 같이 우리에게 말하고 있다. "본 회의는 유럽이 통합된 서방 세계와 해체된 동방 세계로 갈라질 위험을 막고자 합니다. 이념상의 동서 유럽 분열이 끝난 뒤에 중부 및 동부 유럽의 나라들은 잘 움직이는 민주주의를 건설하고, 더는 중앙집권적인 방식으로 관리하지 않는 경제를 운영할 것이며, 유해하고 환경파괴적인 결과물을 거침없이 내놓은 시장에 한계를 둘 과제에 직면한 것을 알고 있습니다." "본 회의는 사회정의라는 목표에 봉사하는 유럽 정책을 요구합니다. 유럽의 통일성이 사회적인 불의 때문에 깨뜨려져서는 안 됩니다"(쉐퍼, 1999: 49~50). 놀라운 것은 유럽의 전체를 대상으로 독일 교회가 성경과 신학의 바른 입장에 서서 평화와 정의에 관한 교회의 견해를 분명하게 언급하고 있다는 점이다. "화해 없이는 유럽의 통합이 불가능합니다. 유럽의 기독교인들과 교회들이 맡은 가장 중요한 과제는 그 원초적인 업무, 곧 '말과 행동으로 모든 사람에게 복음을 선포'하는 데에 충실하는 것입니다."[24) 물론 독일 교회는 유럽 전체의 평화문제를 자기들의 힘만으로 해결할 수 있다고 생각하지 않았

---

24) 유럽의 평화와 화해를 이루는 명확한 성경의 입장은 다음에서도 잘 나타나고 있다. "우리 기독교인들은 하나님과 화해한 것을 근거로 살아가므로 모든 사람에게 '여러분은 하나님과 화해하십시오! 하나님과 화해한 자로서 우리는 여러 민족과 문화와 종파와 서로 다른 종교의 신자들이 화해하는 데 이바지하려고 합니다." "유럽에는 하나님이 필요하고, 사람들은 하나님을 신뢰할 필요가 있습니다. 믿음과 이웃 사랑이 스스로 세속적이라고 이해하는 사회의 도덕과 윤리, 교육과 문화, 정치와 경제에 대해 희망을 품게 하고 유럽이 하나의 화해된 사회로 함께 자라기는 데에 이바지합니다"(임성빈 편, 1999: 49).

다. 독일 교회는 유럽 대륙에서 살고 있는 다른 종교인들도 평화로운 유럽의 형성을 위한 노력에 힘을 같이 해줄 것을 진지하게 요청했다. 그러나 독일 교회는 유럽을 정의로운 평화가 지배하는 곳으로 만들기 위해서 특별히 유럽에 살고 있는 모든 그리스도인의 협력의 필요성을 강조했다.[25] 독일 교회는 이렇게 동서독의 공간을 넘어서서 유럽의 전역을 품고 하늘의 평화가 이 땅에서 실현되도록 노력했다. 이러한 독일 교회의 모습은 한반도의 통일 이후의 사회 속에서 우리의 교회가 화해의 사도로서, 평화를 만드는 자로서 살아가야 하는 삶의 지평을 최소한 동아시아(한반도, 중국, 일본)의 영역까지 넓혀야 한다는 하나의 좋은 본보기로서 우리에게 다가온다.

6. 맺음말: 남북한의 통일—내적 통일—을 생각하며

동서독 교회는 분단 상황 속에서도 두 교회는 모두 "하나의 특별한 공동체"라는 생각을 가지고 지속적인 관계를 맺어나갔다. 동서독 교회 간의 그와 같은 동반자 의식은 서독 교회의 그리스도의 사랑과 섬김에 근거한 부단한 재정적 지원을 통해 더욱 견고해졌다. 그리고 지역은 다르지만 자기

25) 평화의 문제를 해결하기 위한 교회의 여덟 가지 과제는 여기에서 다음과 같이 설명되고 있다. ① 평화를 위한 기도와 복음의 선포, ② 가치와 규범에 대한 교육적인 중재, ③ 공적인 토론에서의 평화를 촉진시키는 문제에 대한 윤리적인 반성, ④ 정치적 책임자들에게 그들이 정의와 평화의 보전에 대한 의무를 가지고 있음을 환기시키는 과제, ⑤ 정치인들과 사회인들을 영적인 차원에서 돌보는 책임의 인지, ⑥ 평화를 위한 자원봉사들을 세우는 일, ⑦ 에큐메니칼적인 세계적인 네트워크를 통한 다른 민족, 다른 국가와의 만남, ⑧ 타 종교와의 대화와 종교적·문화적 차이에 대한 존중. http://www.ekd.de/2007.3.15-huber-verantwortung-religionen fuer Frieden in Europa. html. 4-5.

들의 고유한 방법을 가지고 행했던 동서독 교회의 평화운동도 독일의 통일을 가져오는 중요한 역할을 감당했다. 그러나 베를린 장벽의 무너짐은 독일의 국가적 통일(staatliche Einheit)을 가져왔지만 독일의 내적 통일(innere Einheit)까지는 보장해주지 못했다. 독일 통일 이후에 독일 사회가 직면했던 후유증을 여러 차원에서 생각할 수 있겠지만 우리는 위에서 경제적 위기, 정체성의 위기, 폭력과 인권 문제에 한정하여 알아보았다. 그리고 특별히 그러한 위기를 극복하고자 했던 독일 교회의 대처방안을 살펴보았는데 거기에서 우리는 상호적 존경과 배려에 기초한 대화의 삶의 실천, 비폭력과 평화의 사회적 조건을 형성하는 인권교육, 특별히 사회적 정의와 연대를 증진시키는 사회적·경제적 제도의 형성을 위해 노력하는 교회의 사회적 언표를 볼 수 있었다.

이와 같이 독일 통일의 전체 역사 속에서 자기의 고유한 역할을 감당한 독일 교회의 모습은 분단의 현실 속에서 살아가는 한국 교회를 위해서 중요한 교훈들을 주고 있다. 통일만이 아니라 통일 이후의 사회에서 나타날 수 있는 후유증과 그것의 해결 방안을 생각할 때 독일의 내적 통일을 위해 독일 교회가 보여준 노력은 우리에게 큰 의미를 가진다. 아래의 제안들은 한국 교회로 하여금 보다 철저하게(radically) 준비된, 온전한(wholstic) 통일 운동에 참여하게 하는 데 큰 도움을 줄 수 있을 것이다.

1) 하나의 특별한 공동체 의식

남북한의 통일을 위한 중요한 과제로서 한국 교회는 남북한 교회가 성경과 신학의 관점에서 볼 때 "**하나의 특별한 공동체**"라는 사실을 기억할 필요가 있다. 교회는 단순히 사회의 일반적인 종교 단체들 가운데 하나가 아니다. 교회는 그리스도의 몸(고전 12:27)으로서 존재하는 "특별한 공동체"이다. "그리스도의 몸"으로서의 교회는 그리스도를 자기중심적인 개인주의적 관점이 아닌 타자중심적인 공동체의 관점에서 이해한다. "특별한 공동체 의식"을 가진 교회는 "서로 함께하는 존재(Miteinanderssein)"와 "서로 위하는 존재(Füreinandersein)"라는 교회 공동체의 삶의 특징을 분명하게 드러낸다. 독일의 신학자, 목회자였던 본회퍼(Dietrich Bonhoeffer)가 이러한 관점에서 교회를 가리켜서 "공동체로 존재하는 그리스도(Christus als Gemeinde existierend)"로 규정했던 것은 매우 주목할 만한 일이다(Bonhoeffer, 1986: 117~133).

"공동체로 존재하는 그리스도"는 남한의 교회 공동체에서만이 아니라 북한의 교회 공동체 안에서도 존재하신다. 물론 우리는 북한의 교회에게 주어진 자유의 넓이와 그 독자성의 내용에서 명확한 한계가 있음을 잘 알고 있다. 그러나 그럼에도 남북한의 교회 공동체를 "하나의 특별한 공동체"로 이어주는 궁극적인 근거가 그리스도 안에 있음을 한국 교회는 결코 잊어서는 안 된다. 다르게 표현하면 북한 교회가 북한 사회 내에서의 정치적인 제한성을 분명하게 갖고 있더라도 그 교회가 하나님의 주권과 섭리하에 있는 교회라는 것을 한국 교회는 분명하게 기억해야 한다. 위에서 언급한 "하나의 특별한 공동체 의식"을 한국 교회가 분명하게 인식하고 행동한다면 한국 교회는 앞으로 남아 있는 통일의 여정에서도 북한 교회에 대한 기본적인 태도의 방향과 관계의 지속성을 바르게 가질 수 있을 것이다. 이와 같은 한국 교회의 행보는 아래에서 언급되는 통전적인 선교와 분명하게 그 연속성을 가진다.

2) 지속적인, 인내하는 통전적 선교

지금까지 한국 교회가 보여준 해외선교 방식은 기본적으로 일방성, 단회성, 복음 전도 중심의 성격을 그 특징으로 갖고 있다고 해도 지나친 말이 아닐 것이다. 그러나 이러한 형태의 선교방식이 통일을, 특별히 통일 이후를 준비하는 한국 교회의 선교방식이 되어서는 안 될 것이다. 이제부터는 통일의 시대를 고려하면서 준비하는 새로운 형태의 선교방법론이 강조될 필요가 있다. 그것은 지속적인 섬김의 활동(Diakonia)을 중심으로 하는 **통전적인 선교**(wholistic mission)를 의미한다. 통전적인 선교는 단순히 복음 전도와 북한 지역 내에서의 교회 개척에 초점을 맞추는 선교의 방식을 선호하지 않는다. 통전적 선교는 단순히 북한 사람들의 영혼에만 관심을 기울이는 선교가 아니다. 그것은 그들의 삶의 전체에 대해 깊은 관심을 가진다. 통전적인 선교는 하나님의 말씀과 기독교적 정신에 입각하여 그들의 삶에 필요한 모든 것—영적·신체적·정서적—을 기꺼이 함께 나누는 선교의 방식을 의미한다.

통일 이후의 사회적 삶 속에서 북한 사람들이 경험하게 될 여러 가지 형태의 어려움을 우리는 쉽게 생각할 수 있다. 자기중심적 개인주의, 황금만능주의, 소비주의의 위협 등등은 통일 사회에서 북한 사람들과 갈등할 수밖에 없는 가치관의 장벽이다. 통일 사회에서 그들은 어쩌면 가치관의 혼돈을 극복하기보다는 오히려 그 혼돈의 피해자가 될 가능성이 더 크다. 그러므로 통일 사회에서 북한 주민이 스스로 2등 국민으로 여기지 않도록 하기 위한 한국 교회의 특별한 관심이 요청된다.[26] 이와 연관하여 한국의 교회가 북한 주민들을 위해 감당해야 하는 섬김의 활동(Diakonia)은 지속적으로 이루어지는 과제가 되어야 하며 이러한 교회의 봉사활동에 힘입어 북한 사람들은 통일 이후의 사회적 삶에 잘 적응할 수 있을 것이다. 또한 한국

26) 이에 대한 예시는 탈북자들이 남한 사람들에 의해 경험하고 있는 '신분차별대우'에서 이미 잘 나타나고 있다(송정숙, 1997: 59~62).

교회는 통일 이후 사회의 정치적·경제적 체계(System)가 정의(Gerechtigkeit, Justice)의 원칙하에서 형성될 수 있도록 교회의 예언자적 사명을 잊지 않아야 할 것이다. 통일 사회는 새로운 통일 시대에 적합한 정치적·경제적·사회적 체계(System)를 갖추어야 할 것이다. 이 과정에서 한국 교회는 통일 사회의 정치적·경제적 체계가 그 사회의 약자들에게 가장 큰 이익이 돌아가도록 하는 정의로운 제도(gerechte Institution)의 형성을 위해 힘써야 한다. 통일 사회에서는 정치적·경제적 관점에서 사회적 언표(Sozialwort)를 인내심을 가지고 준비하는 한국 교회의 노력이 더욱 필요할 것이다.

3) 대화의 선교

대화의 선교는 바로 위에서 언급한 지속적인, 인내하는 통합적인 선교의 구체적인 방식들 가운데 하나이다. 한국 교회의 통일운동의 주요 목표의 핵심은 북한 선교에 있다. 그러나 북한 주민을 복음화시키는 과정에서 한국 교회는 대화의 선교방법을 선택할 필요가 있다. 대화의 선교는 선교를 행하는 교회의 일방적인 입장에서 이루어지는 선교가 아니다. 대화의 선교는 상대방이 처해 있는 삶의 전체적인 맥락(context)과 상황(situation)을 충분히 고려한다. 사회주의 체제와 자본주의 체제의 서로 다른 체제에서 북한과 남한은 50년 이상의 세월을 보냈다. 이러한 배경을 고려할 때 한국 교회는 서로 다르게 살아온 북한 사람들의 삶을 먼저 인정하고 존중하는 태도를 견지할 필요가 있다. 이 과정에서 한국 교회는 남한과 북한 사이에 존재하는 '다름'을 '차이'로 이해해야 하며 결코 상대방에 대한 우월의식을 강조함으로써 '다름'을 '차별'로 잘못된 방식으로 이해하는 어리석음을 범해서는 안 될 것이다(통일교육연구소 편, 2002: 43). 그리고 진정한 대화는 '다름'을 '틀림'으로 인식하지 않음을 남한 교회는 기억해야 한다. 왜냐하면 '다름'

이 '틀림'과 같은 동의어로 여겨지는 사회 속에서 살아가는 구성원은 자신들을 반드시 '옳은 내 편'과 '틀린 네 편'으로 편 가르게 되고 '다름'의 관계를 '선과 악' 혹은 '정상과 비정상'의 관계, 즉 '적대적 대칭관계로' 만들게 될 것이기 때문이다(김창근, 2007: 18).[27]

교회가 대화의 선교를 견지할 때 그 교회는 통일 이후에도 북한 주민의 일상의 삶을 무의식 가운데 지배하게 될 북한의 주체사상을 무조건적으로 바로 해체되고 폐기되어야 할 것으로 생각하지 않을 것이다. 대화의 선교를 행하는 교회라면 북한 사람들의 가치관 속에서도 남한 사람들이 배우고 도움을 받아야 할 요소들이 있다고 생각할 수 있을 것이다. 자본주의 사회의 무한경쟁과 이기적 개인주의의 가치관은 인간성을 피폐하게 만든다. 이러한 문제의 해결을 위해 한국 교회는 대화의 선교를 행함으로써 북한 사람들에게서 볼 수 있는 건전한 의미에서의 공동체 의식과 사회적 관계성을 긍정적인 것으로 받아들일 수 있을 것이다. 통일 이후, 남북한 사람들의 정체성과 연대성을 확보하는 과제의 해결은 이러한 대화의 선교에서부터 출발한다고 말할 수 있다.

4) 타자와 함께하는 교회

대화의 선교를 지향하는 교회의 실존형태는 "**타자와 함께하는 교회**" 안에서 더욱 구체적인 모습을 갖춘다. "타자와 함께하는 교회"의 의미를 바로

---

27) 자기와는 또 다른 상대방을 '다른 그대로' 존중한다고 하는 똘레랑스의 의미를 우리는 "사상과 이념, 신앙과 피부색, 문화와 언어 등의 차이를 다른 사람과의 관계에서 차별이나 억압의 구실로 삼아서는 안 된다"는 거기에서 발견할 수 있으며 이것은 "분단을 극복할 수 있는 자양분"이 될 수 있을 것이다(홍세화, 2004: 165~166).

알기 위해서 우리는 먼저 본회퍼의 교회론적인 표현—"타자를 위한 교회(Kirche für andere)"(Bonhoeffer, 1998: 515~516, 560)—에 대해 언급할 필요가 있다. 지난 반세기 동안 기독교 사회윤리와 선교의 영역에서 큰 관심을 받았던 "타자를 위한 교회"의 개념은 교회의 존재 기반을 자기의 유익만을 구하는 자기보전의 자리에 두지 않는다. "타자를 위한 교회"는 타자를 위해 존재하는 그 시간, 그 장소에서만 자기의 존재가치를 경험하는 교회를 의미한다. 그러나 "타자를 위한 교회"의 개념이 기독교 사회윤리적·선교적 성과들을 많이 거두었음에도 그것은 "타자와 함께하는 교회"의 개념을 가지고 보충될 때 더 큰 열매를 기대할 수 있다는 신학적 분석들이 나왔다. 이와 연관하여 독일의 선교신학자인 준더마이어(T. Sundmeier)는 "타자를 위한 교회"의 개념이 실제적으로 제3세계의 선교 현장에서 적용될 때는 전적으로 주는 자의 입장, 즉 일방성에 기초한 교회의 선교방식이 되었다는 점을 비판했다(Sundermeier, 1995: 50~55). 준더마이어 교수의 이와 같은 인식은 북한의 교회와 주민을 위한 한국 교회의 북한돕기운동에도 중요한 의미를 가진다.

지금까지의 한국 교회의 북한 돕기 운동을 검토해볼 때 그것은 전적으로 주는 자의 입장에서 이루어진 경향이 많았음을 우리는 부인하기 힘들다. 그러나 앞으로는 통일과 통일 이후의 시간까지 고려한다면 위에서부터 아래로 이루어지는 그와 같은 권위주의적 방식은 교정될 필요가 있다. 주는 자의 입장에서 일방적으로 이루어지는 남한 교회의 모든 활동은 북한 교회와 북한 주민들을 항상 받는 자로서만 만들게 되고 상대방에게는 지나친 의존성을 키우는 큰 부작용을 초래할 수 있을 것이다. 그러나 북한 사람들과 **함께하는** 한국 교회의 돕기 운동은 그들을 적절한 시간 안에 주체적인, 독립적인 사람들로 만들 수 있는 기회를 더 많이 제공할 수 있을 것이다. "타자와 함께하는 교회"는 북한 출신의 사람들을 일방적인 수혜자로서가 아니라 함께하는 동역자로서 생각하는 가운데 그들과 사회적 관계들을 맺는 교회이다. "타자와 함께하는 교회(Kirche mit anderen)"에서는 "상호 간의 도움", "상호 간의 배움", "공동의 축제"와 같은 주제가 특별한 주목을 받는다. 통일 사회의 "타자와 함께하는 교회"는 그렇게 함으로써 시혜자의 입장에서 일방적인 도움만을 제공하는 "타자를 위한 교회"의 한계를 극복할 수 있을 것이다.

5) 한 하나님의 형상, 동등한 인격체

통일 이후 시대의 교회는 특별히 인권 교육에 주력해야 한다고 필자는 생각한다. 통일 이후, 남한 지역 사람들이 북한 지역 출신 사람들을 차별할 것임을 우리는 어렵지 않게 예상할 수 있다. 연변에서 온 조선족과 이미 한국 사회에 와서 살고 있는 북한 이주민을 대하는 현재의 한국 사회 사람들의 차별적인 태도를 볼 때 우리는 그러한 예상이 틀린 것이 아님을 잘 알 수 있다. 통일 이후의 시대에서 우리가 한 가지 주목해야 할 것은 북한 사람들이 한반도의 통일 국가의 2등 국민이 결코 아니라는 점이다. 북한 사람도 남한 사람과 마찬가지로 한 하나님의 형상으로 지음 받은 동등한 사람이며 고유한 인격체를 소유한 사람이다. 즉, 남한 사람은 북한 사람과 하나의 민족임과 동시에 그들 역시 한 하나님의 동등한 형상으로서 우리들과 동등한 인격체임을 기억해야 한다.

필자는 위에서 이미 남한과 북한 사이에 존재하는 다양한 형태의 이질성 —정치적 · 경제적 · 사회문화적인 차원에서의—을 극복할 수 있는 방법으로서 "대화의 선교"를 제안했다. '다름'을 '차별'이 아닌 '차이'로 이해하도록 하는 방법이 "대화의 선교"에 있다고 한다면 그 "대화의 선교"를 가능하게 하는 성경적 · 신학적 근거로서 우리는 **한 하나님의 형상, 동등한 인격체에** 관한 말씀을 생각할 수 있다. 남북한 사람들 사이에 지금도 존재하고 앞으로 통일 사회에서도 존재할 다양한 형태의 차이를 인정하고 서로 함께 살아갈 수 있는 "마음의 개방성"과 "공존의 가능성을 여는 화해의 정신"을 우리는 어디에서 찾을 수 있을까?[28] 이 질문에 대해 한국 교회들은 한 하나님의 형상, 동등한 인격체에 대한 성경과 신학적 입장에 기초하여 정확한 답변을 할 수 있을 것이다. 통일 이후의 삶 속에서 나타날 수 있는 다양한 형태의 인권유린을 근본적으로 막을 수 있는 교회 교육의 방향은 모두 "한 하나님의 형상, 동등한 인격체"에 그 초점을 맞추어야 할 것이다.

6) 화해의 삶과 평화의 윤리

통일 이후의 사회에서 남북한 사회가 진정한 "내적 통일"을 이루기 위해서 남한 교회는 **화해의 삶과 평화의 윤리를** 형성하는 과제를 잘 이행해야 한다. "진정한 마음의 통일"과 "사람의 통일"(오기성, 2007: 20~21)[29]이 이루어지는 내적 통일은 추상적인 구호만을 가지고 실현되는 것이 아니라 구체적인 교육의 현장이 동반될 때 가능한 것이다. 즉, 한반도의 통일 사회 속에 상호존중과 공존의 삶을 가져올 수 있는 신학적·성경적 입장—한 하나님의 형상, 동등한 인격체에 대한—은 더 구체적인 교회의 실천적인 교육을 동반하지 않는다면 통일 사회 속에서 그 건실한 열매를 맺기가 어려울 것이

28) "마음의 개방성"과 "공존의 가능성을 여는 화해의 정신"은 남한의 통일교육에 필요한 새로운 패러다임으로서 "민족화해 교육"을 가능하게 하는 중요한 두 가지 실천 요소들이다(오기성, 2007: 20~21).

29) 오기성은 특별히 민족화해 교육의 내용으로서 중요한 범주를 네 가지로 설명한다. ① 민족화해의 출발점으로서의 평화교육, ② 남북한 상호이해 교육, ③ 민족공동체 의식 함양교육, ④ 민주시민성 함양 교육(오기성, 2007: 281~283).

다. 그러한 교회 교육은 특별히 화해의 삶과 평화의 윤리를 지향하는 교육이 되어야 한다. 그러나 이것은 단순히 통일 이후의 시기에만 필요한 것은 아니며 통일을 준비하는 오늘의 시대에서도 여전히 동일하게 중요한 교회 교육의 지향점이 되어야 한다. 한반도에서 필요한 화해의 삶과 평화의 윤리를 형성시키는 교육은 단순히 성경에서 언급하는 평화의 의미에 관한 연구나 일반적인 학문에서 통용되는 평화와 정의에 관한 이론에 대한 교육만으로는 그 교육의 목적을 이루기가 어려울 것이다(김성은, 2002: 104).

우리에게 실제로 필요한 교육은 "오늘의 한반도 상황에서 교사, 학습자들에게 구체적인 도움을 주기 위한 보다 많은 현장 연구"(김성은, 2002: 104)에 관한 것이다. 다시 말한다면 한반도의 통일 시대를 준비하는 교회 교육은 "지금까지는 학습자가 그냥 지나치거나 당연하게 받아들였던 남북의 정치적·경제적 성격을 띤 역사적 현상이나 사건에 대해 새로운 시각을 발견하게 하고, 남북의 현실의 의미와 중요성을 분석, 비판해보고 그 대안을 구해보려는 성찰적 교육"(김성은, 2002: 112~114)[30]이 되지 않으면 안 된다. 물

---

30) 김성은 교수에 의하면 학습자의 경험 중심의 교육, 현장 중심의 교육은 다음과 같이 이루어진다. 예를 들면 북한 사람들이 말하는 평화의 개념에 대한 이해를 위해서는 다음 자료가 매우 유용하다. ① 북한 사람 만나기: 북한, 금강산 등 북한 찾아가서 직접 경험하기, 연변, 북경 등의 북한이 직접 경영하는 식당에서 식사하기, ② 북한에 갔다 온 사람 만나기: 북한에서 장단기 주재원, 취업하여 북한 사람들의 공동 작업에 참여한 사람, ③ 북한 공동회의 참석자: 학술, 종교, 경제지원 등 각종 모임 참석자, ④ 북한 도서관 이용. 우리는 평화 현장 교육을 위한 안내로서 다음의 제안들을 선용할 수 있다. ⓐ 판문점, ⓑ 오두산 통일전망대, ⓒ 도라산 전망대: 북한의 생활을 볼 수 있는 최북단 기차역 전망대, ⓓ 북한자료센터: 문헌자료실, 정기간행물실, 시청각실, 북한 TV 시청실, 북한영화상영, 북한 실상 설명회, ⓔ 하나원: 경기도 안성의 북한 이탈 주민 정착 지원 사무소, 적응 상담, ⓕ 철원군 전적지: 6·25 전적지(김성은, 2002: 112~114). 이 두 가지 현장교육 외에도 중요한 또 하나의 평화교육에 필요한 요소는 "평화교육의 역사적인 자료"이다. 남북한 분단

론 우리는 교회 교육이 교육의 실천성을 이끌어내지 못하는 추상적인 교육이 되지 않도록 주의해야 한다. 즉, 우리는 그 교육의 성과가 그리스도인들의 단순한 사고의 변화만이 아닌 이 땅에서 평화를 만드는 사람(마 5:9)으로서의 삶의 구체적인 변화에 이르기까지 나타날 수 있도록 노력해야 할 것이다. 이것은 교회가 사회질서를 유지한다는 명목으로 받아들였던 과거의 권위주의적 정부 중심의 반공 통일교육으로부터 벗어나는 데서 그 출발점을 가진다. 이러한 노력은 또한 통일 이후의 북한 지역 내에서의 선교지를 확보하는 일에만 관심을 가지는 근시안적인 선교전략을 바꾸고 화해와 교류의 협력을 중요하게 여기는 화해의 삶과 평화의 윤리를 궁극적인 목표로 삼아야 할 것이다.

7) 교회의 도덕적 지도력(moral leadership) 회복

이상에서 필자는 남북한의 통일운동과 통일 이후의 삶 속에서 필요한 한국 교회의 행동양식에 대해 살펴보았다. 마지막으로 **한국 교회의 도덕적 지도력 회복**을 언급하고 싶다. 한국 교회가 통일을 위해 많은 것을 계획하고 실천한다고 하더라도 도덕적 지도력을 갖추지 않는다면 한국 교회의 통일운동은 좋은 성과를 기대하기 어려울 것이다. 다시 말해서 자기에 대한 엄격한 윤리적 기준과 섬김의 차원에서 나오는 진정한 도덕적 지도력을 교회가 겸비하지 못한다면 교회에 의해 이루어지는 모든 선한 일이 진정한 의미에서 좋은 결실이라고 규정하기는 어렵다. 최근의 한국 사회의 상황을 둘러보면 한국 교회가 한국 사회의 구성원에게 어느 정도의 사회적 공신력

극복과 평화 형성을 위한 필수적인 역사적 자료에 대해서는 김성은(2002), 114쪽 이하를 참고하라.

을 가지고 있는가를 심각하게 고민하지 않을 수 없다. 기독교인의 특성을 극단적인 배타주의로 이해하거나 기독교를 "오만한 기독교" 또는 "무례한 기독교"(이문식, 2007: 24~25)로 규정하는 현실을 우리는 단순히 안티기독교 네티즌들의 배타주의와 오만과 무례함에서 나온 편견이라고 쉽게 단정해서는 안 될 것이다. 오히려 지금 우리에게 필요한 것은 필자의 소견으로는 잃어버린 기독교의 도덕적 권위와 상실해버린 사회적 신뢰의 올바른 회복을 위한 지혜로운 방법을 찾는 신앙의 행동이다.

독일 교회는 통일의 과정에서 필요한 사회적 공신력을 충분히 가지고 있었고 그것은 교회가 자연스럽게 통일운동의 중요한 거점이 되게 만들었다. 그리고 독일 교회가 겸비했던 도덕적 지도력은 독일 통일 이후의 시기에도 통일 독일의 보다 개선된 삶—정치적·경제적·사회적인 측면에서—을 위해 필요한 교회의 예언자적 활동을 지속시키는 중요한 근거와 뿌리로 작용했던 것을 우리는 기억해야 한다. 타인의 행동에 대해서는 관용의 마음을 가지지만 자기의 행동에 대해서는 보다 엄격한 윤리적 기준을 적용함으로써 사회에서 공신력을 회복하는 한국 교회의 노력을 기대해본다. 군림하는 자로서가 아닌, 섬기는 자로 오셔서 목숨을 내어주기까지 사람들을 섬기신 그리스도의 윤리적인 삶과 지도력을 이어받아서 행하는 제자-공동체로서의 교회(Nachfolgegemeinschaft, church of discipleship)의 모습을 한국 교회가 갖출 때에 비로소 우리는 통일운동의 좋은 결실을 맛볼 수 있을 것이다.

참고문헌

권오성. 1995.「독일 통일과 교회의 역할 (I)」. ≪기독교사상≫(1995.8.), 82~101쪽.

김성은. 2002.「6·15 선언 2주년의 의의와 남북화해협력과 교회의 역할: 평화교육을 위한 기독교교육의 역할」. ≪신학사상≫, 117권(2002.7).

김창근. 2007.『평화를 위한 통일 교육. 하나 될 미래를 위한 출발』. 경기: 인간사랑.

김해순. 2002.『통일 이후 동서독 주민들의 갈등과 사회통합』. 서울: 통일부 통일 교육원.

박명철. 1997.「독일통일에 비추어본 우리의 통일현실」. ≪기독교사상≫(1997.6), 50쪽.

백낙청 외. 2004.『21세기의 한반도 구상』. 서울: 창비.

송정숙. 1997.「탈북자 수용의 문제와 그 대책」. ≪기독교사상≫(1997.6), 59~62쪽.

쉐퍼, 헤르만. 1999.「독일의 경험: 화해 없는 통일?」. 임성빈 편.『통합적인 통일과 그리스도인의 과제』. 장신대출판부.

오기성. 2007.『통일 사회로의 발돋움. 그 성공을 위해』. 경기: 양서원.

이문식. 2007. "바깥에서 한국교회를 바라보는 눈들".「생명목회 2007년 목회자대회 자료집: 20세기 한국교회 탈출구는 있는가?」, 24~25쪽.

이영란. 2004.「통일 이후 동독대학생의 가치관의 변화」. ≪경제와사회≫, 63호 (2004. 9).

임성빈 편. 1999.『통합적인 통일과 그리스도인의 과제』. 서울: 장로회신학대학교출판부.

전태국. 1999.「한국통일의 사회통합적 전망과 과제」. 한국사회학회 편.

주도홍. 1999.『독일통일에 기여한 독일교회 이야기』. 서울: 기독교문서선교회.

______. 2006.『통일 그 이후. 독일통일 15년의 교훈』. 서울: IVP.

클레스만, 크리스토프(Christopf Klessmann). 2004. 최승원 옮김.『통일과 역사 새로 쓰기: 독일 현대사에서 배운다』. 서울: 역사비평사.

통일교육연구소 편. 2002.『통일교육의 다원화와 제도개선 방안』. 서울: 오름.

풀브룩, 메리(Fulbrook, Mary). 2000. 김학이 역,『분열과 통일의 독일사』. 서울: 개마고원.

≪한겨레신문≫. 2007.9.30. "통일 성장통 딛고 '동독의 재발견' 가속화." http://www.hani.co.kr/arti/international/europe/239500.html.

한국사회학회 편. 1999.『민족통일과 사회통합: 독일의 경험과 한국의 미래』. 서울: 사회문화연구소 출판부.

홍세화. 2004.「한국사회의 보편적 인권과 소수자의 인권」. 백낙청 외.『21세기의 한반도

구상』. 서울: 창비.

Bonhoeffer, Dietrich. 1986. *Sanctorum Communio. Eine dogmatische Untersuchung zur Soziologie der Kirche.* (Hg.)v. J. v. Soosten. DBW 1. München.

_____. 1988. *Widerstand und Ergebung.* (Hg.)v. C. Gremmels et al. DBW 8. Gütersloh.

EKD Texte. 1991. "Als Christen anderen begegnen. Zum Dialog mit Andersdenkenden."

EKD-Denkschrift. 1984. *Frieden wahren, födern und erneuern.* 6. Aufl. Gütersloher.

Hans-Wolfgang Hessler(Hrsg.). 1970. "Bund der Evangelischen Kirchen in der DDR." epd-Dokumentation. Dokumente zu seiner Entstehung ausgewält und kommentiert von Reinhard Henkys Witten.

Heidingsfeld, Uwe-Peter. 1993. "Die 'besondere Gemeinschaft' der Kirchen: Stabilisierung der DDR?" in Trutz Rendtorff(Hg.). *Protestantische Revolution?* Göttingen.

Kremser, Holger. 1993. *Der Rechtsstatus der evangelischen Kirchen in der DDR und die neue Einheit der EKD.* Tübingen.

Lienemann-Perrin, C. 2003. "Mission und Dialog." in: (Hrsg.)v. C. Dahling-Sander, A. Schultze. *Leitfaden Ökumenische Missionstheologie.* Güterloh.

Meier, Helmut. 2005. *Uneinige Einheit. Der öffentliche Umgang mit Problemen der deutschen Einheit.* Berlin.

Rendtorff, Trutz. 1993. *Protestantische Revolution?* Göttingen.

Ritter, G. A. 2006. *Der Preis der deutschen Einheit. Die Wiedervereinigung und die Krise des Sozialstaats.* München.

Scherf, K. 2004. *Deutschland auf dem Weg zur inneren Einheit.* Berlin.

Schultze, A. 2003. *Leitfaden Ökumenische Missionstheologie.* Gütersloh.

Simon, T. 2004. *Problemfall Deutsche Einheit.* Wiesbaden.

Sundermeier, Theo. 1995. *Konvivenz und Differenz.* Erlangen.

Volze, Armin. 1991. "Kirchliche Transferleistungen in die DDR." in Deutschland Archiv 1.

http://www.ekd.de/ausland_oekumene/1773.html, 1997.2.28.

http://www.ekd.de/EKD-Texte/sozialwort_1997_sozial 4.html.

http://www.ekd.de/gesellschaft/pm145_2006_armutsdenkschrift.html, 2006.7.11.

http://www.ekd.de/presse/1068.html.2000.11.5.

http://www.ekd.de/soziales/040930_huber_sozialrede.html, 2004.9.30.
http://www.ekd.de/synode 2005-texte zum schwerpunktthema-vom-thadden.html.
http://www.ekd.de/2007.3.15-huber-verantwortung-religionen fuer Frieden in Europa.html.

제3장

중국 사회주의 체제전환기 기독교의 역할과 과제

설충수 _ 화중사범대학 중국근현대사연구소 연구원

이 글은 신중국과 기독교의 관계분석을 통해, 사회주의 체제하의 기독교의 역할, 특히 사회주의 체제전환기라고 할 수 있는 개혁개방과 기독교의 역할과 과제를 연구하고자 한다.

1. 신중국 성립과 기독교

1) 신중국 성립과 기독교의 관계

1949년 신중국의 성립은 중국 사회에 많은 변화를 불러일으켰다. 전대에 서구 제국주의와 식민주의의 확장으로 쓰라린 역사적 경험을 해온 중국으로선 많은 사상과 주의의 논전과 실천을 통해 중국존망(存亡)의 위기에서 그 방향성을 잡아나갔다. 신중국 성립 전의 중국은 국민당이 지배했지만, 국민당은 그 역사적 배경으로부터 자유롭지 못해, 전체 중국 사회가 지향하는 반(反)제국, 반(反)봉건주의적 정서에 반하는 경향으로 흘러갔다. 신중국 성립의 주체인 공산당은 이런 사상적 역류현상 속에서, "중화인민공화국은 신민주주의, 즉 인민민주주의의 국가로서 노동자 계급을 지도자로 하고 노농동맹을 기초로 하여 각 민주계급과 국내 각 민족을 단결시키는 인민민주주의 독재를 실행하고, 제국주의, 봉건주의 및 관료자본주의에 반대하여 중국의 독립, 민주, 평화, 통일을 위해 분투한다"는 임시헌법적 성격을 지닌 공동강령을 채택, 선언했다(小島晋治・丸山松幸, 2002: 173). 신중국의 성립은 과거 제국주의, 봉건주의, 자본주의와의 단절과 새로운 정치이념으로 사회주의 체제를 받아들이는 것이었다. 이런 정치사상의 노선은 중국 사회 전반에 새로운 사회제도, 사회조직과 기구의 변화를 불러일으켰다.

신중국 사회의 변화는 국가와 종교의 관계에 근본적인 개혁을 요구했다. 특히 서구 제국주의와 봉건주의의 관계를 지니고 있는 기독교는 자연히 혁신의 대상이 될 수밖에 없었다. 기독교를 포함해 모든 종교조직은 생존을 위해, 전면적으로 당국의 지도를 받아들이지 않을 수 없었으며, 또한 당국의 정치목표에 의해 혁신을 진행해나가야 했다.

1949년 9월 중국인민정치협상회의가 북평(지금의 북경)에서 개최되었다. 종교계 민주인사대표 8인이 회의에 참석했는데, 그중 5인인 우야오종(吴耀宗), 덩위즈(邓裕志), 자오즈천(赵紫宸), 리우량모(刘良模), 장쉬에옌(张雪岩)이 기독교대표였다. 정협회의가 통과시킨 「공동강령」 제1장 총강 제5조에서, 중화인민공화국 공민에게는 사상・언론・출판・집회・결사・통신・신체・거주・이전・종교신앙 및 시위행진의 자유권이 있다고 규정했다(何光沪主编, 2006: 253~254). 회의에 참석한 우야오종은, "우리도 우리의 역량을 다해 종교 안의 패악한 전통과 그 과거 봉건세력, 제국주의자와의 관계를 근본적으로 제거해야 한다. 우리는 전국의 민주당파와 민주인사들이 이 공동목표의 실현을 위해 분투해나갈 것을 희망한다"[1]고 했다. 또한 1950년 저우언라이(周恩来) 총리는 우야오종을 대표로 하는 19인의 기독교방문단을 세

차례에 걸쳐 접견하면서, "근 100년 동안 기독교가 중국에 들어와 중국 문화에 영향을 미친 것은 중국에 대한 제국주의의 침략과 연관되어 있다. 기독교는 제국주의 총포의 위력에 의지해 중국 청정부로 불평등조약을 맺게 했으며, 선교와 다른 특권을 얻었다. 이 때문에 기독교에 대한 중국 인민은 일찍이 매우 나쁜 인상을 받아, 기독교를 "양교(洋教)"라고 부르고, 기독교는 중국의 제국주의 침략과 나눌 수 없다고 여기기 때문에 기독교를 반대한다", "오늘날 미제국주의는 여전히 중국의 종교단체를 이용해 중화인민공화국의 활동을 파괴하려고 기도한다. ……기독교 최대의 문제는 그 제국주의와의 관계문제이다"라고 했다. 또한 그는 중국 교회는 "반드시 그 내부의 제국주의적 영향과 역량을 일소하고, …… 민족자각을 고취하고, 종교단체의 본 면목을 회복해, 자신을 건전하게 해야 한다"고 했다(刘建・罗伟虹 主编, 2002: 118). 이런 일련의 공산당국과 기독교의 만남은 하나의 통일전선을 형성했으며, 기독교 내부의 자기혁신을 요청했다. 정치적으로 제국주의와의 관계 단절, 제국주의 역량과 영향의 일소에 대한 요청이었다. 그리고 기독교의 혁신운동으로 진정한 중국 교회 됨의 요청이었다.

1950년 9월 23일 ≪인민일보≫ 제1판 전문에는 우야오종이 기안하고 40인의 기독교대표가 서명한 "신중국 건설 중의 중국 기독교가 노력해야 할 길(中国基督教在新中国建设中努力的途径)", 간략히 「삼자선언(三自宣言)」이 기재되었다. 그리고 이 선언에 대해서 북경과 상해 등지 기독교계 지도자의 의견을 수렴해, 전국적으로 기독교 서명운동이 전개되었다. 당시 70만 개신교 신도 중 40만 명이 서명에 참여했다. 「삼자선언」의 주요 두 가지 기본방침은 첫째, 중국 기독교회 및 단체는 최대의 노력과 효과적인 방법을 통해 과거 제국주의가 기독교를 이용한 사실을 인식하며 기독교 내부의 제국

1) 『天风』, 第8卷, 第9期, 12.

주의 영향을 일소하고 제국주의, 더욱이 미제국주의가 종교를 이용해 반동 세력을 배양하려는 음모를 경계하고 동시에 그들(중국 기독교회)로 전쟁 반대에 참여하며 평화운동을 지지할 것을 호소하며, 또한 정부의 토지개혁정책을 철저하게 이해하며 지지할 것을 교육한다, 둘째, 중국 기독교회 및 단체는 마땅히 효과적인 방법으로 일반 신도의 애국민주정신과 자존자신(自尊自信)의 마음을 배양한다. 중국 기독교가 과거에 발의한 자치(自治)·자양(自养)·자전(自传)의 운동은 이미 상당한 성과가 있어 이후 최단기간 내에 이 임무를 완성하고, 동시에 자아비판을 제창해 각 작업장에서 검토정리, 간소화, 절약화를 실행해 기독교혁신의 목표를 달성한다는 것이다.[2] 이「삼자선언」을 통해 알 수 있는 것은 교회의 제국주의와의 단절, 그리고 교회의 혁신과 애국주의 발양이라고 할 수 있다.

기독교의 이런 회응 속에, 1950년 10월 중국기독교협진회의 14차년회가 개최되었다. 회의는 "그리스도 복음과 오늘의 교회"라는 주제로, 교회의 혁신문제와 협진회 자체의 개혁을 논했다. 5년 내에 자치·자양·자전의 목표를 달성할 것을 결의하고 우카오즈(吴高梓)를 회장으로, 그리고 우야오종, 추이시엔썅(崔宪祥) 등을 부회장에 임명할 것을 결의했다.「삼자선언」으로 시작된 삼자혁신운동은 이제 전체 중국 기독교 운동으로 확대되어갔다.

2) 삼자애국운동(三自爱国运动)

1950년 6월 25일 한반도 전쟁의 발발은 삼자혁신운동의 새 단계를 예고했다. 중국인민지원군의 전쟁 참여와 중·미 양국의 관계가 적대시되는 상황에서, 1950년 12월 미국 정부는 미국에 있는 중국, 조선의 공적·사적 재

---

2)『天风』, 1950年 9月, 2; 何光沪主编(2006: 254~255) 재인용.

산을 동결하고 이에 대한 맞대응으로 중국에 있는 미국의 모든 재산과 통장을 동결했다. 이런 중미관계의 적대시는 중국 교회에 큰 영향을 미쳤다. 당국 주도의 등기화 작업에 순응하며, 1951년 4월에 정무원 소속 종교사무국이 개최한 "미국보조금을 받는 기독교단체를 처리"하는 회의를 통해, 미국의 봉쇄선언은 사실상 실패로 끝났다. 이것은 도리어 중국 기독교가 애국정신과 더욱 견고한 자양의 길로 나아가게 했다.

항미원조(抗美援朝)라는 정치사상의 투쟁을 통해, 교회는 정치적으로 중국 사회에 중국 교회가 서양 종교가 아니라 애국입장의 중국 교회임을 천명해야 할 필요성을 느꼈다. 이런 천명을 통해 중국 인민의 인정을 얻어야 했다. 1951년 위 회의는 기독교혁신운동을 추진할 수 있는 전국적인 기구를 탄생시켰다. '중국 기독교 항미원조 삼자혁신운동위원회 주비(筹备)위원회'가 그것이다. 이 위원회의 지도하에 교회는 스스로 애국주의 교육을 실시하고, 기독교에 대한 제국주의의 영향을 철저하게 일소하며, 중국 기독교 삼자혁신을 완성할 것을 주요 임무로 삼았다(何光沪主编, 2006: 256). 이 위원회는 전국기독교협진회를 대신했다.

1954년 7월 북경에서 개최된 '중국기독교전국회의'는 4년 동안 실시된 삼자혁신운동을 결산하면서, 위 임무에 대한 긍정적 평가와 중국 교회는 애국애교의 기초 위에 세워졌음을 천명했다. 이 회의는 정식으로 "중국 기독교 삼자애국운동위원회"를 성립시켰고, 삼자혁신운동을 삼자애국운동으로 고쳐 교회의 애국정신을 드높였다. 삼자애국운동위원회는 향후 교회가 중국 사회 속에서 실천해야 할 일곱 가지 임무, 교회가 사회주의 건설에 적극적으로 참여하며, 애국주의 정신을 고취시키고, 교회의 자치를 통해 교회 내의 단결을 촉진할 것 등을 채택했다. 특히 상호존중의 원칙이 거론되면서 교회의 단결, 삼자애국운동위원회의 전국적인 대표성을 강조했다.[3)]

삼자애국운동은 1956년까지 중국 사회에서 상당한 성과를 얻었다. 정치적으로 제국주의·식민주의의 침략 도구에서 중국 기독교도가 운영하는 종교사업으로 변모했으며, 조직적으로 서방선교회의 통제에서 벗어나 독립자주적 교회운영방침을 실시했다(刘建·罗伟虹主编, 2002: 129). 신중국과 기독교의 관계는 삼자애국운동이라는 교회의 산물을 얻어냈다. 비록 정치적 성향이 강한 운동으로 해석될 수 있지만, 삼자애국운동은 신중국의 복잡한 역사적·관념적 상황의 조명 속에서 드러난 성령의 인도의 결과임을 볼 수 있다. 그리고 삼자애국운동이 공산당의 기독교가 아니라 새로운 공산주의 중국에서 중국 기독교임을 밝히려는 노력도 볼 수 있다(Yeo, 1992: 7). 1957년 이후 중국 사회에 영향을 미친 극좌사상 때문에 삼자애국운동의 목표와 임무는 잘 실행되지 못했다. 그러나 신중국 성립 이후 중국 교회의 근간을 이루는 삼자애국정신은 이후 중국 교회에 지속적인 영향을 미쳤다.

3) 삼자애국운동에 대한 평가

위에서 내린 간략한 평가와 함께 삼자애국운동에 대한 고려가 필요하다. 그러나 정부 당국과 교회의 관계를 통해 삼자애국운동을 평가하는 것은 미묘하고 다양하다고 볼 수 있다. 띵꽝쒼(丁光训) 주교는 「삼자재인식」이란 글에서, "이 운동은 자발적이지 누가 조직한 것이 아니며, 최대의 군중성과 광범성을 지녔다"[4]며 신중국 성립 시기에 형성된 삼자애국운동을 평가했다. 관방(官方)적 성격을 띤 중국 교회 지도자는 이런 해석적 전통성을 계승하며, 중국 교회의 자발성에 의한 결정으로 방향을 잡아나간다. 이에 대한

3) 『天风』, 1954年 9月, 49~53.

4) 『景风』 72期, 82年 12月, 8.

평가가 다양할 것이라고 본다. 이에 대해 다시 살펴보고자 한다.

공산당 당국의 종교에 대한 기본노선은 종교는 인민의 아편이라는 구호를 내건 것에 나타난다. 이것은 마르크스의 종교에 대한 이해와 해석에 기초한 것으로, 중국 공산당의 종교에 대한 정책에 반드시 영향을 미치고 있다. 브라운(G. T. Brown)은 이러한 도그마에 대해, 종교는 자연과 인간비극의 설명할 수 없는 세력에 대해 정당화하는 원시사회에 기원하지만 사회가 발전하면서 종교는 상층계급이 하층계급을 착취하고 제압하는 수단으로, 착취받는 사람들의 마음을 비참한 현재상황에 빠지지 않게 한다고 해석했다(Yeo, 1992 재인용). 종교에 대한 아편론은 종교를 통해 인민을 통치하려는 통치자해석에 의해, 당장의 종교소멸론은 효과적이지 못하다는 결론을 내렸다. 오직 생산력 및 생산관계의 발전에 따라 사회가 더는 고난이 존재하지 않고 착취와 억압이 없는 단계에 진입할 때, 그때 사람들이 자신의 운명을 완전히 파악하고 자유의 인간이 되어 피안의 세계를 더는 그리워하지 않을 것이다. 종교는 피안세계의 소실에 따라 자동적으로 소멸할 것이다(邢福增, 1999: 24~25). 종교소멸론보다 종교의 기능을 통해 사회주의 이상사회를 건설하며, 이상사회 건설 후 종교가 자연 소멸할 것에 대한 믿음을 나타내고 있다. 공산당 당국은 이런 이론적 기초와 해방 초기 중국 국정에 대한 고려로 그 종교정책에 대한 방향성을 설정했다.

본토종교에 대해서도 본토지배계급에 의한 억압의 관념적 수단으로, 또한 기독교에 대해서도 제국주의 침략을 위한 서구인의 도구로서 종교에 대한 인식과 신중국 성립 전후 사회 각 계층을 단결하기 위해 제시한 신민주주의를 통해, 공산당은 사회주의 건설 전입단계의 종교정책을 실시했다. 1949년 「공동강령」에서도, 1954년 헌법 88조에서도 종교신앙의 자유를 인정하는 것으로 사회통합적 역할을 기대했다. 또한 이런 인정과 더불어 기독교의 제국주의 세력에 대한 일소를 지적했다. 당국은 교회 내에 전면적인 고발운동을 전개해, 제국주의 세력에 협조적인 외국 선교사와 중국 교회 지도자를 비판했다. 이와 함께 공산당 당국에 부합하는 종교계 진보인사를 육성시켜, 삼자애국운동위원회를 조직하고 종교혁신운동을 전개시켰다. 사회 각 계급을 단결시키고 통일전선을 구축해 종교에 대한 당의 정책을 실시했다. 그러나 이것은 극좌노선, 문화대혁명의 소용돌이 속에서 모두 정지될 수밖에 없었다.

중국 공산당 당국은 당의 종교정책이 종교의 철저한 근절이 아니라 제한, 개혁 그리고 통제임을, 또한 삼자애국운동은 종교가 정치에 봉사하며 정치적으로 교회가 어떤 해를 끼치지 않기 위해 만들어진 것이라고(Yeo, 1992: 3) 지적했다. 정부 당국이 이끄는 정치사상 운동에 중국 교회는 삼자애국운동의 형태로 회응할 수밖에 없었다. 그러나 라이올(Leslie Lyall)은 이런 삼자애국운동이 자발적이며, 중국 교회의 자립형태가 아니라 공산당에 의해 당의 정책을 실행하기 위해 만들어진 조직이라고 비판적으로 평가했다(Yeo, 1992: 3~4). 라이올의 이런 평가배후에는 삼자애국운동위원회 초대 주석인 우야오종이 1958년 『天风』에 쓴 글에서, "공산당이 없으면 중국 기독교의 삼자애국운동이 없었을 것이고, 중국 교회의 거듭남도 없습니다. …… 나는 공산당을 사랑합니다"(1958년 6월 30일, 「나의 공산당 인식」)라는 말의 의미를 되새기는 점이 있는 것 같다.

삼자애국운동에 대한 평가는 극과 극의 대치 양상을 띠고 있다. 이를 이해하기 위해 우리는 당시 중국 사회의 특징을 논한 씽푸정(邢福增) 교수의 논의를 참고해야 할 것 같다. 1950~1960년대 중국 사회는 전형적인 전체주의(totalism) 정치사회이다. 전체주의 정치라는 것은 당의 해석에 근거해 정치와 사회관계의 모종의 특수한 형식을 나타내는 것이지 사회 중의 정치제도 또는 조직형식을 언급하는 것이 아니다. 전체주의는 정치기구의 지도사상을 가리키는 것으로, 수시로 사회 모든 계층과 모든 영역을 침범·통제할 권한을 가지며, 어떠한 제한을 받지 않는다. 전체주의 사회 속의 개인 또는 집단의 자유와 권력은 도덕, 법률, 헌법의 보장을 받지 않는다. 인간자유활동 범위의 규모와 내용은 전적으로 정치권력기구에 의해 결정된다. 정치와 사회의 이러한 특수성은 정교 분리의 정신을 중국 사회 안에서 실현시키지 못했다. 첫째로 당국은 종교단체를 포함해 당을 벗어난 공민단체의 영도를 용납하지 않기 때문에, 그들이 언론을 통해 정치이념을 나타내거나 정치권리를 주장하려는 것을 제한하며, 단지 특정한 애국종교단체의 역할만을 인정한다. 둘째로 당국은 자원 및 조직의 실제운영상, 종교단체의 내부사무에 개입하고, 또한 당국이 설정한 정치임무에 따라 종교단체의 발전을 지도 또는 제약한다(邢福增, 1999: 12~13).

이런 중국사회가 지닌 특징으로 인해 기독교를 포함한 모든 종교조직은 새로운 사회체제 속에서 생존을 영위하기 위해 자신의 옛 모습을 개혁하기를 노력하고 적극적으로 자신의 종교를 변혁하며 신사회 제도에 적응해나가도록 조정해야 했다. 중국 교회는 이런 정치사회적 특수성 속에서 정치적 역할에 무게중심을 둘 수밖에 없었다. 삼자애국운동의 독특성은 일반적 사회문제에 대해 공산당과 협력하려는 그 의지와 용기에 있다고 평가한 면(Yeo, 1992: 3)에서도 그 정치적 역할을 짐작할 수 있을 것이다. 그렇다고 우리는 중국 교회의 삼자애국운동을 지나친 정치운동 측면에서만 관망할 수 없다. 중국 교회가 처한 역사적 상황 속에서 취한 최선의 선택 속에 그들의 신학적 · 목회적 고민을 이해해야 할 필요성이 있다.

4) 사회주의와의 대화, 중국 기독교의 신학적 노력

신중국 성립 이후 급격하게 부는 정치노선의 선택이 중국 사회 전체를 지배하고 있었다. 중국 교회는 이런 정치적 소용돌이 속에서 어떤 신학적 고민을 이어나갔을까? 신중국 성립 전후로 중국 교회가 사회주의와 대화하려고 의도한 신학적 고민을 이해하는 것은 중국 교회가 어떤 고민 속에서 자신의 방향을 설정하려고 했는지를 이해할 수 있게 한다.

중국 교회 본색화(本色化)를 역사적으로 심도 깊게 다룬 두안치(段琦) 선생은 해방 전의 중국 교회의 본색화 실천을 삼 년 부흥운동과 향촌교회 사업으로 규정했다. 삼 년 부흥운동은 협진회가 주도해 교회의 부흥을 목적으로 하는 운동이었다. 정치적으론 중립적 입장이지만, 교회가 사회개혁에 참여해야 한다는 실천을 강조했다. 이런 교회의 분위기와 함께 향촌 실험구(实验区) 계획이 추진되었다. 비록 내전 때문에 실패로 끝났지만, 향촌교회 사업은 농촌의 자양문제와 토지문제에 대한 진지한 고민을 불러일으켰다. 교회 안의 이런 본색화 실천과 함께, 기독교학생운동은 격심한 사상투쟁을 거쳐야만 했다. 반내전·반기아·평화민주의 신사회 쟁취 등의 논의는 공산당과 비슷했다. 기독교 지식인들은 이런 학생운동과 함께 국민당에도 반대하며, 공산당에도 완전히 찬성할 수 없었지만, 반(反)내전과 반(反)기아 면에서 공산당과 통일전선을 결성할 수 있는 노선을 찾아나갔다(段琦, 2004: 500~536).

해방 전후 기독교 정치노선의 결정적인 역할을 한 인물은 우야오종이다. 그는 적극적으로 공산당을 칭찬하면서, 유물론에 대해서도 적극적인 환영의 태도를 취했다. 그의 신학노정에서 보면 초기에 유애주의(惟爱主义)적 사고를 지녔지만 기독교가 어떻게 사회문제에 적절히 응답할 것이냐는 신학주제에선, 자본주의가 아니라 사회주의라고 판단했다. 그는 신학적 관점에서 초월과 내재의 변증법적 일치를 이해하고 있었고 역사와 자연에서의 하나님의 역사는 구체적 내재성에 있음을 실천적으로 이해했다. “만일 우리가 하나님을 그의 초월성에서만 본다면 인간에 대한 비관적 견해에 도달할 수밖에 없을 것이다.–한편만을 강조하게 되면 인간은 죄인이며 불쌍하고 전적으로 부패한다. 하나님과 인간은 넘을 수 없는 간격을 사이에 두고 갈라선다—'영혼의 구원'은 사회변혁에 대한 관심을 대신한다. 왜냐하면 순수한 사회의 건설은 '거짓된' 인간의 마음을 가지고는 불가능하기 때문이다.—그래서 우리는 '정치적 초월'이라는 정신상태에 쉽게 도달한다—불행하게도 이것은 '정치적 초월'이 아니라 반동적 정치에 봉사하는 것이다"(홍성현 편저, 1992: 61). 우야오종의 이런 신학사상은 향후 중국 교회가 걸어가는 길에 큰 영향을 미쳤다.

신중국 성립 초기 중국 교회는 정치 면에서 사회주의와의 적응을 시도하면서, 전 대에 비해 많은 신학적 고민을 쏟아내지 못했다. 그러나 자발적인 신학토론회를 통해, 신학이 더는 신학자들의 손에 의해서만 만들어지는 것이 아니라 신도가 이해할 수 있는 것이 되어야 한다고 여겼다. 당시 신중국 성립에 반대하는 보수파들이 이원론적으로 영혼과 사회를 대립시키는 것에 대해, 하나님은 때때로 자칭 불신자를 통해 공의와 자애를 실행하며 이 때문에 신자와 불신자 사이에 장벽을 치는 것은 마땅치 않다고 주장했다. 중국 교회는 서구 기독교가 조장하는 영혼 구원에만 관심을 가지는 것이 아니라 전인 구원, 사회복음과 개인복음의 통합을 시도해야 한다. 진정 영에 속한다는 것은 사랑이며, 충만무아의 사랑이다. "참으로 완전히 무아의 기독교도라면 성령에 의해 전적으로 관리되며 범사가 성령에 속해야 한다. 이것이 진정한 영에 속한 사람이다." 영에 속한 사람은 결코 현실을 벗어나지 않는다. 왜냐하면 성령이 충만한 사람은 결실을 맺는데, 현실생활 중에서 영성의 결실을 맺는 것이기 때문이다(段琦, 2004: 554~555).

이런 신학적 논의들은 중국인의 실제를 중시하는 경향과 맞물려, 비록 인간이 죄인이지만, 세상에는 공의와 선이 존재한다고 여겼다. 즉, 신의 형상을 완전히 잃어버린 것이 아니다 ……. 인간 안의 선과 의는 하나님에게서 온다. 모든 선과 공의의 일에 대해, 우리가 함부로 불의라고 말살하려

하는 것은 마땅치 못하다(段琦, 2004: 555). 이런 신학적 기초 위에서, 정부의 권위의 기초가 무엇이냐는 질문에 대해, 국가는 하나님의 지배하에 있어서, 신앙인은 국가에 참여해야 한다라고 답할 수 있어야 한다. 이것은 국가가 완벽하다는 것이 아니라, 공산국가 신중국이 중국을 재건하고 개조하며, 빈곤과 착취를 없애는 데 신실하고 정직해야 함을 암시했다. 공산당이 무신론자이지만, 이것은 하나님이 비신앙인을 통해 일할 수 없음을 의미하지 않는다. 하나님은 궁극적으로 민족과 우주의 지배자이시다. 중국교회는 이 외에도 에큐메니칼 문제에도 관심을 가졌다. 교회와 국가, 신자와 비신자의 대화를 이끌었다. "교회는 지방적이고 본토적일 뿐만 아니라, 또한 에큐메니칼적이고 보편적이다. 그것은 특별한 민족과 문화에 관련되어야 할 뿐 아니라 초민족, 초문화적이어야 한다. 그것은 독립적일 뿐만 아니라, 그리스도 몸의 다른 지체들과도 상호의존적이어야 한다"(Yeo, 1992: 4~7). 중국 교회의 신학적 노력을 살펴보면, 중국 교회가 사회주의와의 적극적인 대화를 통해 사회체제에 걸맞은 신학을 형성해나가고 있음을 알 수 있다. 1950년대의 정치적인 격동기를 겪으면서 삼자애국운동을 등장시켰고 그 신학함의 모든 방향이 사회주의와의 대화 노선으로 내닫고 있음을 볼 수 있다.

2. 개혁개방과 기독교

1) 당국의 종교정책의 변화

1957년 이후 중국정치사상의 극좌현상, 그리고 문화대혁명은 중국 사회의 극심한 정체현상을 불러왔다. 종교는 반동 또는 반혁명 세력과 동일시되고, 종교사무에 종사하는 당정계통도 수정주의 노선으로 비판의 대상이 되었다. 이런 문화대혁명이 끝나고 1978년 12월, 중공중앙은 11기 3중전회를 소집해 마오쩌둥(毛泽东) 시대의 극좌노선을 수정하고, 덩샤오핑(邓小平) 시대의 개혁개방 신시기를 설립했다. 덩샤오핑의 구상에 의하면, 신시기의 중국은 반드시 "공인계급을 영도로 하고 공농(工农)연맹을 기초로 하는 사회주의 노동자와 사회주의를 옹호하는 애국자의 광범한 연맹"(邢福增, 1999: 68)에 의해 건립되어야 한다고 했다. 이와 함께 종교정책에서도, 전면적인 종교신앙 자유정책을 관철시켰다. 개혁개방은 사회주의 현대화 건설의 새로운 시기로 들어가는 것이었다.

당국의 새로운 종교정책하에, 1979년 8월 중앙 통일전선부는 전국통일전선사업회의를 개최했다. 신시기의 통일전선의 성질은 매우 광범위한 연맹이었으며, 네 가지 현대화와 통일조국의 임무를 실현하는 것을 떠맡고 통일전선의 십대사업을 확립했다. 그중 전면적으로 종교신앙 자유정책을 관철시키는 것도 포함되었는데, 그 목적은 광범위한 신도군중과 종교계 인사를 정부의 주변에서 단결시키고, 당의 영도하에 현대화(1980년대의 농업·공업·국방·과학기술의 현대화를 의미)의 공헌역량이 되게 하는 데 있었다. 그러나 당국이 실시하려고 한 종교신앙 자유정책은 여러 차례의 시행착오를 거쳐야만 했다.

문화대혁명 기간 동안 종교신앙 자유에 대한 정책은 산산이 조각났고, 종교사업에 심각한 후유증을 앓게 했다. 공산당의 위신이 크게 실추되었고, 공개·집중·고정된 종교활동이 비밀·분산·유동의 상태로 바뀌었다. 문혁이 남긴 후유증 때문에, 단기간 내에 공산당의 사상과 정치상의 혼란을 제거한다는 것은 쉬운 일이 아니었다. 이런 요인 때문에, 덩샤오핑 체제 이후 종교정책은 문혁 전의 마오쩌둥, 저우언라이가 제정한 종교정책의 회복을 의미했다(李约翰, 1981: 10). 전면적으로 헌법이 규정한 종교신앙 자유정책을 관철시키면서 동시에 비밀적 지하 종교활동을 불법으로 강조하고, 사적으로 국외 교회 또는 기구와 연계하는 것을 허락지 않았다. 덩샤오핑 체제가 해결해야 할 것은 중앙에서 지방으로의 공제권의 확대와 공고라는 중차대한 문제였다. 공산당은 국내 기독교의 상황을 잘 알지 못했고, 또한 상응하는 정책을 실시하지 못했다(李约翰, 1981: 11).

그러나 중앙정부는 초기의 혼선에도 불구하고 지속적인 종교정책을 조정, 실행해 나갔다. 1981년 6월 중공중앙 11기 6중전회는 '건국 이래 당의 약간의 역사문제에 관한 결의'를 통과시키며, 문화혁명 기간에 계급투쟁을 확대화한 심각한 잘못을 인정하며 거듭 종교신앙 자유의 정책을 관철시켰다. "네 개 항의 기본원칙을 견지하고 또한 종교신도가 그들의 종교신앙을 방치하도록 요구하지 않는다. 단지 그들이 마르크스주의, 마오쩌둥 사상을 반대하는 선전을 진행하지 못하도록 요구할 뿐이며, 종교가 정치와 교육에 간여하지 못하도록 요구할 뿐이다"(任杰, 2007: 105). 이 외에도 중앙정부는 지속적으로 사회주의 체제에 맞는 종교정책을 관철시켜 나갔다.

특히 우리는 개혁개방 이후의 중국 사회, 그 사회적 변환의 시기에 종교정책의 기본노선이 어떤 방향으로 변화해나가는지를 살펴보도록 하겠다.

중국이 사회주의와 종교의 문제를 다루는데, 그 중요한 방향의 전환은 적극적으로 종교와 사회주의의 상호적응(和谐)을 이끄는 것이다. 종교는 반드시 사회주의 현 단계의 국가법률, 법규 및 정책방침을 준수해야 한다. 사실 상호적응의 이론은 중국 특색의 사회주의 건설과정 속에서 도출된 개념이다(龚学增, 2003: 251). 1982년 3월 중공중앙은 최초의 종교 관련 「우리나라 사회주의 시기 종교 문제에 관한 기본관점 및 기본정책(关于我国社会主义时期宗教问题的基本观点和基本政策)」, 즉 "19호 문건"을 발행하면서, 종교와 사회주의의 상호적응 문제를 위해 과학적 관점과 정확한 정책에 기초해야 한다고 했다. "사회주의 제도의 건립과 경제문화의 일정 정도의 발전에 따라 종교가 곧 소멸할 것이라는 주장은 현실적이지 못하다. 또한 행정명령 또는 강제수단에 의존해 종교를 소멸하려고 하는 주장은 종교문제에 관한 마르크스주의적 기본관점을 더욱 위배하는 것이며, 완전히 잘못된 것이며, 매우 유해한 것이다"라고 했다. 그리고 이런 노선하에서 "전체 종교를 믿고 안 믿는 군중으로 연합해, 그들의 의지와 역량을 현대화된 사회주의 강국건설이란 이 공동의 목표에 집중시켜야 한다. 이것이 종교신앙자유정책을 관철, 실행시키는 근본 출발점이며 목적이다"(政协广东省委员会办公厅编, 2005: 9~10)라고 강조했다. 1983년 12월 「정신(사상)오염 중 정확하게 종교문제를 대하는 것에 관한 지시」에서도, 종교와 정신오염은 같은 일이 아니고, 반드시 종교신앙 자유정책을 존중하는 것과 정상적인 종교활동을 보호하는 것은 정신오염을 없애는 것과 구별해 나가야 한다고 강조했다(邢福增, 1999: 36). 1993년 11월 중공총서기 장쩌민(江泽民)은 전국통일전선사업회의상에서 "당의 종교신앙 자유정책을 관철시키고, 법에 의해 종교사무에 대한 관리를 강화해야 한다. 그 목적은 종교와 사회주의 사회의 상호 적응이다"(江泽民, 1995: 254)라고 했다. 1994년 산야 시에서의 종교와 사회주의의 상호 적응에 관한 세미나에서도 비슷한 논의들이 전개되었다.

또한 중국 정부는 법에 의한 종교관리를 실시했는데, 그 구체적인 종교법규 시행에서 보면, 1994년 1월 국무원령 제144호, 즉 「중화인민공화국 국내외국인 종교활동 관리규정」과 국무원령 제145호 「종교활동장소 관리조례」를 공포함으로써 개혁개방시대에 법에 의한 종교관리의 속내를 드러내었다. 그리고 이후 다시 2004년 국무원령 제426호 「종교사무조례」(2005년 3월 1일부터 시행)를 통해 수십 년 동안의 종교업무에 대한 법제화 정책의 총결산을 시도했다(김광성, 2007: 73).

이상의 중공중앙이 추진하고 있는 종교와 사회주의의 상호적응에 관한 논의는 좀 더 구체적으로 네 가지 방향에서 이루어졌는데, 첫째, 애국주의,

사회주의를 기초로 하며 중국헌법을 기준으로 한다. 그러나 유물주의를 표준으로 하지 않으며, 또는 종교 소멸을 목적으로 하지 않는다. 사상, 신앙의 완전한 일치를 강구할 수 없는 대전제하에서는, 유신과 무신의 쟁론을 일으키는 것은 절대적으로 유해하다. 둘째, 협조는 단(單) 방향이 아니다. 종교방면이 사회주의에 적응할 것을 요구하며, 또한 당국 및 사회가 정확하게 종교문제를 처리함을 요구한다. 셋째, 불화의 요소를 끊임없이 극복함으로 양자의 협조를 촉진시킨다. 목적은 사회주의 현대화 건설에 유리한 발전이다. 넷째, 종교와 사회주의의 대립을 강조하며, 종교신앙이 사회주의사업에 대해 방해와 파괴작용을 일으킬 수 있다고 여기는 것은 사실과 서로 반대되며, 도리와도 서로 위배된다. 반대로 종교신앙인도 종교교의상 애국과 법 준수, 사화(四化, 현대화)건설에 유익한 해석을 만들어야 한다(邢福增, 1999: 33~34).

1996년 리루이환(李瑞环)은 상호적응의 문제를, "근본상에서 말하면, 어떤 종교도 법률엄수를 지키고 인민이익을 지키며 민족단결을 지키고 국가통일을 지켜야 한다"(李瑞环, 1995: 280)[5]고 했다. 또한 2001년 장쩌민은, "적극적으로 종교와 사회주의 사회의 상호적응을 이끌어야 한다. 종교계 인사와 신도 군중에게 종교신앙을 방치하도록 하는 것이 아니라, 열렬히 조국을 사랑하고 사회주의 제도를 지키며 공산당의 영도를 지지하고 국가의 법률·법규와 방침정책을 준수할 것을 요구한다, 종사하는 종교활동이 국가의 최고이익과 민족의 전체이익에 복종하고 복무할 것을 요구한다, 종교교의에 대해 사회진보요구에 부합하는 해석을 노력해서 내놓는 것을 지지한다, 종교인과 각 민족(56개 민족) 인민이 함께 모든 종교를 이용해 사회주의 조국과 인민의 이익을 위해하려는 불법적 활동을 반대하고 민족단결·사

5) 일명 네 가지 지킴이라고도 한다.

회발전과 조국통일을 위해 많은 공헌을 하는 것을 지지한다"고 했다. 위에서 지적한 것처럼, 리루이환의 "네 가지 지킴(四个维护)", 그리고 장쩌민의 "두 가지 요구(两个要求)"와 "두 가지 지지(两个支持)"는 근본적으로 상호적응의 문제가 당의 입장에서 종교에게 요구하는 적응의 문제를 논하고 있다. 즉, 종교가 사회주의 사회의 발전요구에 적응하는 것이지, 사회주의 사회가 종교에 적응하는 것이 아니다. 이 때문에 이것은 대등한 적응이 아니라, 주된 것과 부차적인 것의 구분이 있는 적응이라고 할 수 있다(邢福增, 1999: 43).

씽푸정 교수는 상호적응의 적응대상을 세 가지 방향에서 논했다. 첫째는 종교와 사회주의 정치제도의 적응, 둘째는 종교와 사회주의 경제건설의 적응, 셋째는 물질문명 외에 종교와 사회주의 상호적응에 정신문명도 어떻게 발휘될 수 있는지의 문제이다. 정치제도의 적응은 장쩌민의 두 가지 요구에 해당하며 경제건설의 적응은 기독교인인 공인, 농민 그리고 지식분자가 공·농업 생산을 노력하여 발전시키며 과학기술수준을 높이고 사회주의 현대화 건설의 새 국면을 열어나가는 것에 해당한다. 정신문명의 발휘는 과거 19호 문건의 연속선상에 있는 것으로, 개혁개방 이후 중국 사회의 도덕윤리가 상품경제의 발전에 따라 충격을 받는 것을 고려한 사항이다. 당국은 종교의 정신문명, 도덕강조의 내용이 개혁개방에서 드러난 사회문제를 해결하고, 사회적 안정, 단결에 도움을 주고 있다는 사실을 인정하고 있다. 이런 상호적응론은 당국과 종교계의 입장에서 그 적용점을 찾아나간다고 대륙 학자들은 보고 있다. 정부의 입장에서 견고 불변하게 공민의 종교신앙 자유의 권리를 존중, 보호함을 관철, 집행시키며, 정상적인 종교활동을 보호하며, 종교계의 합법적인 권익을 보호하며, 종교계에 대한 애국통일전선을 부단히 공고시키며 발전시킨다.

종교계 입장에서는, 견고 불변하게 당의 영도를 지지하며, 사회주의 제도를 지지하며, 독립자주자반(自办) 교회의 원칙을 견지하며, 헌법·법률·법규와 정책규정의 범위 내에서 종교활동을 전개하는 것을 견지했다. 동시에 사회주의 종교제도에 적응하지 못함을 개혁하고, 소극적인 요소를 극복하며, 종교교의와 종교도덕 중의 어떤 적극적인 요소를 발양해 사회주의를 위해 복무해야 한다고 여겼다(孙雄, 2006: 308; 政协广东省委员会办公厅编, 2005: 24~28).

그러나 상호적응이 종교에 바라는 요청은 크지만, 정부의 변화가 적었을 때 그 의미는 격감될 수밖에 없다. 정부당국의 상호적응론 이면에는, 1950년대의 전체주의 정치가 붕괴했지만, 민주화가 제대로 실천되고 있지 못하다는 점, 그리고 공산당 일당의 권위통치가 유지되고 있다는 것을 숨기고 있다. 상호적응론이 갖는 문제점은 종교정책에서 종교를 기능론적으로만 해석하는 관점일 것이다. 특히 중국의 전통적 종교에 대한 기능론적 고려의 연속성으로 사회주의 사회에서도 동일하게 적용되고 있음을 씽 교수는 지적하고 있다(邢福增, 1999: 59). 여기서 우리는 중공중앙이 실시해나가는 종교정책, 특히 상호적응론이 결국 마르크스가 비판한 통치자가 종교를 이용해 그 통치와 착취를 합법화시키는 것과 무슨 차이가 있는지 되물어 봐야 할 것 같다.

2) 새로운 종교정책 속에서의 기독교(삼자교회)의 회응

1978년 덩샤오핑 시대의 개막과 함께, 중국 교회는 그 옛 모습을 다시 회복할 수 있었다. 1980년 10월 난징(南京)에서 3기 중국기독교전국회의가 개최되었다. 중국 교회로서는 무려 20년 만의 재회를 준비하는 모임이었다. 과거 전국대회는 인민정부가 헌법을 통과시킨 후 1954년 7월 북경에서 개최되어, 삼자애국운동과 삼자애국운동위원회를 성립시켰다. 두 번째는

1960, 1961년에 상하이에서 모임을 가졌는데 주로 정치학습의 장이었고, 삼자애국운동위원회의 정치노선을 강화하는 모임이었다. 개혁개방정책 이후 종교에 대해서, 종교신앙자유정책이 관철되면서 교회는 닫혔던 문을 다시 열고, 회수되었던 교회 재산이 환수되면서, 그 종교활동을 재개할 수 있었다. 1980년 10월은 중국교회로서는 새로운 의미를 확인할 수 있었다. 기독교 대표 176인과 25개 성, 시, 자치구, 그리고 5개 소수민족의 기독교 교회 및 삼자애국운동위원회의 지도자가 함께 모일 수 있었다. 전국회의를 통해 중국기독교협회를 성립시켰는데, 이것은 삼자위원회와 분업협력을 바탕으로, 주로 교목사업을 책임졌다. 회의는 네 가지 임무를 규정했는데, ① 각 교회와 선교사의 사업을 감독하며, ② 그리스도 선교사를 훈련하며, ③ 성경과 기타 기도자료를 발행하며, ④ 중국 전체 교회와 교도 간의 연결을 강화하는 것이다(赵天恩, 1981: 2).

초대 기독교협회의 회장으로 피선된 띵광쉰(丁光训)은 『회고와 전망(回顾与展望)』에서 삼자(三自)의 성과와 그 존재가치에 대해 긍정하며 말하길, "삼자의 성과는 매우 크지만, 삼자의 임무는 아직 완성되지 않았으며, 삼자에 만족할 수 없다[三好]"라고 했다. 이 논의는 삼자가 더욱 강화되고 확충되며 심화되어야 함을 제시하는데, 그 이유는 ① 아직까지 삼자의 진의에 분명하지 못한 신도들이 있기 때문이며, ② 국외의 반중국 분자들이 다시 중국 교회를 노예화해서 반식민지의 교회를 만들려는 이유 때문이다. 이 때문에 오늘날 삼자위원회의 임무는 전국 기독교인을 이끌어 경계를 높이고, 중국 교회의 독립을 지키며, 외래의 침투를 막는 것이다(赵天恩, 1981: 3).[6)]회의에 참석한 통전부장 장즈이(张执一)는 공산당이 무신론이며, 종교가 마침내 반드시 소멸될 것을 믿지만, 이런 것들이 공산당과 기독교의 단결을

6) 남경대회를 준비하기 위해 모인 상해대회 때 논의 되었던 내용이다.

방해할 수 없다고 긍정했다. 또한 그는 중국 기독교인은 ① 조국을 열렬히 사랑하며, ② 법령을 준수하며, ③ 전국 인민과 단결을 강화하며, ④ 조국의 미래를 위해 공동으로 노력해야 한다고 했다(赵天恩, 1981: 3). 이런 정치적 입김과 삼자위원회의 노력으로 회의는 삼자운동에 대해 더욱 강화되고 확충되고 심화된 논의를 이끌어나갈 수 있었다. 삼자운동을 잘 하는 것[三好]은 중국식 사회주의 건설, 사회주의 현대화 건설의 진일보를 내딛는 것이다.

삼자운동의 성과는 반제애국(反帝爱国)의 기치하에서 대규모 사회개조운동과 교회개조운동을 전개했다. 그 주요 착안점은 중국 교회의 정치 면모를 변화시키는 데 있었으며, 기독교계에서 발생한 정치운동이었다(邢福增, 1999: 77). 이런 삼자운동은 정부에 대한 충성을 긍정하며, 애국주의의 깃발을 높이 치켜들어 중국신도와 전국인민을 이끌어 함께 공산당의 노선을 따르게 하는 것이다. 구체적으로 말해, 이 애국주의의 표현은 당과 정부정책에 대한 지지와 공헌으로, ① 국가의 안정단결을 지키며, ② 조국을 위해 4대 현대화를 실현하며, ③ 대만의 조국회귀를 실현하며, ④ 패권주의를 반대하며 침략을 반대하고, ⑤ 세계평화를 지킨다(赵天恩, 1981: 3). 이런 삼자운동의 정치성 고려에 대해 씽 교수는 중국 정부가 종교단체에 대한 통제·규제에 아무런 변화가 없음에서 비롯되었다고 보았다. 1982년 「19호 문건」에서 애국종교단체의 기본임무를 규정하면서, "당과 정부에 협조해 종교신앙 자유의 정책을 관철, 실행시키고, 많은 신도군중과 종교계인사가 끊임없이 애국주의와 사회주의의 각오를 높이는 것을 돕고, 종교계의 합법권익을 대표하며, 정상적인 종교활동을 조직하며, 교무를 잘 처리하는 것이다"(邢福增, 1999: 71~72)라고 했다. 모든 애국종교단체는 마땅히 당의 지도를 받아들여야 함을 천명하고 있다. 이런 정치적 규제에서 비롯된 교회의 정치적 역할은 당과 정부의 종교정책에 협조하고 단체 내에서 애국주의와 사회주의에 대한 각성을 드높임으로, 당국의 통치와 사회를 규제하는 데 협조하는 조직으로 바뀌어가고 있다. 위 논의를 살펴보면, 삼자운동의 성과는 곧 정치적 성과를 의미한다. 사회주의 건설에 부합한 교회의 정치 운동이라 할 수 있다.

그러나 그렇다고 삼자운동의 정치성만을 고려하면, 삼자운동은 교회의 자발적 운동이 아니라 사회주의에 의한 운동으로 해석될 소지가 있다. 필자가 보기에 중국 교회는 이런 삼자운동의 정치적 역할과 교회본연(교무)의 역할 속에서 자신의 정체성을 찾아나가고 있음을 볼 수 있다.

3차 전국대회의 성과는 기독교협회의 성립이었다. 기독교협회는 삼자기구 이외에 교무기구의 필요성에 의해 성립되었다. 교무상에서 각지 교회와 신도에게 서비스를 제공하기 위한 것이다. 그 장정 속에는 삼자조직과 같이 중국공산당과 인민정부의 영도를 받아들일 것을 공개적으로 표방하지는 않지만, 인류의 유일하신 천부를 신봉하며 예수 그리스도를 주로 인정하는 기독교 신도 모두를 단결시켜, 동일한 성령의 인도하에서, 동일한 성경에 의지해 합심 협력해, 자치(自治)·자양(自养)·자전(自传)을 잘 하는 교회를 강조하고 있다(邢福增, 1999: 80). 신도의 단결을 위해 기독교협회는 신앙상 상호존중과 일치를 추구하지 않음을 통해, 신앙 전통이 다른 신도의 지지를 얻어야 했다. 이런 기독교협회의 목적에 의해 전국대회는 교회의 사무를 세 가지 방향에서 결의했는데, ① 현재 이미 개방되어 조직성을 갖춘 교회에 관한 사무, ② 가정교회에 관한 사무, ③ 국외교회에 관련된 사무이다(赵天恩, 1981: 4). 삼자교회 안에서 교목활동의 전개와 전도인의 배양, 성경 및 영성수련 서적의 출간 등을 다루고 있다. 기존의 삼자교회는 가정교회를 부적당한 것으로 여겼다. 그러나 대회에서 띵광쉰 주교는 가정교회가 이미 중국 교회의 주류가 되었음을 인정했다. 그 결의 중에 나오는 "교당 안이건 가정 안이건 모두 한 마음을 품어 예수를 바라보고"(빌 4 : 2~3)라는 발언은 공개교회와 가정교회의 합일, 상호인정을 촉발시켰다(赵天恩, 1981: 4). 물론 그 가정교회에 대한 인정 속에는 공개교회, 가정교회가 모두 애국애교(爱国爱教)의 길로 나아가게 하는 중요한 목적도 있음을 알 수 있다.

삼자위원회는 주로 반제애국운동을 중심으로 독립자주자반(自办)의 교회를 건설해 중국 교회가 자치·자양·자전을 할 수 있도록 하며, 기독교협회는 어떻게 다스리며 배양하고 전할 것인가의 문제를 처리했다. 둘은 상부상생의 관계 속에서 분업·협력하는 체계를 이루고 있다. 그러나 이런 관계하에서 기독교협회는 실제적으로 그 직능을 충분히 발휘하지 못하는데, 그 이유는 삼자조직이 아직도 교회를 이끄는 데 있다고 볼 수 있다(邢福增, 1999: 84). 씽 교수는 삼자위원회와 기독교협회의 관계를 통해 교회의 정치적·교무적 역할을 잘 분석했다. 이런 논의를 빌려, 중국 교회가 개혁개방 이후 사회 속에서 어떤 역할을 통해 교회로서의 자리매김을 해야 할지 살펴보겠다.

띵광쉰은 "교회는 그리스도의 몸이고, 부활한 주의 거처이며, 역대 성도들의 단체"(邢福增, 1999: 85)라고 정의했다. 삼자와 기독교협회는 교회의 일정 역사조건하에서의 산물이며, 교회를 위해 복무하는 것이다. 이런 정의 속에는 특히 삼자의 정치성 해석보다 직능상에서 변화가 있음을 나타내고 있다.

"조선전쟁 발발, …… 각급의 삼자조직은 각 종파교회 지도관리 부문의 직능을 떠맡을 수밖에 없었다. 점차적인 정치운동에 따라, 전체 국가는 점점 고도의 집중된 일원화 지도를 강조했으며, 이것이 교회에 영향을 미쳤다. 많은 곳에서 교회의 많은 실제영도권은 불가피하게 삼자조직에 집중되었다. 이것은 삼자조직의 본래 의도가 아니다. …… 삼자는 애국의 깃발을 높이 치켜들고 삼자를 제창하는 군중운동과 군중조직에서 교회의 옆 또는 앞에 놓이는 것으로 변했다. 교회 같으면서도 교회가 아니고, 정부 같으면서도 정부가 아닌 하나의 교회 지도관리 부문이다"(邢福增, 1999: 87).

이런 개혁적 논의는 많은 격론이 일어나기는 했지만, 삼자의 교회화, 즉 삼자의 조직과 원리를 구분해 조직을 생략하고 원리를 강화하여 교회의 운영을 잘하자[办好]는 것이다. 삼자조직이 일반신도와 격리되었고, 교회운영에 걸림돌이 되고 있다는 의식의 반영이라 할 수 있다. 그러나 이 제안은 중국 교회에게 다시 물음을 던져주고 있다. 권력화되어 있는 삼자조직의 취소는 당과 연결된 많은 권력조직에 대한 부정을 의미한다. 반제애국의 원리에서 시작한 삼자원리는 역사적 산물의 삼자조직화를 만들어냈고, 또한 그 조직화로 인해 새 시대에 적응해나가는 교회의 장애가 되고 있다.

이런 중국 교회는 앞으로 어떤 방향으로 나아가야 하는가? 현재 중국 교회는 당국이 허락하고 설정한 조건 아래서만 개혁을 진행할 수 있는 제한성을 가지고 있다. 그러나 이것은 교회의 제한성이기도 하지만 교회가 갱생할 수 있는 기회를 주기도 한다. 종교와 사회주의의 상호적응이란 큰 대목하에서 기독교가 가져야 할 정체성을 확립하고, 교무적 기능으로서 교회의 역할을 잘 해내며, 신도와 교회의 합법적인 권익을 얻기 위해 노력한다면, 이런 제한된 교회의 모습에서 중국 교회가 나아가야 할 방향을 설정할 수 있을 것으로 내다본다.

3) 개혁개방사회와 교회의 역할

여기서는 개혁개방사회의 변화 속에서 기독교의 역할이 무엇인지 간략히 살펴보도록 하겠다. 개혁개방은 중국 사회에 분명한 변화를 가져왔다. 개혁개방 전의 과거 10여 년과 비교해, 첫째로 정치 분위기가 과거보다 관용적이고 자유롭다. 좌경 사조는 인민의 배척에 봉착했다. 둘째로 국민경제는 신속한 회복과 발전을 얻었다. 경제체제상 공유제 일종의 단순경제는 사유제가 존재하는 다종 경제성분의 공존을 허락하는 쪽으로 변화했다. 셋째로 문화영역은 문혁의 의견만 주장하는 국면을 일소하고, 다양한 표현을 인정하며 건강한 문예작품 및 기타 정신작품을 만들어 일시에 백화제방의 번영된 형세를 이루었다. 넷째로 정지 · 황폐된 10여 년의 교육이 회복과 발전을 얻었다(戴康生, 2000: 332). 사회학적으로 이런 사회적 급변은 사회 전체의 전환체제(transition society)로 들어섰음을 의미한다. 이런 전환기 사회의 구체적인 특징을 살펴보면, 첫째로 자급, 반(半)자급의 상품경제사회에서 사회주의 시장경제사회로의 전환, 둘째로 농업사회에서 공업사회로의 전환, 셋째로 향촌사회에서 도시사회로의 전환, 넷째로 봉건사회에서 개방사회로의 전환, 다섯째로 동질의 단일성 사회에서 이질의 다원성 사회로의 전환, 여섯째로 윤리형 사회에서 법제형 사회로의 전환이다(戴康生, 2000: 332~334).

전환기 사회로 진입한 중국 사회의 변화에 의해 중국 교회도 큰 영향을 받고 있다. 교회활동의 회복으로 닫혔던 교회 문이 열리면서, 신속한 교인 수의 증가와 신도구성의 변화, 교회당 건설, 새로운 정보교류 및 훈련방식 등의 영향을 받고 있다. 삼다(三多: 노인층, 여신도, 문맹) 현상의 교회에서, 도시교회의 성장과 농촌교회 신도의 도시유입의 증가에 따라 점차 이런 삼다 현상은 청년층 증가, 남신도 증가, 고학력자 증가 현상으로 변화하고 있다.[7] 분명 교회 안에서 일어나는 변화는 교회가 사회 속에서 어떤 교회로 자리매김해야 하는지를 알게 한다.

개방사회 이후 기독교 신앙에 대한 인식변화는 주목할 만하다. 젊은 층

---

7) 예를 들어 1998년 북경시교육위원회 인문사회과학의 95항목의 "북경청년 종교신앙 실태조사 및 대책연구"에 의하면 북경시 대학생 중 분명하게 종교신앙을 가지고 있다고 답한 것이 13.4%이고, 그중 기독교를 신앙한다고 답한 것이 5.2%이다. 이것은 북경시 기독교인의 비율 0.23%를 초과한 것이다(何光沪主编, 2006: 286~288).

을 대상으로 기독교 신앙을 갖게 되는 이유를 조사한 것에 의하면, 주변의 기독교인의 도덕품질과 정신면모가 가장 주된 요소이며, 또한 부모가족의 신앙이라고 답한 것이 두 번째 요소였다. 이를 통해 보면, 기독교인의 삶이 점차 젊은 층에 영향을 미치고 있음을 볼 수 있다. 그 외에 복음을 듣기 위해, 교회의 찬양과 기도 등의 분위기, 그리고 신도들의 관용과 화해의 모습 등이 신앙을 갖게 되는 요인이 된다고 답했다. 다른 조사에 의하면, 타인의 영향력에 대한 응답이 높은 수치를 차지했다. 50% 이상이 자신의 신앙형성 중 기독교인의 모범에 의한 영향력이 가장 크다고 대답했다. 이것은 개방사회 이후 전통적 가치관의 점차적인 쇠퇴와 인간관계에서 신뢰의 위기, 그리고 사회적 부패현상 등의 원인 때문에 더욱 기독교인의 삶에 주목하게 되었기 때문으로 보인다. 세상에 빛과 소금의 역할에 대한 조명이 중국 사회에 한층 저변화되고 있음을 볼 수 있다. 기독교인이 비록 소수이지만, 개방사회 이후 사회적 요인들은 기독교의 영향력에 대해 다시 고찰했다. 또한 이런 기독교인의 모범에 대한 고찰과 다르게, 개인 자신의 고난, 불행 그리고 좌절 등이 신앙을 갖게 되는 요인은 24.8%를 차지했다(何光沪主编, 2006: 284~286). 이 또한 신앙결정에 중요한 요인이 되었음을 알 수 있다.

구성원의 변화와 기독교에 대한 인식의 변화가 낳은 교회는 특히 도시사회 생활방면에서 영혼의 안식처로서 그 역할을 감당하고 있다. 경제개혁 이후 생산력의 증가는 사람들의 물질생활의 수준을 높여주었다. 그러나 이것은 업무상의 경쟁을 부추겨 사람과의 관계를 파괴하고, 가정의 가치를 격감시켰다. 교회는 이런 사회적 변화에 대해 정신적 지도자로서 위안과 만족을 주며, 사회적 경쟁으로부터 받는 압력을 해소하며, 인간관계의 회복과 가정회복에 영향을 주고 있다.[8] 또한 교회는 기독교 경제윤리를 통해

---

8) 1990년대 도시 거주 기독교인의 의식에 대한 한 조사에 의하면, 신앙이 자신의 삶에

기독교인이 사회 속에서 살아가야 할 과제를 제시하고 있다. 나눔과 자기 비움의 신앙적 요소를 강조하고 지역사회를 위한 무료진료소, 양로원, 농촌교회지원 등을 통해 그 역할을 다하고 있다.

또한 개혁개방이 가져온 사회윤리의 혼탁, 즉 관리들의 각종 비리와 부정부패 등은 중국 사회가 직면한 최대의 해결과제로 떠오르고 있다. 중국 기독교는 이런 사회분위기와 관련해 신앙인의 윤리의식을 더욱 강조하고 있다. 사회 역시 하나님의 주권하에 있다는 신앙교육을 통해 기독교가 사회 속에서 정직하고 공의로운 삶을 살아가고 있다는 것을 제시했다.

4) 개혁개방 이후의 중국신학의 변모

1950년대 중국 교회의 신학은 사회주의와의 적극적인 대화를 시도해나가는 속에서 교회의 정체성을 확립했다. 그러나 문혁을 통해 극심한 인성의 파괴를 경험하고, 개혁개방과 시장경제의 발전에 따라 금전주의와 사회도덕의 파괴현상이 일어나면서, 교회 안의 신학은 영은(灵恩)파적인 보수 입장으로 변화하고 있다. 그러나 중국 교회 지도자는 이런 보수 입장으로

서 차지하는 위치에 대해 매우 중요하다고 답한 것이 74.2%이고 중요하다고 답한 것이 22.6%였다. 이것은 신앙이 기독교인의 삶에 중요한 작용을 하고 있다는 것을 설명한다. 또한 신앙생활 이후 삶의 가치관의 변화에 대한 조사에 의하면, 금전이 인생의 최고의 목표이고 이것을 위해 살아야겠다고 했던 것이 신앙을 갖기 전에 43.9%가 동의했는데, 신앙을 가진 이후에는 22%로 감소했다. 또한 개인의 도덕의식이나 어려움에 직면하는 의식에 대한 조사에서도 상당수 신앙 전후의 비율이 큰 차를 나타내고 있다. 이것은 신앙이 정신상의 어려움을 벗어나는 데 중요한 작용을 하고 있음을 설명한다. 종합적으로 개방사회 이후 기독교 신앙은 개인생활과 사회생활 곳곳에서 상당히 중요한 역할을 감당하고 있다는 것을 알 수 있다(何光沪主编, 2006: 286~288).

의 회귀가 중국 사회와 인민과의 소원, 자아 폐쇄의 모습임을 우려했으며, 또한 신도들이 소극적인 면을 극복해 교회와 사회의 접촉점을 찾아나가기를 바라고, 동시에 이전보다 더욱 중국 문화와의 상호 결합에 주목했다(段琦, 2004: 559).

이것은 보수와 진보, 신도와 비신도 사이의 장애를 없애기 위해 교회가 더욱 중국문화와 융합해 하나님의 아가페 사랑을 확대해 나가야 함을 의미했다. 이런 의미에서 띵광쉰은 "하나님의 최고의 속성은 그의 무소불능, 무소부지 …… 등이 아니라, 그의 사랑이다. 하나님은 사랑이다"라고 말했다. 이런 사랑의 하나님 논의를 통해 그는 우주적 그리스도론을 논했는데, 중국 교회가 점차로 그리스도의 인성과 신성의 번잡한 논쟁에서 벗어나, 인성/신성 문제 밖의 그리스도의 우주성에서 신학사상의 해방 · 심화와 융합을 얻어야 한다고 했다. "내 생각에는, 중국 교회신학사고의 한 가지 중심 관점은 형성과정 중에 있다. 점차 많아지는 기독교 지식분자, 특별히 그들 중 청년에 의해 인정된 중심사상은 우주적 그리스도이다. 그는 하나님의 창조과정 중 시종 하나님과 함께 일하며, 하나님 사랑의 계시자이며, 그의 전능한 명령에 의해 만유를 떠받드는 부활의 주이다." 그리스도는 "인류를 향해 우주 간의 최고 존재 중의 존재 모습을 드러내었다. 이 최고 존재의 속성은 우선 그의 강력함이나 그의 무소불능, 무소부지, 무소부재, 스스로 계시며 영원히 계심, 엄격한 권능 등이 아니며, 끝까지 사랑하는 사랑이다. 사랑은 우주의 첫 번째 요인이며, 창조의 첫 번째 추동력이다. 사랑의 우주가 창조되고 있다. 사랑은 우주에 충만할 것이다. 우리는 모두 이 창조과정 중의 반제품이며, 창조과정 중의 동역자이다. 우리는 인간의 부모와 애인의 사랑을 통해 이 최고 존재를 동경하고 헤아려 나가며 그리스도가 그를 천상의 아버지라고 칭한 것을 배워나간다." "크고 무상한 사랑의 마음이 움직여 세상에 들어와 빛과 소금의 역할을 발휘함으로 사람들에게 복을 전해준다. 이처럼 개인의 생명은 곧 천지우주와 서로 응답한다"(段琦, 2004: 562~565에서 재인용).

이런 우주적 기독론은 그리스도의 성육신과 깊은 관련이 있다. 특히 성육신 기독론은 문혁을 통해 중국 교회가 얻은 경험, 인민과 함께 고난받는 교회에서 얻어진 것이다. 이런 우주적 기독론과 성육신 기독론은 모두 하나님의 아가페에 기초한다. 중국 교회는 성육신 기독론을 통해, 하나님과 인간, 영과 육 등의 일치를 추구하며, 교회적으로 갈등양상인 진보와 보수의 일치를 추구하며, 사회적으로 신도와 비신도의 일치를 추구하고 있다. 그리스도가 사람을 부리기 위해 온 것이 아니라 사람에게 봉사하기 위해 왔음을 통해 자신을 부인하는 인생을 추구하여 인민과 함께 고난을 감수하고자 하는 신학을 추구하고 있다(卓新平, 2004: 308~309).

개혁개방 이후 신학적 발전은 1998년 제남(济南)대회 이후 신학사상 건설을 강화하는 단계로 진입했다. 신학사상 건설의 강화는 특히 중공16중전회에서 사회주의 조화사회건설을 표방하면서 더욱 힘을 얻었다. 목회자와 신도의 관심을 이끌며, 교회의 전체 소질을 더욱 높여 변화·발전하는 사회에 적응해야 함을 의미했다. 신학사상건설 속에 "삼자성과를 공고히 하는 것에 대해, 전면적으로 중국 교회를 건설하고, 매우 중요한 현실의의와 심원한 역사의의를 갖추며, 삼자운동을 표지 삼아 점차 성숙의 단계로 나아간다"(段琦, 2004: 578~579)라는 삼자에 대한 입장을 더욱 공고히 했다. 삼자원칙이 교회의 모든 면에 속속들이 스며들어 사회주의에 부합하는 중국신학사상 건설에 공헌해야 한다. 사회주의 조화사회건설의 영향으로 중국신학은 앞으로 신학사상건설의 시야를 문화측면에서 사회측면으로 확장해 나가며, 사회주의 사회 속에서 신앙가치의 체현과 실천을 통해 조화사회건설에 더욱 공헌하는 쪽으로, 동시에 서로 다른 신앙전통에 대한 이해와 대화를 통해 종교 간의 화해를 건설해야 하는 과제를 떠안았다.

3. 맺음말: 평가와 시사점

이상으로 중국 사회주의 체제하에서의 중국 기독교의 모습을 살펴보았다. 신중국 성립과 개혁개방 이후의 종교정책의 변화는 분명 종속관계에서 대화와 적응의 파트너로 화해사회 건설의 주역으로 바뀌어가고 있다. 이것은 보다 실용주의 입장으로 변화하며 이를 통해 종교(기독교)의 합법적 존재와 발전에 더욱 큰 공간을 제공하는 것이다. 또한 이런 정책의 변화는 중국 기독교에 많은 변화를 가져왔다. 정치적 역할에서 교무기능의 강화로 변화하면서 사회 속에서 교회가 지녀야 할 역할이 무엇인지 더욱 심도 있게 논의하고 있다. 그리고 그 논의의 핵심에 삼자가 있다고 볼 수 있다.

삼자는 중국 교회가 걸어온 역사를 반영하고 있다. 정치적 기능과 교무적 기능 등에서 아직도 많은 갈등을 겪기도 하지만, 중국 교회가 지금까지 걸어온 길이고 앞으로 걸어가야 할 원리적 방향이라고 본다. 이 때문에 중국교회는 사회변화 속에서 교회의 올바른 정체성을 확인하고 교회가 세상에서 빛과 소금의 역할을 해야 할 필요성을 인식해야 한다. 역사과정을 통해 확립된 삼자를 통해 교회의 본연의 임무와 사회적 기능을 성실히 해낸다면 중국 교회에 새로운 활로가 열릴 것으로 본다.

이와 동시에 가정교회의 역할과 과제 또한 중국 기독교의 사회적 기능면에서 중요한 역할을 담당해야 한다. 비록 역사적 격랑 속에서 두 교회가 삼자/가정 또는 공인/비공인 교회로 분열하기는 했지만, 모두 하나의 중국 교회로서 중국 사회에서 기독교에 요청되는 질문에 응답해야 할 의무가 있다. 이 때문에 가정교회도 빛과 소금의 역할을 통해 중국 사회에 진정한 그리스도인으로서의 모습을 보여주어야 한다. 위에서 지적한 것처럼, 당국의 종교정책의 변화는 가정교회의 합법화 논의를 유도하고 있으며 이에 대해 가정교회도 적극적으로 논의하고 있다.[9] 이를 통해 가정교회는 더욱 능동적으로 종교자유에 대한 요구와 권익을 확대할 수 있을 것으로 내다본다. 동시에 쓰촨(四川) 지진 구호에서 보여준 것처럼, 교회의 거룩한 임무를 실천해야 한다.

이상으로 중국 기독교의 사회주의 체제전환기의 역할연구를 통해 살펴보면, 중국 사회는 종교에 대해, 그 발전 조건을 제공하면서도 동시에 상응하는 제약을 늘 나타내고 있음을 볼 수 있다(戴康生, 2000: 彭耀主编, 386). 이런 당면적 상황 속에서 기독교에 요청되는 것은 이런 제약을 어떻게 지혜를 발휘해 극복해나가느냐는 것이다. 이는 또한 제3자의 입장에서 바라다보는 우리들에게도 의미하는 부분이 있다고 본다. 즉, 중국의 경험을 통해 사회주의 성립과 그 발전에서 중국 사회가 가진 독특한 경험이 반영되어 있음을 알 수 있다. 그리고 교회의 회응, 삼자신학 건설을 통해 사회변화에 교회가 어떻게 적응해 나가는지를 살펴보았다. 이런 중국의 사회주의 발전, 종교정책, 그리고 교회의 회응 등은 혈맹관계를 맺고 있는 북한 사회주의하의 기독교의 새로운 모델이 될 수 있음을 확신한다. 비슷한 시기에 인민정권이 수립되고, 공산정권하에서 각각의 교회는 혹독한 시련의 시기를 지내왔다. 아직도 사회주의 이념이 두 체제를 지배하고 있다고 해도 지나친 말이 아닐 것이다. 비록 역사적 격랑을 맞으며 두 교회가 분열하기는 했지만, 삼자, 가정 또는 공인, 비공인 교회는 모두 하나의 중국교회로서, 중국 사회에서 기독교에 요청하는 동일한 질문을 받고 있다.

---

9) 2008년 11월 북경사회과학원에서 진행된 비공개 가정교회문제에 관한 세미나에서 가정교회지도자 또는 연구학자들은 공동으로 법제화(교회등기)가 필요하며 동시에 정부 또는 삼자의 통제를 받는 법제화를 반대함을 밝혔다. 특히 중국사회 재난구제, 빈민구제 등 종교인의 참여가 이전보다 활발해지면서 가정교회는 보다 합법화된 위치에서 종교활동을 전개하기를 원하고 있으며 정부 또한 이들을 사회적 존재로 인식하기 시작했다.

또한 그 역사적 상황 속에서 중국교회가 걸어온 길을 통해 인식한 사회와 문화에 적응하기 위한 기독교의 노력을 이웃 한국기독교가 어떻게 이해하고 평가하며 타산지석으로 삼아야 하는지의 과제가 남겨져 있다고 본다.

참고문헌

김광성. 2007.『중국의 종교 정책과 현장사역』. 장로회신학대학교출판부.

홍성현 편저. 1992.『중국교회의 전기와 새로운 중국의 신학』. 한울.

Yeo Khiok-Khng. 1992. "The Rise of Three Self Patriotic Movement." *A.J.T*(6:1).

小岛晋治·丸山松幸. 2002.『중국근현대사』. 박원호 역. 지식산업사.

段琦. 2004.『奋进的历程: 中国基督教的本色化』. 商务印书馆.

戴康生. 2000.『宗教社会学』. 彭耀主编. 社会科学文献出版社.

李约翰. 1981. "可喜的变化-从"南京会议"看最近中共对基督教的政策."『中国与教会 14』(1~2月).

江泽民. 1995. "高度重视民族工作和宗教工作." 中央文献研究室·国务院宗教事务局编.『新时期宗教工作文献选编』. 北京: 宗教文化出版社.

任杰. 2007.『中国共产党的宗教政策』. 人民出版社.

政协广东省委员会办公厅编. 2005.『促进建设和谐社会』. 宗教与社会主义社会相适应研讨会论文集. 宗教文化出版社.

中央文献研究室·国务院宗教事务局编. 1995.『新时期宗教工作文献选编』. 北京: 宗教文化出版社.

刘建·罗伟虹主编. 2002.『宗教问题探索2001年文集』, 宗教文化出版社.

卓新平. 2004.『神圣与世俗之间』. 黑龙江人民出版社.

何光沪主编. 2006.『宗教与当代中国社会』. 中国人民大学出版社.

邢福增. 1999.『当代中国政教关系』. 建道神学院.

孙雄. 2006.『圣俗之间: 宗教与社会发展互动关系研究』. 黑龙江人民出版社.

赵天恩. 1981. "对中国基督教第三届全国会议的分析."『中国与教会 14』(1~2月), 2.

龚学增. 2003.『社会主义与宗教』. 宗教文化出版社.

李瑞环. 1995. "新形势下的民族宗教问题". 中央文献研究室·国务院宗教事务局编.『新时期宗教工作文献选编』. 北京: 宗教文化出版社.

『天风』, 中国基督教三自爱国运动委员会/中国基督教协会主办.

『景风』(72期, 82年 12月).

『中国与教会 14』(1981年 1~2月).

제4장

탈사회주의 체제전환기 러시아의 교회-국가-사회 관계

신범식 _ 서울대학교 정치외교학부 교수

1. 들어가는 말

러시아 내에는 140여 민족이 공존하고 있으며, 따라서 다양한 종교가 존재한다. 이들 종교가 탈사회주의 체제전환의 과정에 어떤 역할을 했는가에 대한 관찰은 매우 흥미로운 주제이다. 특히 러시아 역사 가운데 국가이데올로기 및 사회구성에서 중요한 역할을 해온 정교회의 최근 역할에 대한 관찰은 탈사회주의 러시아의 사회와 국가 및 양자 간의 관계를 이해하는 데 매우 유용한 방법이 될 수 있을 것이다.

탈사회주의 체제전환은 전례 없는 다층적 변화를 동시에 수반하는 과정으로 이해될 수 있다. 정치적으로는 일당독재체제로부터의 민주화(democratization), 경제적으로는 중앙 통제 및 계획 경제로부터의 시장화(marketization), 사회적으로는 전체주의 사회로부터의 다원화(pluralization)의 과제가 동시적으로 진행되는 가운데, 이 각각의 과정이 상호 복잡한 동학을 형성해나가는 과정으로 이해될 수 있다. 이는 종합적으로는 "국가 재건설(state re-building)"이라는 목표를 달성하기 위한 국가성의 재확립과 이를 뒷

받침할 수 있는 새로운 이념적 기반으로서 국가 이데올로기의 창출을 필요로 한다.[1]

1980년대 후반에 시작된 러시아 정치의 '민주화'와 관련된 체제전환 노력은 기존 소련 체제를 극복하면서 기존 사회의 체질을 변화시키는 중요한 원동력이 되었다. 하지만 시장경제를 건설하려는 경제개혁 노력은 난항을 겪게 되었고, 러시아에서 정상적 시장체제로의 전환이라는 과업은 쉽게 이루어지지 않았다. 도리어 러시아 내에서는 올리가르히라 부르는 과두재벌 중심의 경제체제가 형성되고 '마피아화(mafiosization)'(Handelman, 1995; Serio, 2008; Varses, 2001; Finckenauer, 2007; Volkov, 2002)[2]에 따른 비정상적 사회체제가 형성되었고, 그 결과 자연스럽게 등장한 병리적 현상으로 말미암아 국가체제는 과두재벌에 의해 사유화되고 권력의 공백을 범죄조직이 장악하게 되었다. 따라서 러시아의 체제전환에서 민주화와 시장화라는 양대 흐름은 그 내용 면에서 갈등적인 요소를 내포하는 흐름으로 대립하게 되었고, 그 결과 러시아의 사회적 긴장은 고조되어갔다. 더구나 '국가 재건설'의 방향성을 두고 벌어진 심각한 국론의 분열[3]과 불균등한 사회변동의 결과로 야기된 빈부격차는 이러한 긴장을 더욱 극단화시키는 요인으로 작용했으며, 결국 이러한 긴장은 국가-사회 간의 선(善)순환적 상호작용을

1) 러시아의 탈사회주의 체제전환의 다층적 과제와 특성에 대해서는 하용출 외(2006) 참조.

2) 러시아 마피아와 관련한 국내의 본격적인 연구는 배재대 한국시베리아센터 러시아 마피아연구단의 전자잡지(http://korsib21.ivyro.net/zbxe/monthsiberia) 참조.

3) 러시아를 서구 선진국 모델을 좇아 현대화할 것인가 아니면 러시아 고유의 특성에 근거하여 발전시킬 것인가가 주요한 쟁점이었다. 이는 러시아 역사 속에서 서구화 정책을 강력히 추진한 표트르 대제의 정책을 두고 '서구주의자(Westernizers)'와 '슬라브주의자(Slavophiles)' 사이에 벌어진 논쟁이 현대적 맥락 속에서 재현된 것과도 같았다. 이 논쟁에 대해서는 베르자예프(1985: 57~108) 참조.

불가능하게 만들었다(박수헌, 2010). 따라서 러시아의 국가와 사회 간의 대립과 협력 내지 포용의 양태와 그 균형점이 어디에 위치하는가를 밝히는 문제는 러시아 체제전환의 핵심적인 과제로서 '국가재건설(state-rebuilding)'의 과정을 진단하고 평가하는 데 매우 중요한 과제로 떠오르고 있다. 이러한 국가 - 사회 간 관계의 변화를 가늠하는 중요한 지표가 교회의 역할과 기능에 대한 정치적 및 사회적 인식의 변동이며, 이에 따른 국가 - 교회 및 사회 - 교회 관계의 변화는 러시아의 정치적 및 사회적 변동의 주요한 특징을 드러내는 단면이 될 수 있다.

따라서 이 연구는 첫째로 탈소비에트 러시아의 체제전환 과정에서 교회와 국가 및 교회와 사회 사이의 관계 변화를 관찰하는 다양한 논의와 논점을 정리해보고, 둘째로 탈소비에트 러시아에서 진행된 사회주의 체제전환 과정이 만들어낸 사회적 및 심리적 조건의 변화와 그 속에서의 교회의 역할에 대해 살펴보고자 한다.

이를 위해 기존 연구를 통해서 러시아의 사회주의 체제전환의 시기를 자유주의적 개혁의 시기와 표류의 시기 그리고 새로운 체제정립의 시기로 나누어 각 시기별 특성을 살펴보고, 이러한 시기 구분을 바탕으로 하여 러시아의 국가 - 교회 관계 및 사회 - 교회 관계의 변화와 특성을 파악하려 한다. 이 과정에서 '전러시아여론조사연구소(VCIOM)'[4]의 정기적인 여론조사 결과는 러시아인의 정치·사회·종교 문제와 관련된 인식의 변화상을 추적하는 데 큰 도움이 된다.

이 글이 수행하는 러시아 사례로 살펴본 탈사회주의 체제전환과정에서

4) 전러시아여론조사연구소(VCIOM)는 2004년 이후 Levada-Center(홈페이지 http://www.levada.ru 또는 http://www.russiavotes.org를 참조)로 개칭하여 활동하고 있다.

의 교회의 역할에 대한 탐구는 러시아의 탈사회주의 과정과 그 속에서 교회의 역할에 대한 이해를 고양함으로써 향후 진행될 북한 사회의 변화를 예측하고 대비하는 데 일정 정도 기여할 수 있을 것으로 기대된다.

2. 러시아 탈사회주의 체제전환의 전개와 특징

러시아 국가-교회-사회의 관계 변동을 추적하기에 앞서 지난 20여 년간의 러시아 체제전환 과정이 진행·전개되어온 단계를 구분하고 그 특징을 살피는 일은 러시아 체제전환 과정에서 교회의 역할과 그 의의에서 중요한 배경에 대한 이해를 증진시켜줄 것이다.

지나친 단순화의 위험을 무릅쓰고서라도 지난 20여 년간의 러시아 체제전환 과정을 크게 세 단계로 구분해보면 다음과 같다.

우선, 고르바초프의 페레스트로이카로부터 시작하여 옐친 대통령의 개혁에 이르는 이른바 **체제 자유화의 흐름이 주도한 시기**이다. 이 시기 정치·경제·사회 전반의 체제전환은 기본적으로 자유화의 방향으로의 진행되었다. 정치에서 자유선거와 같은 민주주의 제도를 도입하고, 개혁과 개방을 통한 시장경제의 건설을 주도하는 새로운 정치세력이 성장했다. 고르바초프로부터 시작된 이러한 자유화의 변화를 소련 체제는 견디지 못했고 결국 붕괴되고 말았다. 하지만 사회주의를 포기하고 서구적 민주주의 체제를 단시간 내에 실현하며 "충격요법(shock therapy)"을 통해 시장을 건설하려 했던 옐친 대통령의 개혁정책은 러시아의 일방적인 서구 지향성에 대한 강한 회의(懷疑)로부터 시작된 러시아 정체성 및 국가재건설 방향을 두고 벌어진 논쟁으로 인해 좌초되고 말았다. 소련의 붕괴에 따른 공산주의 이데올로기의 퇴조와 개혁의 표류로 인한 사회적 아노미의 격화 및 그에 따른 개인적 신념체계의 붕괴는 한편으로 과거에 대한 부정에 따른 허무주의와 인간경시풍조 그리고 극단적인 물질에 대한 숭배를 만연시켰고, 다른 한편으로는 무언가 의지할 것을 열망하는 사회적 불안 심리와 이데올로기의 붕괴를 파고드는 다양한 종교의 부흥을 가져왔다.

이로써 러시아의 체제전환은 **새로운 발전방향성을 찾는 표류와 갈등의 시기**에 접어들게 된다. 옐친 집권 2기로부터 시작된 것으로 볼 수 있는 이 시기의 중요한 특징은 서구식 자유민주주의와 다원주의적 사회를 일방적으로 모방하려는 설익은 개혁의 모멘텀이 약화 내지 유보되고 "러시아적인 길"과 러시아의 고유성을 찾으려는 노력이 강화되었다는 점이다. 민주주의의 형식적 요소는 도입되었지만 서구식 타협과 합의의 정치는 실현되지 않았으며, 시장의 "보이지 않는 손(invisible hand)"은 권력과 결탁한 마피아 및 올리가르히의 손에 의해 대체되어 소수의 배를 불리고 빈부격차가 극단화되어가는 가운데 일반 국민들의 삶은 피폐해갔으며, 사회적으로는 아노미적 무질서와 정체성의 위기 및 전례 없는 혼돈의 경험으로 인한 사회적 불안이 증대되었다. 이런 정치, 경제, 사회적 혼돈 가운데 러시아 국가건설 및 사회변동의 모멘텀은 "자유화"의 노선으로부터 이탈하게 되었고, 19세기 제정 러시아 시기의 "관제 민족주의(official nationalism)"[5)]의 기초였던 "전제성(autocracy)", "정교성(orthodoxy)", "인민성(peoplehood)"의 3원칙을 바탕으로 하는 러시아적 전통을 추구하는 민족주의 및 보수주의적 노력이 점차 힘을 얻게 되었다. 따라서 이 시기에는 점증하는 러시아 민족주의가 러시아의 정치 및 사회생활 전반에서 그 영향력을 강화해나가는 경향이 발견된다.

이러한 민족주의적 경향이 강화되어가는 가운데 러시아의 강력한 지도

---

5) 이에 대한 연구로는 이인호(1985), Riasanovsky(1955), Thaden(1964) 참조.

자 푸틴 대통령이 등장하면서 러시아는 **국가주도형 발전모델 원칙을 정립하는 시기**로 진입하게 된다. 푸틴 대통령은 정치적으로는 서구식 민주주의와 차별되는 "관리 민주주의" 내지 "주권 민주주의(Sovereign Democracy)"[6] 라는 국민의 "위임"에 기초하여 강력한 국가가 주도·관리하는 민주주의 체제를 강화하여 혼돈의 러시아에 질서를 부여했으며, 정실 자본주의의 폐단을 극복하고 국가가 주도하는 국가자본주의(state capitalism) 시장경제체제를 건설해나가게 된다. 사회적으로도 공공성의 원칙을 중시하면서 언론에 대한 통제 및 사회복지를 강조하는 국가관리형 사회의 건설을 추진하게 되었다. 이러한 러시아의 국가주도형 모델에 대한 서구의 비판이 주로 푸틴 체제의 비민주성 및 개발독재적 성격에 집중되어 쏟아졌다. 하지만 푸틴 대통령은 러시아 국가 및 사회의 발전을 위해서는 국가의 역할을 강화하여 관리해나가는 시기가 러시아 발전과정에서 필수적이라고 규정했으며, 국민들은 이러한 푸틴 대통령의 강한 국가 건설에 대해 비교적 확고한 지지를 보냈다. 결국, 러시아의 발전은 과거에도 그러했듯이 국가가 담보할 수밖에 없으며, 사회와 국가의 분리 및 상호견제라는 원칙에 입각한 자유주의적 사회발전 방식보다는 러시아 사회발전역사에서 전형적으로 나타났던 바와 같이 국가에 의한 사회의 포합(incorporation) 모델에 입각한 국가 주도형 사회 발전을 추구하는 것이 러시아에 더 적합하다는 논리가 강화되었다.

이러한 러시아의 탈사회주의 체제전환의 단계와 특성은 국가와 교회 및 사회와 교회의 관계에도 반영되면서 그 관계의 변화를 주도하는 요인으로 작용하게 된다.

---

6) 자세한 내용은 Petrov(2005), Ryzhkov(2005)를 참조.

3. 러시아 탈사회주의 체제전환과 국가 - 교회 관계

교회의 국가 및 사회에 대한 관계는 교회가 가지는 특수성으로 인하여 다루기 까다로운 문제들 중 하나이다. 좀 더 직접적으로는 종교가 체제전환의 과정에서 어떤 기능을 가지며 국가와 사회와의 관계 속에서 어떤 위치를 가지는가에 대한 질문이 그 핵심일 것이다. 탈사회주의 사회 변동의 중요한 특징 중 하나는 억압되었던 종교가 해방되고 사회 속에서 종교의 대표자로서 교회가 자신의 역동적인 기능을 재규정할 수 있게 되었다는 점이다. 하지만 이러한 사회적 행위자로서의 교회는 단지 사회 내 다른 행위자들과의 관계에 의해서 자신의 역할과 기능을 규정받을 뿐만 아니라 국가와의 관계에 의해서도 중요한 영향을 받게 된다. 왜냐하면 교회는 국가가 완전히 통제할 수 없는 신(神)적 영역을 자신의 정당성의 근거로 삼으면서 동시에 다양한 방식으로 세속 정치에 영향을 미치기 때문이다.

체제전환 과정이 진행되고 있는 사회에 속해 있는 교회는 정치에 의해 도구화되거나 또는 시민사회의 구성원으로서 역동적인 역할을 요청받는 기로(岐路)에 서게 되는 경우가 많으며, 때로는 정치적 개입과 사회적 연루 사이에서 선택을 강요받게 되기도 한다(Horvat, 2004: 11~15). 더구나 교회가 민족문화 및 국가의 형성과정에서 중요한 역할을 했던 경험을 지닌 러시아에서 교회, 특히 정교회와 국가의 관계는 다른 나라에서 사회적 조직과 국가 사이에서 나타나는 관계와는 구별되는 독특한 관계를 형성하게 된다. 특히, 체제전환이라는 역사적 조건은 교회가 민족주의적 정부와의 합의를 통해 기존의 지위를 회복하여 특권을 향유하려는 유혹에 빠지기 쉽게 만든다. 탈사회주의 체제전환을 경험한 동구 여러 나라에서 흔히 관찰되듯이 체제전환 시기의 교회는 미래지향적이라기보다는 과거지향적인 행위자의 성격을 강화시킴으로써 체제전환 과정에서 정치사회로부터 분화되는 시민사회의 발전을 저해하는 요소로 작동하는 경우가 자주 발견된다(Borowik, 2001). 따라서 일부 학자들은 동구에서 나타난 국가와 종교의 특수한 유착관계를 탈사회주의 체제전환 과정에서 국가와 시민사회의 분화과정을 지체시키는 요인이면서 동시에 그 징후로 파악하기도 한다.

이러한 동구의 경험은 러시아에서도 예외는 아니다. '러시아 정교회(Russian Orthodox Church)'는 민족종교로서의 자기정체성을 강화해 나감으로써 새로운 외래 종교의 부흥에 대응하고 있으며, 이러한 정교회의 민족주의적 경향성은 러시아 국가재건설 작업 과정에서 나타난 민족주의의 부흥과 함께 맞물리면서 러시아 정교회로 하여금 상당한 정도의 특수한 "정치적 행위자"로서의 지위를 향유하게 만드는 요인이 되었다. 성(聖)과 속(俗)을 혼용하면서 러시아 정교회는 새로운 민족정체성의 상징으로 다시 고양되었으며, 이러한 종교에 기초한 민족주의는 국가 재건설을 위한 정당성의 중요한 원천으로 작동하게 되었다. 왜냐하면 민족주의야말로 새로운 시민사회가 미처 성장하지 못한 러시아에서 사회주의 체제 붕괴 이후에 나타난 이데올로기적 진공 상태를 메우고 새로운 국가 재건설의 과제를 정당화할 수 있는 유일한 정신적 기초가 될 수 있었기 때문이다.[7] 이런 정치적 목적을 위해 정치엘리트들과 정교회는 함께 손잡은 것이다. 정교회와 국가의 특수한 유착관계는 탈사회주의 체제전환의 역동성과 더불어 러시아 내 개신교의 위상과 역할 및 선교활동을 규정하는 매우 중요한 배경이 되고 있다.

일반적으로 자유민주주의 체제하에서의 국가-교회 관계를 유형화하는 작업에 따르면 크게 세 가지 모델이 상정될 수 있다.[8]

---

7) 탈사회주의 국가에서 나타난 민족주의의 형태와 역할에 대해서는 Gallagher(2000) 참조.

첫째는 주로 영국, 핀란드, 그리스 등에서 나타나는 "국교(state religion) 모델"이다. 특정한 하나의 종교그룹이 국가종교로서 국가로부터 혜택과 지원을 누리며 지배적인 "단일 신조주의(mono-confessionalism)"를 형성하는 모델이다. 이 모델에서는 국가가 종교단체 및 조직의 운영을 지원하기도 하여 종교단체는 국가 기능의 일부로서 작동하게 된다. 물론, 대부분 민주국가인 이 지역에서 다른 종교 그룹의 존재 가능성은 자유롭게 열려 있다.

둘째는 주로 독일, 오스트리아, 네덜란드, 이탈리아, 스페인 등지에서 나타나는 "다원주의적 종교 모델"이다. 다양한 종교그룹이 사회 내에 공존하면서 사회적 활동의 자유를 누리는 모델이다. 그리고 종교단체는 국가로부터의 지원이나 특혜를 향유하지는 않는다. 이 모델에서 종교단체는 국가로부터는 분리되어 있으나, "공적인(public)" 내지 "법적인(legal)" 사회조직으로서 사회적인 역할을 수행하는 가운데 사회와 협력하는 기능을 수행하게 된다. 다원주의형 종교모델에 속하는 국가들 중에서 특히 독일과 같은 경우는 국가와 교회의 합의(accommodation)에 의거하여 종교가 공적인 법인의 지위를 가지는 경우도 있다.

셋째는 주로 미국이나 프랑스에서 보이는 "엄격한 분리형 모델"이다. 이 모델에서는 국가와 종교단체의 관계는 엄격하게 분리되어 있어서 종교가 세속국가의 일에 철저하게 어떠한 간섭도 행하지 않으며, 그저 시민사회의 한 부분으로 기능할 뿐이다.

러시아에서 국가-종교 관계의 전개과정은 탈사회주의 20여 년이라는 기간 동안에 다양한 모델을 실험하면서 러시아적 국가-사회 관계의 변화와 특징을 잘 드러내주는 지표로 관찰되고 있다.

---

8) 국가-교회 관계에 대한 자세한 유형화에 대해서는 Monsma and Soper(1997), Madeley and Enyedi(2003), Zrinscak(2003) 참조.

모스크바 공국으로부터 제정 러시아에 이르는 오랜 기간 동안 러시아 정교는 국가 이데올로기를 형성 및 유지하는 중요한 기능을 행사하면서 특별한 지위를 누려왔으며, 특히 표트르대제 이후에 정교는 강력한 국가조직의 일부로 편입되면서 국가기능의 일부로 자리 잡게 됨으로써 강력한 국가-정교 간의 관계를 형성해왔다. 물론 러시아가 겪은 국난과 위기의 시기에 정교가 러시아 국가제도를 보호하고 강화시켜온 경우도 있었지만, 전반적으로 국가가 정교를 통제하고 활용해온 전통이 지배적이었다(황영삼, 2000: 848; 신동혁, 2007: 100). 하지만 소비에트 시기 러시아에서 종교는 공산주의 원칙에 의해 정치영역은 물론 사회영역에서 공식적으로 배제당했고 그 활동이 엄격히 제한되었다. 1920년 내무인민위원회가 천명한 "무신론의 도그마"가 공식적인 소련의 종교에 대한 원칙으로 확립되었다. 다만 브레즈네프 시기 이후 종교활동이 제한적으로 허용되기도 했다. 그러나 소련이 붕괴된 이후 신문지면(≪Argumenty i fakty≫, 1991.12.11)을 통해 전해진 바에 의하면 러시아 정교회 조직의 최고위급 간부들이 KGB 요원들이었다는 실상이 밝혀짐으로써 국가가 종교를 철저히 감시하고 통제해왔음이 사실로 드러났다. 따라서 탈사회주의 경험 이전의 러시아 정교회는 철저한 '**국가 종속형 교회**'로서 존재해왔다는 기술은 상당 부분 진실에 가깝다고 볼 수 있다.

하지만 페레스트로이카 이후 증대되기 시작한 정치·사회적 자유는 소련의 붕괴를 기점으로 러시아에 종교의 자유를 돌려주었으며, 러시아는 새로운 '종교의 르네상스' 시대에 돌입하게 된다. 이러한 변화의 기초가 된 것은 공산당 집행위원회가 서방의 압력에 반응하면서 동시에 생존을 위한 기술로서 입안한 「포교와 종교단체설립의 자유에 관한 법률」(1990)이었다. 당시 교황 요한 바오로 2세는 "하나님께서 동방에서 승리하셨다"고 선언했으며, 많은 개신교 교단의 선교사들은 새롭게 열린 철의 장막 너머로 봇물처럼 밀려들어 갔다(Horvat, 2004: 1). 그러나 한 가지 주목할 점은 이 기회는 개신교단에게만 열린 것은 아니었으며, 지구상의 거의 모든 종교 단체들이 이 기회를 활용하고자 했다는 점이다. 이들 가운데 가장 활발한 포교 활동을 벌였던 종교단체는 다수의 복음주의 개신교단 이외에도 '오순절교회'나 '제7안식교' 등과 같은 기독교 분파들, '여호와의 증인'이나 '모르몬교' 그리고 '통일교'를 비롯하여 히말라야 요기 그룹 등과 같은 아시아 군소 종교그룹들로서 이 물결에 대거 합류했다.

러시아 정부는 이러한 종교활동에 대해 다원주의적 모델에 입각한 대응을 펼침으로써 러시아에서의 종교의 자유를 보장했고 이러한 종교활동이 서구사회에서와 같은 다원주의 사회의 형성 및 발전에 도움이 될 것으로 기대했다. 러시아 정부의 이 같은 정책은 1991년 「종교와 양심의 자유에 관한 법률」을 통해 국가와 종교는 구분되며 모든 종교는 법 앞에서 동등한 권리와 지위를 지닌다는 선언으로 구체화되었다. 따라서 이러한 **'다원주의적 모델'**에 입각한 국가-종교 관계는 러시아 정부로 하여금 러시아 정교회는 물론 그 이외의 다양한 종교단체의 활발한 활동을 허용하는 정책을 지속하게 했다(Lucinio, 1994: 483~492).

하지만 전통적으로 러시아의 국가성 및 민족문화의 형성과정에서 국가와 함께 결정적인 역할을 감당하여온 러시아 정교회는 이러한 동등하게 인정되는 종교단체들 사이의 경쟁적 자유를 그대로 수용하려 하지 않았다. 러시아의 종교 다원주의 정책으로 인하여 쇄도해온 외래 종교들에 대한 규제를 위한 러시아 정교회의 노력은 1992년과 1994년에 이들 외래종교단체의 활동을 규제하는 법령의 채택을 추진하도록 만들었으며, 이 시도는 러시아의 종교의 자유로 대변되는 시민사회의 자율성이 훼손된다는 국내외의 비판으로 인하여 좌절되었다. 하지만 1993년 및 1995년 총선에서 러시아의 민족주의적 정당과 보수적 정치세력이 강화되면서 러시아 내의 민족주의적 분위기는 점증했으며, 이는 러시아의 독특한 발전양식을 강조하는 전통주의자들로 하여금 친서구주의적 체제전환에 대한 강력한 의문과 반대를 제기하도록 만들었고, 다시 이는 종교에 대한 러시아 정부의 태도에도 일정한 변화를 가져오게 만든 요인으로 작용하게 되었다.

옐친 대통령이 재선에 성공한 1996년 이후 러시아 개혁노선이 친서구적 지향성을 탈피하기 시작한 것은 이미 언급한 바와 같다. 특히 정치적 지지를 동원하기 위한 사회적 파트너로서 정교회의 역할은 옐친 대통령에게 절실했으며, 옐친 대통령은 취임식에서 정교회 총주교를 자신의 바로 옆에 앉히는 등 정교회와의 유착을 과시하려 했다. 이러한 상황에서 1992년 이후 러시아 정교회(수장 Alexei II)에 의해 수차례에 걸쳐서 제기되어왔던 외래 신흥종교단체들의 종교활동에 대한 강력한 규제를 가능하게 할 수 있는 종교법이 정교회의 압력과 보수적 정치세력에 의해 입안되었으며, 1997년 7월에 「양심과 종교의 자유에 관한 법률」의 개정안이 의회에서 통과되어 세계의 이목을 끌었다. 옐친 대통령은 종교의 자유를 해친다는 이유로 이에 대한 거부권을 행사했지만, 결국 의회는 수차례의 개정을 거쳐 9월 26일 대통령의 서명을 얻어내는 데 성공하게 되었다.[9)]

이 법에 따르면 법적으로 그 특권적 지위를 인정받을 수 있는 종교는 러시아의 "전통적인" 종교여야 하며, 그러한 범주에 들어가는 종교는 러시아 정교, 유대교, 불교, 이슬람교이다.[10)] 이러한 전통적인 종교에 대한 규정은 이 법의 서문에 실려 있어서 법적 구속력을 가지지 않는 것으로 해석되지만 이처럼 명문화된 러시아 전통종교에 대한 확인은 러시아 내에서 다른

---

9) 종교와 양심에 관한 법률의 제정과정에 대한 논의는 Basil(2005) 참조.

10) 이로써 러시아는 종교와 관련한 러시아적 독특성 내지 러시아성(Russianness)의 범위를 명시적으로 규정하는 데 성공한 것으로 보인다(Evans, 2002: 35).

종교단체들의 활동을 크게 위축시킬 수 있는 기반이 된 것은 사실이다. 이들 러시아 전통 종교 이외의 종교단체들은 자신이 러시아의 전통적인 종교임을 입증하기 위해서 1982년 이후 15년간 러시아 국내에서 해당 정부기관에 등록된 단체로서 활동해왔음을 증명해야 하는데, 1982년 공산주의 체제였던 소련 현실을 감안하면 이는 현실적으로 거의 불가능한 일이었다. 러시아 정교회가 미국계 개신교, 가톨릭교회, 여호와의 증인 등의 활동에 대해 강한 반감을 보여왔던 점으로 미루어 볼 때, 결국 이 법은 효과적인 종교 규제의 수단으로 작동될 수 있을 것으로 예측되었다. 1997년 7월의 법안 의결 시에는 미국의 클린턴 대통령과 로마 교황청에서 항의서한을 보내기도 했지만, 결국 이 법안이 통과됨으로써 러시아 내 종교 다원주의는 큰 타격을 입게 되었으며, 이로써 **국가와 정교회의 특수관계 내지 "부분적 유착 관계**(partial establishment)"[11]가 성립된 것으로 평가된다.

이 법안 통과를 주도한 러시아 정교회 총주교 알렉세이 2세는 신(新)종교법이 공산주의 이후 급격한 사회변동과정에서 사교(邪敎)에 빠지고 있는 러시아인들의 정신세계를 구원하기 위한 조치라고 강조했다. 이에 대해 러시아 국내외로부터 강력한 반대 여론이 제기되었으며 군중시위와 헌법소원을 준비하는 움직임도 있었다. 하지만 새로운 종교에 관한 법률은 이후 러시아의 종교활동을 규율하는 기본법으로 작동하고 있다. 우선 국가는 모든 종교단체가 법무부에 정관과 재정상황 등에 대한 서류를 등록한 등록단체로 전환할 것을 권고했으며, 국가는 종교단체를 법인의 지위로서 법률적 통제를 가할 수 있게 되었다. 설사 모든 종교단체가 이러한 등록과정에 참여하고 있지는 않다고 하더라도, 선교사들에 대한 비자발급 제한 등과 같은 조치를 통해 종교단체들의 등록을 강력히 유도하고 있는 실정이다. 또

---

11) 이러한 용어에 대해서는 Glanzer and Petrenko(2007: 53~54) 참조.

한 지방자치단체가 이러한 등록된 종교단체들의 건물임대를 제한하거나 정관에 따른 활동의 준수를 요구하면서 실질적인 규제를 수행하고 있는 것으로 알려지고 있다. 이 외에도 러시아 중앙 및 지방 정부는 러시아 정교회에 대한 행정적인 지원을 강화해나가게 되었다(Mitrokhin, 2006: 245~246, 255~257).

결국 1997년 새롭게 개정된 종교 관련 법률은 러시아의 민족주의 경향의 강화라는 사회적 분위기에 편승하여 국가에 의한 사회적 통제가 강화되고 있는 가운데 러시아 정교회의 특권적 지위를 회복하는 계기가 되었으며, 러시아 정교회는 새로운 부흥을 위한 정치·사회적 활동을 강화해나가게 되었다. 이러한 활동의 대표적인 사례는 국가 공식 행사에서의 러시아 정교회의 상징적 기능을 강화하는 조치와 더불어 러시아 공교육에서 러시아 정교에 대한 교육을 강화하려는 시도로 나타나게 되었으며, 이에 대해서는 후술하기로 한다.

한편, 푸틴 대통령이 등장한 이후 2000년 8월 러시아 정교회는 '정교회 기본개념'이란 문서를 통해 정교회의 정통성과 역할 강화에 대한 선언을 발표함으로써 정교회의 위상을 한층 더 강화하려 노력했다. 이에 대통령 행정실이 주관이 되어 중앙공무원연수원이 작성한 '러시아 연방의 국가-교회 관계에 대한 기본 개념'과 모스크바 시 법무담당 부서가 작성한 '러시아연방 종교단체에 대한 국가정책 기본 개념안'을 놓고 국가의 종교정책을 명문화하는 문제에 대한 토론이 정부 내에서 진행되었으나, 최종적인 기본 문건에 대한 채택은 이루어지지 못했다. 전자는 국가-종교 관계의 다원주의적 모델을 염두에 두고 작성된 문서인 데 반하여 후자는 전통적 종교의 교육 분야에서의 관여를 허용하는 정교회의 요구가 강하게 반영된 문서였으며, 두 문서가 모두 정교회의 특별한 지위에 대한 고려를 반영하고 있었다. 이 시기 러시아 내부에서는 체첸 및 이슬람분리주의자들에 의한 테러

가 강화되고 있었으며 밖으로는 미국에서 발생한 9·11 테러 사태로 인하여 국가의 종교에 대한 통제의 필요성이 점차 강하게 제기되고 있었기 때문에, 이러한 필요와 요청에 따라 2002년 「극단적 활동에 대한 대응에 관한 법령」을 제정함으로써 러시아 정부는 종교활동을 포함하여 어떤 안정 저해 행위에 대해서도 강력히 제재할 수 있는 근거를 마련하게 되었다. 하지만 이러한 법안은 사회안정을 위한 명분을 강화하여 러시아 정부가 러시아 내의 사회적 지위가 상대적으로 불안정한 신흥종교들에 대한 규제의 수단들을 강화해나가는 근거로 활용됨으로써 전통 종교들에 대한 법적 보호가 강화되는 결과를 가져왔다.

이어 2004년 5월에 크렘린이 확정한 '러시아연방 국가종교정책 개념'에는 종교단체들이 지니는 국가이익을 위한 도구적 성격을 분명히 하는 국가의 종교에 대한 기본적 입장이 정리되어 나타났는데, 국가는 "종교단체들의 등록과정과 그 정관의 준수 여부를 감독하는" 역할을 통해 종교단체와 관련된 사회의 안정과 질서를 유지할 것이며, 또한 종교그룹들 사이의 문제에 대해서도 간섭할 수 있는 권한을 상정함으로써 국가-교회 관계에서 국가의 주도적인 역할을 분명히 했다(Buryanov, 2004). 하지만 러시아 정교회의 배타적인 지위와 권한을 명문화하지는 않음으로써 형식적인 종교의 다원성을 훼손하는 일을 무리하게 시도하지는 않았다. 이로써 러시아는 국가-종교 관계에서 다원주의적 모델과 국가 주도의 전통이 결합된 "**관리형 역사적 다원주의**(managed historical pluralism)"(Glanzer and Petrenko, 2007: 54)라는 러시아의 독특한 국가-종교 모델을 정립하게 된다. 이 모델은 종교 다원주의를 인정하지만 국가가 전통적인 종교를 우대하면서 종교에 대한 관리를 해나가는 러시아적 국가-종교관계를 반영하는 것이다. 이로써 국가는 교회에 대한 우월한 지위를 확인하고 종교활동에 대한 통제의 의지를 명확히 하는 가운데, 종교적 다원주의를 인정하는 기본적인 선언과는 달리 역사적 전통에 입각한 소위 전통종교의 특별한 지위와 권리를 인정함으로써 국가가 통제하는 전통종교 우월형의 종교정책의 기초가 마련되었다.

이러한 러시아의 국가 - 종교 관계의 변화와 관련하여 탈사회주의 국가들의 종교문제 전문가로 널리 알려진 우젤(Lawrence Uzzell)은 러시아의 이러한 변화를 다음과 같이 평가하고 있다. "1990년대 중반 이후 위축되어 온 러시아에서 종교적 자유는 현재 일종의 균형 상태에 도달한 것으로 보인다. 지금부터 1년 뒤에 러시아인들은 아마도 오늘날 그들이 누리는 것과 같은 정도의 양심과 종교의 자유를 가지지는 못할 것 같다. 하지만 그 위축 정도는 그다지 심하지는 않을 것이다. …… 왜냐하면 푸틴은 교회 - 국가 관계에서 그가 원하는 모든 것을 이루었기 때문이다. 즉, 그는 신자들을 더는 사슬로 얽맬 필요가 없다. 그들을 이미 충분히 통제할 수 있기 때문이다"(Uzzell, 2004: 14~17).

이러한 국가 - 교회 관계의 변화는 [자유화흐름 주도기 → 새로운 방향성 모색을 위한 갈등과 표류 시기 → 러시아의 독특성 및 민족주의에 기초한 국가발전의 기본방향성 정립기]로 연결되는 체제전환의 전개과정과 맥을 같이한다. 각 시기별 러시아 종교정책의 대강을 정리해보면 〈표 4-1〉과 같다.

〈표 4-1〉 러시아 체제전환 시기별 국가 - 사회 - 종교 관계의 변화

시기	소련 1985년 이전	개혁소련~러시아 초기 1985~1995년	러시아 1996~2000년	러시아 푸틴 집권 이후
시기경향	무신론 체제	자유화 주도기	개혁 표류기	발전방향 정립기
이념	공산주의	개혁적 자유주의	서구주의 vs. 전통주의(민족주의)	국가주의
종교 규제	공산주의 이데올로기	1990년 종교법	1997년 신종교법	2004년 국가종교정책 개념
국가-종교 관계	국가종속형 모델	자유주의적 다원주의 모델	특수관계 또는 부분유착 모델	관리형 역사다원주의 모델
국가-사회 관계	국가에 의한 사회의 포합	국가의 약화와 사회의 활성화	과두자본에 의한 국가의 포획	국가역할의 재(再)강화

4. 러시아 체제전환과 교회 - 사회 관계

러시아인들이 지닌 종교에 대한 관념과 애착은 그 뿌리가 깊은 편이다. 그렇지만 70여 년간의 사회주의 체제하에서의 무신론적 경험도 삶에 깊은 영향을 미친 것이 사실이다. 종교는 러시아 사회 내에서 중요한 영향력을 행사해온 매우 중요한 행위자였다는 사실에 대해서 이의를 제기하는 학자들은 거의 없다. 페레스트로이카 이후 러시아인들의 종교활동은 꾸준히 증가했고, 신자와 비신자의 비율은 체제전환을 거치면서 확실하게 반전되었다. 페레스트로이카가 시작할 즈음인 1985년에 25% 정도였던 신자의 비율은 2004년 조사에서는 62%까지 올라갔다(〈표 4-2〉 참조).

러시아인 가운데 신자가 차지하는 비중이 증대된 가장 커다란 이유는 정치·경제·사회 전반과 관련된 다층적 체제전환이 야기한 충격으로 혼돈 속에 빠져 있던 개인들의 사회적 신뢰의 대상으로서 국가기관, 언론, 정치·사회단체가 제 역할을 못 했기 때문인 것으로 보인다. 물론 푸틴 대통령이 등장한 이후 체제가 안정되면서 국가에 대한 러시아인의 신뢰는 차츰 회복

〈표 4-2〉 러시아인의 종교적 경향성과 종교활동의 변화 추이(1985~2004)

단위: 전체응답자 중의 비율(%)

설문 내용	1985	1989	1991	1996	1998	2002	2004
나는 비신자이다	75	66	61	43	38	33	32
나는 신자이다	25	33	32	48	45	57	62
모른다	-	1	7	9	17	10	6
월1회 이상 교회에 출석한다	-	-	5	7	9	8	6
월1회 이상 성체(성찬)를 받는다	-	-	2	4	3	2	2
세례를 받았다	-	65	-	-	76	77	76
내게 종교는 매우 중요하다	-	-	-	-	-	8	-

자료: 1985년－Greely(1994); 1989년 이후－전 러시아여론조사센터(VCIOM)와 Levada Center의 설문조사 결과.

되고 있는 것으로 나타났다.

하지만 〈표 4-3〉에서 나타나는 바와 같이 교회는 대혼란의 시기에도 거의 절반에 이르는 국민들로부터 신뢰를 받는 사회적 기관으로 계속 존재해왔으며 러시아 체제전환의 혼돈과 사회적 피폐화 속에서도 국민들의 정신적인 지지대의 역할을 해온 것으로 보인다.

〈표 4-3〉에서 나타난 바와 같이 정교회의 역할에 대한 신뢰 내지 기대는 물론 체제전환과정에서 나타난 국민들의 정치 및 사회 기관에 대한 불신이 증대된 사실과 관련성이 크다. 러시아 정치·사회 기관들에 대한 국민들의 신뢰도 변화 추이를 보면, 탈사회주의 개혁 초기 나타난 혼란으로 인하여 교회와 군대를 제외한 거의 모든 기관과 대통령에 대한 불신이 통상적인 수준을 넘어서고 있음을 알 수 있다. 특히, 집권2기 들어 와병(臥病) 중에 있던 옐친 대통령 시기에 그의 측근들에 의해 농단되던 정국에 대해 국민들은 대통령을 비롯한 정치기관에 대해 극단적인 불신의 태도를 보이고 있음을 잘 알 수 있다. 그 와중에도 교회와 군대에 대한 신뢰는 높은 수준이 유지되어왔음이 드러났다. 하지만 푸틴 대통령이 등장한 뒤 정국의 안정과

〈표 4-3〉 정치·사회 기관에 대한 대중의 신뢰도 변화(1994~2004)

단위: 전체응답자 중의 비율(%)

대상	1994년 (신뢰/불신)	1999년 (신뢰/불신)	2004년 (신뢰/불신)
대통령	22/68	5/91	63/10
교회	55/21	57/22	49/16
군대	52/36	52/37	42/30
정부	자료 없음	22/72	42/30
언론	34/58	33/60	25/48
노동조합	18/60	18/56	19/39
경찰	25/67	20/73	18/56
국회	13/16	10/82	24/71(2003년)
정당	자료 없음	7/76(1998년)	11/59

자료: 전러시아여론조사센터(VCIOM) 1994년, 1999년 및 Levada Center의 2004년 설문조사 결과.

러시아 경제의 성장기조 강화는 대통령과 정부에 대한 신뢰를 급속히 끌어올렸고, 교회나 군대에 대한 신뢰의 수준은 약간 하락시켰다. 하지만 전반적인 추세로 보아 교회는 가장 신뢰받는 사회기관으로서의 위상을 여전히 유지하고 있음을 알 수 있다.

공산주의 이데올로기의 지도적 위치가 상실된 이후 따라온 정신적·영적 공황 상태에서 나타난 좌절감과 당혹감은 사회적 불안을 격증(激增)시켰고, 다층적 체제전환의 혼돈 속에서 정치 및 사회 기관이 보여준 갈등과 무능의 모습은 체제 정당성에 대한 심각한 회의를 불러일으켰다. 이러한 조건하에서 교회는 상대적으로 사회적 안정의 상징으로, 또한 흔들리는 도덕과 가족의 가치를 지키는 마지막 요새로 인식되었다(Krindatch, 2006: 46). 동시에 개혁이 몰고 온 사회·경제적 고통은 다수의 러시아인이 시민들의 기본적인 필요를 충족시켜줄 수 있는 가부장적 사회 및 강력한 국가의 회복을 갈망하도록 만들었다. 1998년 설문조사에서는 오직 국민의 1/3만이 러시아에 민주주의가 필요하다고 응답한 데 비해 응답자의 절반 이상이 서구

민주주의 원칙들은 러시아 전통과 양립하기 어렵다고 응답했으며, 3/4이 러시아에는 법과 토론보다는 강력한 지도자가 필요하다고 응답한 것으로 조사되었다(Krindatch, 2006: 59). 정신적 공황과 이데올로기적 공백 상태에서 야기된 이러한 국민의 정서적 요구는 결국 러시아의 전통적 종교와 강력한 국가를 이끌어갈 리더십에 대한 필요성을 증대시킨 토양이 되었다.

푸틴 대통령의 등장은 바로 이러한 국민적 요구에 대한 적절한 응답으로 해석될 수 있을 것이다. 하지만 이러한 혼돈기의 사회적 안정성에 대한 갈증을 채워준 정교회의 역할은 과연 정교회의 적극적 역할로부터 온 것일까? 이 질문에 대한 대답은 부정적이다. 도리어 정교회에 대한 기대 및 지지는 정교회의 적극적인 역할에서 기인했다기보다는 종교 본연의 기능으로부터 연유한 바가 크다고 할 수 있을 것이다. 특히 러시아 전통의 중요한 그릇으로서 정교회를 인식하게 된다면 정교회에 대한 기대는 더욱 크게 나타날 수 있다. 하지만 이러한 기대 수준에 비해 러시아 정교회의 사회 통합 및 사회 안정화를 위한 역할에 대한 평가는 높게 나타나지 않고 있다. 〈표 4-4〉에서 나타난 바와 같이, 신앙의 유무를 떠나 정교회가 사회적 문제에 대해 적절히 대응하고 있다고 응답한 이들의 비율은 비교적 낮았다.

국가-교회 관계의 변화에 대한 러시아 국민들의 의식을 보여주는 다양한 설문조사는 매우 흥미로운 결과를 보여준다. 러시아 국민의 약 53%가 정교회가 실질적인 국가종교로서의 위상을 가진다는 점을 인정하면서도, 공식적으로 국가종교를 지정하는 것은 다민족국가 러시아에 위해가 될 수 있음을 들어 응답자의 41.5%가 이를 반대했다. 이는 러시아 정교의 전통적 성격을 인정하면서도 동시에 현실정치 속에서 교회의 기능을 제한적으로 이해하려는 매우 실용적인 태도를 보인 것으로 해석해볼 수 있다(신동혁, 2007: 118~124).

같은 맥락에서 러시아인들은 교회가 국가정책에 대해 비교적 높은 영향

〈표 4-4〉 교회의 역할에 대한 정교회 신자와 비신자의 인식

질문	독실한 정교도인	문화적 정교인	비신자
교회를 신뢰한다 / 대단히 신뢰한다	73.3/19.3	32.6/43.9	5.7/30.0
교회는 영적 문제에 잘 대응하고 있다	89.6	75.6	36.3
교회는 도덕적 문제에 잘 대응하고 있다	87.4	71.7	36
교회는 가족 문제에 잘 대응하고 있다	78.5	57.7	24
교회는 사회적 문제에 잘 대응하고 있다	41.5	23.7	9.6

자료: Marsh(2005: 555).

력을 가지고 있음을 인정하면서도 종교가 국가정책결정이나 국민들의 투표행위에 직접적인 영향력을 행사해서는 안 된다는 입장을 〈표 4-5〉에서와 같이 비교적 강하게 보여준다. 그러면서도 교인들의 공직 진출이 사회를 긍정적으로 바꿀 수 있을 것이라는 기대는 비교적 높게 나타나, 종교의 국가와의 직접적인 밀착에 대해서는 부정적이지만 신앙인의 역할에 대해서는 긍정적 기대를 견지하는 입장임을 알 수 있다.

더욱 흥미로운 것은, 러시아 국민에게 교회 - 국가 관계가 이루는 완전한 조화의 전형(典型)을 제정러시아 표트르 대제 시기나 소련 시기와 같이 종교가 국가에 완전히 종속된 형태 속에서 찾을 수 있다는 인식이 우세했다는 점이다(신동혁, 2007: 123~124). 종교가 국가의 통제하에서 조화를 이루는 것이 러시아인들의 '포합적 국가관'과 비교적 합치될 것이라는 추측은 쉽게 해볼 수 있다. 이러한 러시아인들의 인식은 결국 푸틴 대통령의 종교정책이 러시아인들의 인식을 상당 부분 잘 반영했음을 시사한다고 볼 수 있다. 결국 푸틴 시기 국가 - 교회 관계는 서구로부터 도입된 국가와 교회의 분리원칙, 지배적인 교회로서의 정교회에 대한 인정, 그리고 교회의 국가에 대한 종속이라는 세 전통이 함께 혼합되어 만들어진 독특한 관계의 유형을 보이고 있으며, 이러한 새로운 양자 간의 관계를 형성한 푸틴대통령의 정

〈표 4-5〉 정교회신자와 비신자의 교회 - 국가 관계에 대한 인식

질문	독실한 정교도인	문화적 정교인	비신자
교회는 국가정책에 영향력을 가진다	43.8	39.6	31.4
종교지도자는 정책결정에 영향을 끼쳐서는 안 된다	48.6	55.4	67.5
종교지도자는 국민의 투표행위에 영향을 미쳐서는 안 된다	63.6	71.9	79.2
신앙이 없는 정치가는 공직에 적합하지 않다	46	26.1	9.5
신앙인이 공직에 진출하면 러시아가 더 좋아질 것이다	80.2	55.5	25.2

자료: Christopher Marsh(2005: 557).

책은 바로 국민들의 의지로 표출되는 사회적 지지의 형태 속에서 실현되고 있는 것이다.

한편, 개인적 종교활동의 형태를 살펴보아도(〈표 4-2〉 참조), 스스로를 신자라고 부르는 이들의 적지 않은 부분에서 '명목 신자'로서의 특징이 강하게 나타나며, 이들에게는 종교를 단순히 전통적인 문화 환경으로 인식하는 경향이 강하다. 즉, 유아세례나 결혼식 및 장례식 등의 예식 이외에는 평소에 교회를 가지 않으면서 '스스로 신자라 대답한 사람'도 많고, 그리고 예배는 연중(年中) 부활절과 성탄절에만 참석하는 신자가 대부분이었다. 결국 스스로 신자라고 대답한 사람의 10~15%만이 최소한 한 달에 한 번 이상 종교활동을 하는 신자로 볼 수 있으며, 이러한 설문조사 결과를 바탕으로 전문가들은 인구의 5~8% 정도를 '실질적인 신자'로 추정한다. 러시아인의 문화와 의식 속에 젖어 있는 종교성의 뿌리 깊음에 비해 실제적인 종교활동 인구의 비율이 그다지 높지 않은 점이 러시아 정교의 중요한 약점이 된다.

따라서 러시아 정교가 혼란기에 "사회적 안정의 보루"라는 별명을 통해 얻었던 불로소득(!)에 의존하여 교세를 유지하려는 태도는 러시아 정교의 미래를 어둡게 하는 요인이 된다. 좀 더 중요한 것은 지속되는 시민사회 건설의 과정 속에서, 새로운 국민적 정체성을 형성함에서, 그리고 점차 극단

적으로 극화(polarization)되는 러시아 사회에서 교회가 지닌 이러한 사회적 권위가 어떤 의미를 지니며 교회는 어떤 역할을 담당할 것인가에 답해야 한다는 것이다. 이런 측면에서 러시아 정교회는 러시아 전통적인 방식에 따라서 점차 국가에 대한 의존성과 종속성을 강화해 나감으로써 이러한 사회적 요구에 응답하려 하고 있는 것으로 보인다. 이런 정교회의 입장은 공교육에 대한 정교의 개입 노력에서 대표적으로 나타났다. 하지만 이러한 정교회의 입장을 이해하기 위해서는 전사(前史)에 대한 이해가 필요하다.

자유화 개혁이 주도하던 시기의 "다원주의적 국가-종교 관계 모델"하에서는 정부의 정책이 다양한 종교단체들의 활동에 대해 허용적이었으며 국민들의 의식 또한 서구적 가치에 대해 수용적이었으므로 교육 부문에서도 다원주의적 접근이 가능했다. 즉, 이 시기 러시아 교육부는 특정 종교를 주도적 입지에 위치시키기보다는 자발적인 종교교육을 다양하게 허용하는 방향으로 정책기조를 잡고 있었다. 교육의 탈(脫)이데올로기화를 위한 전략이 바로 다원주의적 종교·도덕 교육으로 나타났던 것이다. 따라서 미국 선교단체가 주도하는 국제학교프로젝트(International School Project)에 따라 러시아 초·중등 교육 교사들에 대한 기독교 도덕교육을 허용했다. 이 프로그램에 따라 4만여 명의 교사가 훈련을 받은 것으로 알려졌다. 그리고 1992년에는 8개의 서방 선교단체와 교파 및 대학이 협력하는 '코미션(CoMission)'이 출범했다. 물론 러시아 교육부는 이를 수용했다.[12] 1992년부터 1997년까지 '코미션'은 1,500명의 선교사-교사를 파견했고, 서방 복

12) 러시아 교육부의 이런 정책의 이유에 대해서 당시 러시아 교육부 차관인 알렉산드르 아스몰로프는 다음과 같이 밝혔다고 한다. "폭포에서 떨어져 죽을 운명에 처한 사람은 자신을 잡아주기 위해 뻗쳐오는 손이 누구의 손인지 묻지 않습니다. 누구의 손이든 처음 뻗쳐오는 손을 잡습니다. 그 손이 바로 CoMission이었습니다" (Glanzer, 2002: 4).

음주의자들의 예수 생애에 대한 저술을 윤리교재로 삼아 2,500개 이상의 학교에서 교육활동을 실시했다. 7년여에 걸친 이 과정에서 5만여 명이 넘는 러시아 교사를 훈련시켜 기독교윤리 교육을 가능하게 했다.

이러한 러시아 교육부의 다원주의적 접근은 다른 종교에도 길을 열어주었다. 통일교에서 운영한 국제교육재단(International Education Foundation)은 1994년 『나의 세계와 나』라는 고등학교용 윤리교과서를 출판했고, 러시아·몽골을 비롯한 구소련 국가들의 학교 1만여 곳에서 이 교재를 사용했다.[13]

하지만 1996년 이후 변화하는 러시아 체제전환의 경향성은 러시아 정교회의 사회적 권위를 회복시키는 데 큰 영향을 끼쳤고, 러시아 정교회는 이러한 외래종교에 대한 대응에 나섰다. 정교회는 자신이 가진 영향력을 동원하여 러시아 교육부가 '코미션'과 통일교와 가진 공식적인 관계를 정리하도록 종용했고, 점차 러시아 정교회가 러시아 공교육에서 가진 특별한 권리를 주장하기 시작했다. 알렉세이 2세는 "정교 : 무신론 : 신이교주의"의 대립구도를 강조하면서, 러시아 문화와 국가성에 정초한 정교회 교육이 러시아 공교육에 도입되어야 한다는 주장을 강력히 제기했다(Aleksi II, 1996: 6~24). 1997년 신(新)종교법이 통과된 이후 정교회의 공세는 더욱 강화되었고, 이러한 정교회의 공세에 대한 교육부의 저항도 만만치는 않았다. 결국 조직적이고 끈질긴 정교회의 노력은 정교회와 러시아 교육부와의 "부분적 유착관계(partial establishment)"를 형성하는 데 성공하도록 만들었다. 이러한 노력의 결실은 2001~2002년 사이에 가시화되었는데, 러시아 교육부는 정교회가 만든 '정교회 문화의 기초'[14]라는 교재를 정규 교과과정의 일부

---

13) 이에 대해서는 IEF 사이트(http://www.internationalcharacter.org/aboutief.shtml)를 참조.

분으로 채택했으며, 이는 지자체 산하 교육기관에서 선택과목으로 교육되기 시작했다.[15] 결국 정교회는 국가와의 관계를 통해 사회에 대한 자신의 영향력을 확대하는 전통적인 전략에 따라 대(對)사회 관계를 강화해가는 것이다.

하지만 집권2기에 들어 푸틴 대통령은 2004년 교육과학부 장관을 교체하면서 교육 분야에서는 "국가 - 교회의 엄격한 분리모델"에 입각한 교육정책을 펴도록 했다. 정교가 유일한 종교로 공교육과정에서 특권을 행사해서는 안 된다는 원칙을 강화해나가는 교육부에 대해 정교회는 1997년 종교법이 정한 전통종교들 간의 연합체인 '종교 간 협의회'를 결성하여 종교교육에 대한 필요성을 역설하는 방식으로 대응했다. 이 위원회가 학생들이 자기 종교에 따라서 종교 교육을 받을 권리를 허락하라고 요청한데 대하여 교육부는 모든 종교는 국가의 역사 및 세계사의 맥락 속에서 이해되어야 하며 특정 종교에 대한 특권이 학교에서 인정되어서는 안 되며 특정 종교 교육이 학교에서 시행되어서는 안 된다는 입장을 분명히 견지하고 있다 (Glanzer, 2005: 207~222). 아직까지 러시아 정교회가 자신의 공인된 특별한 지위를 확보하고 있지는 못하지만, 러시아 정교회의 영향력은 꾸준히 증대되어왔으며 이러한 영향력의 증대는 공교육 과정에서 특별한 권리를 차지하려는 노력으로 나타나고 있다. 러시아 정교회가 대(對)사회 영향력을 강화하는 방식은 전통적인 국가와의 유착을 통한 공교육에서의 종교교육 정책을 강화하려는 전략으로 이해될 수 있지만, 이는 푸틴 정부에 들어서 강

---

14) 이는 러시아 정교 신학적 체계에 의거하여 만들어진 것으로 알려지고 있다.

15) 이 교과과정 채택과 관련하여 세속국가의 대(對)종교관계에 대한 논쟁이 크게 일었다. 하지만 2004년 여름 기준, 러시아 연방주체 89개 가운데 20개에서 이를 채택하여 사용하는 것으로 알려졌다. Yakovleva(2004) 참조.

화된 종교와 교육의 분리라는 원칙에 의해 난관에 봉착한 것으로 보인다.

5. 맺음말: 북한 체제전환기 기독교 역할 모색에 대한 함의

이상과 같은 체제전환기 교회의 역할과 관련하여 러시아의 경험을 탐구해보면서 탈사회주의 체제전환과 기독교의 관계를 규명하기 위해서는 다음과 같은 고려가 매우 중요하다는 사실을 알 수 있다.

첫째는 러시아 역사 속에서 나타난 국가 - 교회 관계의 특수한 유형에 대한 이해가 필요하다는 점이다. 둘째는 러시아 정치과정의 변화가 사회변동과정과 연관되는 방식에 대한 이해가 필요하다는 점이다. 셋째는 러시아 사회에 퍼져 있는 사회적 통념과 그것이 야기하는 집단적 · 심리적 동학의 결과를 고찰해야 한다는 점이다. 이에 대한 바른 이해 없이 바른 선교전략을 수립하기는 어려울 것으로 보인다.

러시아의 탈사회주의 경험과 그 과정에서 기독교의 역할에 대한 연구를 통해 얻은 교훈을 북한의 사회주의 체제전환과정에 직접 적용하기에는 어려움이 있다. 무엇보다 러시아 정교회는 국가에 대해 지니는 특수한 관계라는 역사적 전통을 가지고 있다. 그리고 북한 체제전환의 경로가 러시아와 같은 다층적이며 동시적인 체제전환의 전략을 따라갈 가능성이 매우 낮아 보이는 상황에서는 더욱 그렇다.

그렇지만 이러한 차이가 있음에도 러시아 체제전환 과정에서 기독교가 겪은 경험이 주는 몇 가지 교훈은 폭넓은 의미에서 북한에 대한 기독교의 접근전략을 수립하는 데 시사점을 가지고 있다.

우선 탈사회주의 체제전환이 북한 사회에 가져올 혼란의 양상을 예측하는 데 도움이 될 것이다. 소련 및 동구의 탈사회주의 체제전환 과정에서 나타난 종교의 국가 및 사회에 대한 관계의 연구는 북한의 체제전환 과정에서 수반될 것으로 예상되는 정치·경제적 변화의 물결 속에서 북한 주민이 겪게 될 정체성의 혼란과 새로운 정신적·영적 지침에 대한 높은 갈구 등에 대한 사전적이며 실증적인 연구의 근거를 제공해줄 수 있을 것이다.

또한 체제전환 과정이 수반하는 혼란은 초기에 유입되는 외래문화에 대한 호기심과 열광을 부추기겠지만, 일정한 시간이 지남에 따라 체제전환에 따른 사회적 피로감이 증대되면서 대외적 배타성을 고양시킬 가능성이 높다. 이는 민족주의적 정서의 발흥과 자기 체제의 고유성에 대한 변호와 집착을 강화시킬 것이다. 이러한 반동의 시기는 동구 및 러시아에서 목도되었으며, 이 시기 사회적 변화에 대한 대비책도 필요할 것이다.

따라서 체제전환 과정에서 북한 주민이 경험하게 될 정신적인 방황과 혼란을 안정시킬 수 있는 이념적 및 사회·심리적 대책의 수립이 요청된다. 그리고 그들이 겪게 될 상처를 치유할 수 있는 사회적 프로그램의 마련도 강력히 요청된다.

특히 공격적인 선교전략이 체제전환 과정에서 역효과를 가져올 가능성이 매우 높다는 점은 거의 모든 탈사회주의 체제전환 경험을 가진 국가들의 사례에서 입증되고 있다는 사실을 깊이 고려해야 할 것이다.

이러한 대응책의 마련을 위해서 사회주의 체제전환 과정에 대한 좀 더 미시적인 연구가 필요해 보인다. 특히 사회학 및 사회심리학적 연구와 비교체제전환론 연구가 결합되는 방식으로 연구방향을 설정할 필요가 있다. 또한 이러한 연구가 북한체제전환에 대한 함의를 찾는 데 기여하기 위해서는 체제전환의 단계별 특성을 정확히 파악하는 것이 필요하다. 이를 위해서 러시아의 경험과 관련해서는 페레스트로이카 시기 및 신생러시아 초기의 러시아 사회에 대한 미시적인 연구가 중요한 의미를 지닌다.

참고문헌

베르자예프, 니꼴라이. 1985. 『러시아 사상사: 19세기와 20세기 초의 러시아 사상의 근본 문제』. 이철 옮김. 서울: 범조사.

박수헌. 2010. 「탈사회주의 체제전환기 러시아의 국가와 사회」. ≪세계정치≫, 31-1. 서울대 국제문제연구소.

신동혁. 2007. 「포스트 소비에트 러시아의 국가-교회 관계의 변화와 형성」. ≪슬라브학보≫, 22-1.

이인호. 1985. 「19세기 러시아 민족주의 비판」. 『러시아지성사 연구』. 서울: 지식산업사.

임영상·황영삼 공편. 1996. 『소련과 동유럽의 종교와 공산주의』. 한국외국어대학교.

하용출 외. 2006. 『러시아의 선택: 탈소비에트 체제전환과 국가·시장·사회의 변화』. 서울: 서울대학교출판부.

황영삼. 2000. 「러시아 현대사에 나타난 러시아 정교회의 변화(1988~1998): 교회와 국가의 관계」. ≪외대사학≫, 12집(2000.8).

Aleksi II. 1996. "The Foundations of Orthodox Education in Russia." *Russian Education and Society* 38, pp. 6~24.

Basil, John D. 2005. "Church-State Relations in Russia: Orthodoxy and Federation Law, 1990-2004." *Religion, State and Society*, 33-2(June 2005).

Borodina, A. 2002. *Istorija religioznoj kultury: Osnovy pravoslavnoj kultury. Uchebnik dljaobsheobrazovatelnykh shkol, liceev, gimnazij.* Moscow, Pokrov.

Borowik, I. 2001. "Religion and Civil Society in Poland in the Process of Democratic Transformation." ISORECEA Conference. Zagreb(December 2001), Available at: http://www.isorecea.org/abstracts.htm(2002년 5월 21일 검색).

Buryanov, S. 2004. "Kontseptsiya gosudarstvennoi religioznoi politiki"(2004. 8. 4.). Available at: http://portal-credo.ru/site/print.php?act=fresh&id=195.

Dubin, B. 1999. "Religioznaja vera v Rossii 90-ch godov." *The Russian public opinion monitor* 39-1. Moscow, Russian Center for Public Opinion Research, pp. 31~39.

Evans, A. 2002. "Forced Miracles: The Russian Orthodox Church and Post-soviet International Relations." *Religion, State and Society*, 30-1.

Finckenauer, J. O. 2007. *Mafia and Organized Crime.* Oxford: Oneworld.

Forum 18. 2004. "Russia: religious leaders' concern as intrusive state check-ups rise." Forum 18 News Service. Available at: http://www.forum18.org/Archive.php?article_id =362.

Gallagher, T. 2000. "Nationalism and Democracy in Southeast Europe." in Geoffrey Pridham and Tom Gallagher(eds.). *Experimenting with Democracy.* London: Routledge.

Glanzer, P. L. 2002. *The Quest for Russia's Soul: Evangelicals and Moral Education in Post-Communist Russia.* Waco, Tex.: Baylor University Press.

_______. 2005. "Post-Communist Moral Education in Russia's Public Schools: God, Country and Controversy." *Religion, State and Society*, 33, pp. 207~222.

Glanzer, P. L. and Konstantin Petrenko. 2007. "Religion and Education in Post-Communist Russia: Russia's Evolving Church-State Relations." *Journal of Church and State*, 49-1(Winter 2007).

Greely, A. 1994. "A religious revival in Russia?" *Journal for the Scientific Study of Religion,* 33-3, pp. 253~272.

Halbach, U. 1996. "Der Islam in Russland." *Berichte des Bundesinstituts fuer ostwissenschaftliche und internationale Studien*, 34. Cologne.

Handelman, S. 1995. *Comrade Criminal, Russia's New Mafiya.* New Haven and London: Yale University Press.

Horvat, V. 2004. "Church in Democratic Transition between the State and the Civil Society." *Religion in Eastern Europe*, 24-2(April 2004).

Ignatenko, A. 1999. "Musulmanskaja samozashita ot vakhabizma." *NG-Religii* (Nov. 24, 1999), p.4.

Institute for Socio-Political Studies. 1996. *Novyj kurs Rossii: predposylki i orientiry.* Moscow: Academia.

Institute of Socio-Political Studies of the Russian Academy of Sciences. 1997. *Rossija: centr i regiony. Vypusk 1.* Moscow.

Krickij, V. 1997. "Religioznyj faktor v etnopoliticheskoj situacii na Severnom Kavkaze." *Religija i politika v sovremennoj Rossii.* Moscow: Russian Academy of Governmental Service.

Krindatch, A. D. 1996. *Geography of religions in Russia.* Decatur, Georgia: Glenmary

Research Center.

Krindatch, A. D. 2006. "Religion, Public Life and the State in Putin's Russia." *Religion in Eastern Europe,* 26-2, pp. 28~67.

Lucinio, J. 1994. "Faith on the Loose: Russia's New Experience of Religious Freedom." *Religious Education* 89(Fall 1994), pp. 483~492.

Lunkin, R. 2002. "Zapadnaja vera na vostochnoj zemle." *NG-Religii* (December 18, 2002), p. 3.

Madeley, John T. S. and Zsolt Enyedi. 2003. *Church and State in Contemporary Europe: The Chimera of Neutrality.* Prtland, Ore.: Frank Cass.

Malashenko, A. 1999. "Renessansy religii Mukhammeda." *NG-Religii* (September 22, 1999), p. 4.

Marsh, C. 2005. "Russian Orthodox Christians and Their Orientation toward Church and State." *Journal of Church and State,* 46-2(Summer 2005).

Mitrokhin N. 2006. *Russkaya Pravoslavnaya Tserkov': sovremennoe sostoyanie i aktual'nye problemy.* Izd. 2-e(Moscow, 2006).

Monsma S. V. and J. Christopher Soper. 1997. *The Challenge of Pluralism: Church and State in Five Democracies.* Lanham, Md.: Rowman and Litttlefield.

Mtchedlov, M. 1998. "Religioznost molodezhi." *NG-Religii* (January 23, 1998), p. 2.

Musina, R. 1997. "Effect otpushennoj pruzhiny. Reislamizacija tatar kak forma religioznogo nazionalizma." *NG-Religii* (23 October. 1997), p. 4.

Narody Rossii: Encyclopedia. 1994. Moscow, Bolshaja Rossijskaja Encyclopedija.

Nedumov, O. 2003. "Duma nie dast tserkov v obidu." *NG-Religii* (June 18, 2003), p. 4.

News service of the 'NP Roditelkij Komitet.' 2004. "Konferencija: Izuchenije Pravoslavnoj Kultury v Svetskoj Shkole." Available at: http://www.r-komitet.ru/meropr/Christ-04_prav_cult.htm.

Ostkirchliches Institut. 2004. *Orthodoxia 2004.* Regensburg, Germany.

Perepis, R. 2002. "Data of the national census in 2002." Available at: http://www.perepis2002.ru.

Petrov, A. 2004. "Gorkie plody prosveshenija." *NG-Religii* (November 17, 2004), p. 2.

Petrov, N. 2005. "From Managed Democracy to Sovereign Democracy: Putin's regime evolution in 2005." *PONARS Policy Memo* 396(December 2005).

Platonov, V. 2003. "Paroxizmy Vatikanskoj Politiki." *NG-Religii* (February 19, 2003), p. 1.

Pospelovskij, D. 1995. *Russkaja Pravoslavnaja Cerkov v XX veke.* Moscow: Respublika.

Religioznyje objedinenija Rossijskoj Federacii(Religious organizations of the Russian Federation). 1996. *Reference book* edited by V. V. Borshev, M. M. Prussak. Moscow: Respublika.

Riasanovsky, N. 1955. *Nikolai I and Official Nationality in Russia, 1825-55.* Berkeley, 1955.

Russia's Research Institute of Cultural and Natural Heritage. 1996. *Islam in Russia.* Moscow.

Russian Academy of Governmental Service. 1997. *Religija, svoboda sovesti, gosudarstvenno-cerkovnyje otnoshenija v Rossii: Reference book.* Moscow.

Russian Orthodox Church. 2000. *Bases of the social concept of the Russian Orthodox Church.* Available at the official web-site of the Russian Orthodox Church: http://www.russian-orthodoxchurch.org.ru:81/sd00e.htm.

Russkaja Pravoslavnaja Cerkov na Sovremennom Etape. 2005. Available at the official web-site of Moscow Patriarchate: http://www.mospat.ru/text/history/ id/10.html.

Ryzhkov, V. 2005. "Sovereign Democracy and the Usurper State." *The Moscow Times* (2005.08.16).

Serio, J. D. 2008. *Investigating Russian Mafia.* Durham, NC: Carolina Academic Press.

Shipkov, D. 2002. "Zakon Bozhij ili pravoslavnaja kulturologija," *NG-Religii* (October 30, 2002), p. 1.

Stark, R. 2002. "Physiology and faith: addressing the "universal" gender differences in religious commitment." *Journal for the Scientific Study of Religion,* 41-3, pp. 495~509.

Thaden, E. C. 1964. *Conservative Nationalism in Nineteenth-Century Russia.* Seattle.

Tomka, M. 1998. "Religion, State and Society in Eastern Europe." Paper presented at a symposium of the American Academy of Religion. Jagiellonian University, Krakow, Poland, July 20.

US Department of State. 2004. *International Religious Freedom Report 2004.* Bureau of Democracy, Human Rights, and Labor. Available at: http://www.state.gov/g/drl/rls/irf/2004/35480.htm.

Uzzell, L. 2004. "Russia: religion on a leash." *First Things,* 143(May 2004), pp. 14~17.

Varses, F. 2001. *The Russian Mafia.* Oxford University Press.

VCIOM. 1994 · 1998 · 1999 · 2001 · 2003. Sociological survey, File 2001-EX-7, 2003-EX-01 etc..

______. 2002. *Obshestvennoe mnenie 2002: Ezhegodnik.* Moscow.

______. 2004. *Obshestvennoe mnenie 2004: Ezhegodnik.* Moscow, Levada-Center.

Volkov, V. 2002. *Violent Entrepreneurs, The Use of Force in the Making of Russian Capitalism.* Ithaca and London: Cornell University Press.

Yakovleva, E. 2004. "Zakon Bozhij po vyboru." *Rossijskaja Gazeta* 160 (July 29, 2004).

Zrinscak, Sinisa. 2003. "Religion and Society in Tension: Social and Legal Status of Religious Communities in Croatian Transition Circumstances." in J. Richardson (ed.). *Regulating Religions: Examples around the Globe.* Chicago: Kluwer Academic Press.

≪Argumenty i fakty≫, 1991. 12. 11.

Buryanov, S. 2004. "Kontseptsiya gosudarstvennoi religioznoi politiki"(2004. 8. 4.): http://portal-credo.ru/site/print.php?act=fresh&id=195(2007년 5월 11일 검색).

"Novoe gosudarstvo v poiskakh novykh putej." *NG-Religii* (March 7, 2003), p.5.

"Soglashenie o sotrudnichestve mezhdu ministerstvom zdeavokhranenija Rossijskoj Federacii i Moskovskoj Patriarkhiej Russkoj Pravoslavnoj Cerkvi"(2003), Available at: http://www.russian-orthodoxchurch.org.ru:81/nr303071.htm.

"Statement by Patriarkh Alexy II of Moscow and all Russia and the Holy Synod of the Russian Orthodox Church"(2002), Available at the Official web-site of the Russian Orthodox Church: http://www.russian-orthodox-church.org.ru/ne202122.htm.

제5장

폴란드 가톨릭교회와 현실사회주의 체제전환

변혁의 주체이자 대상으로서 교회

이규영 _ 서강대학교 국제대학원 교수

1. 들어가는 말

구소련과 중동유럽을 지배하던 현실사회주의 체제가 갑작스럽게 붕괴함으로써 서구사회과학은 이 분야에 대한 적실성 문제를 동반했다. 서구사회과학은 현실사회주의 체제가, 체제 자체의 여러 문제점들에도 불구하고, 체제구성원들에게 물리적 강제력을 행사할 수 있기 때문에 계속 존속할 것이라 보았다. 현실사회주의 체제는 필연적으로 붕괴될 수밖에 없다는 주장이나 연구문헌은 거의 없었다. 어떻든 1848년이 사회주의 체제가 나타나는 원초적인 계기를 제공했다면, 1989년은 그로 인해 생겨났던 체제로부터 다시 이탈하는 체제전환문제를 제기하고 있다. 전자는 초기자본주의로부터 사회주의가 잉태되는 원인이 되었다면, 후자는 현실사회주의로부터 시장경제로의 전환이라는 점이 다르다(이규영, 1995: 210).

현실사회주의 지배체제에 저항했던 사람들은 기존 체제의 변혁 내지 붕괴에 1차적 행동목표를 두었다. 이와 아울러 서방의 자유민주주의적 시장

자본주의 체제가 하나의 잠재적 대안으로 상정되었다. 정치체제가 교체되면 시장경제체제는 쉽사리 작동될 것으로 예상했다. 그러나 체제가 붕괴되면 희망하던 체제가 바로 대체되기란 쉽지 않았다. 외형적 '하드웨어'가 갖추어졌더라도 원활한 내부적 작동메커니즘이 형성되기까지는 시간이 어느 정도 경과해야 한다. 따라서 자유민주주의와 시장경제체제가 과연 최선의 대안이 되는지의 여부는—최소한 구동독의 경우를 제외하고—현재까지도 구체적으로 판단하기 어려운 문제이다. 이 지역에서 응용되는 하나의 실험대상일 따름이다. 그 이유는 자본주의 체제의 변화과정에서도 변증법적 측면이 나타날 뿐만 아니라, 합리적이고 이성적인 인간이 지향하는 진정한 민주주의란 항상 이상적인 차원에 머물러 있고, 유토피아적 성격이 강하기 때문이다. "민주주의는 완성된 상태가 아니라 지속적으로 완성되어가는 것"(Beyme, 1994: 9)이라는 주장은 이 체제전환의 최종상태를 가늠하기 어렵게 만드는 중요한 지적이다(이규영, 1995: 211~212 참조).

이 글은 현실사회주의 체제전환에 관련된 일반적 논의, 체제전환의 관점에서 폴란드 가톨릭교회의 정치적 의미, 역사적 차원에서 폴란드 가톨릭교회의 정치적 측면을 체제변혁 전후를 기준으로 분석하고자 한다.

2. 현실사회주의 체제전환과 폴란드 가톨릭교회[1)]

1) 현실사회주의 체제전환을 보는 눈

현실사회주의 체제전환의 내용은 어떻게 이해하고 규정되어야 할 것인

1) 이 부분은 이규영(1995: 213~224)을 참조하였음.

가? 기존의 문헌을 토대로 한다면 다렌도르프(R. Dahrendorf)가 중요한 시각을 제공하고 있다(Dahrendorf, 1990: 3ff 참조). 즉, 정치체제와 경제체제의 고착화 그리고 시민사회의 인식과 완성과정으로 정리할 수 있다. 모든 체제는 변화할 수밖에 없다(이규영, 1995: 213~216 참조).

현실사회주의 체제전환은 혁명적으로 완성되지 못한 채 진행 중에 있고 개혁 입장에서 대상 또는 실체가 소멸했다. 시간적 차원으로도 전자의 경우 기존체제의 붕괴나 소멸이 부각되고, 후자의 경우 전환의 종료시점을 측정하기란 대단히 어렵다. 따라서 이러한 제한적 설명 개념과 체제전환의 시간적·결과적 차원을 보완할 수 있는 틀 내지 새로운 개념이 필요하다. 혁명과 개혁개념 등으로 변화양상을 인식하기보다 시간적 연속성과 변화의 결과를 고려하여 체제변동(Systemwandel)과 체제교체(Systemwechsel)로 이해할 수 있다(Dahrendorf, 1990: 3ff 참조).

현실사회주의 체제전환은 민주주의로의 이행(transition to democracy) 내지 민주화(democratization)를 지향한다. 사회적·정치적으로 자유민주주의를, 경제적 측면으로 시장경제체제를 지향한다. 1989년의 체제전환을 이해하기 위해 이미 유럽에서 체제교체를 경험했던 세 차례의 민주화 과정을 살펴보아야 한다.[2)] 동유럽 사건은 제4차 민주화물결이다. 즉, 소비에트 블록 내 소련이라는 중심세력이 약화되어 몰락함과 동시에 각국들의 국내세력이 반동함으로써 나타났다. 현실사회주의 체제교체이론은 대체로 이 3차 민주화물결의 연장선상에서 이해될 수 있으나, 전개과정이 더 복잡하고

---

2) 간단히 요약하건대, ① 1차 대전 이후 독일, 오스트리아, 핀란드를 중심으로 입헌군주제로부터 공화국으로의 체제전환이 있었다. ② 2차 대전으로 파시스트 세력이 패배함으로써 제2차 민주화물결이 나타났다. ③ 앞의 두 사례와 달리 1970년대 중반에 나타난 남부유럽과 라틴아메리카의 제3차 민주화 내지 체제교체는 앞의 두 차례만큼 강력하지 않았고, 대외적 사건 또는 전쟁결과와 관련이 없다.

다양한 체제교체모델을 전제로 한다. 전쟁의 제한적 체제교체와 달리 후자는 특수한 생산 및 소유관계로 이루어진 사회체제인 사회-경제적 차원에서의 체제교체도 포함된다. 동유럽 블록에서 경제적 변수와 정치적 행동과는 아무런 직접적인 관계가 없었다. 1989년 사건은 현실사회주의 국가들이 지금까지 보였던 전형적인 유형과 전혀 다른 형태였다. 동유럽 현실사회주의 체제붕괴는 이 블록에서 가장 발달했던 동독도 체제의 침식을 촉진시키는 가운데, 최저발전국가인 루마니아 유혈사태를 동반함으로써 종료되었다.

현실사회주의 체제권에서 체제교체 개념은 페레스트로이카가 종료된 후에 제기되었다(Dahrendorf, 1990: 50). 페레스트로이카 단계에서는 개혁과 혁명이라는 이분법이 주된 변혁논리였다. 페레스트로이카는 위로부터의 고전적 개혁시도로 보였다. 개혁이 행위주체의 '절충적'·비이데올로기적·비도그마적 성격과 결부된 것으로 간주되었다. 물론 고르바초프는 페레스트로이카를 제2의 혁명이라 불렀으나, 그것은 어디까지나 소련이 스스로를 나타내는 수사적 표현이었다. 이처럼 페레스트로이카 이후 체제교체는 개혁이나 혁명개념보다 변동의 범주가 더 크다. 따라서 현실사회주의 체제전환에 대한 연구는 단계이론으로 분석되어야 한다. 즉, 현실사회주의 체제전환은 현실사회주의 몰락에 대한 부분과 현 시기까지 진행된 과정 그리고 향후 자유민주주의와 시장경제체제로의 발전 전망으로 분류되어 논의되어야 한다(Linz & Stepan, 1978; O'Donnell & Schmitter, 1986 등 참조). 즉, 제1단계는 자유화(liberalization) 또는 구체제의 붕괴 측면이고, 제2단계는 민주화(democratization)또는 체제의 교체 및 제도구축단계이며, 마지막 단계는 대체, 전환과정의 고착화 단계이다.

2) 현실사회주의 체제전환이론의 특성

체제교체이론은 일반적으로 사회과학의 연구대상에서 별로 주목을 받지 못한 영역이다. 서구에서 1980년대 신사회운동의 결과 대부분의 체제변동이 혁명이 동반되지 않고 완성되었다는 인식과 많은 정권이 체제위기와 정통성위기에 직면해도 체제교체 양상보다는 제한적으로 체제변동으로 귀결되었던 사실에 영향을 받았기 때문이었다. 그러나 남유럽의 권위주의 체제가 폭력을 수반하지 않은 채 체제교체를 경험하는 전환사례를 보이고, 이어 1989년에 현실사회주의가 붕괴되면서, 다수 국가들이 정권교체와 체제교체를 경험한 이후부터 체제교체이론은 구체적으로 주목을 받게 되었다. 아울러 체제교체 및 이행이론은 1989년의 사건을 전혀 예측하지 못했던 기존 사회과학의 방법론에 예측능력을 향상시키고 지속적인 전환 및 민주주의의 고착화에 관련되는 조건을 연구해야 할 필요성에서 제기되었다. 더구나 현실사회주의 체제의 전환이론연구는 앞서 있었던 체제교체 양상과도 다른 측면을 지닌다. 즉, 제3차 민주화물결과 달리 정치적 전환과 경제적 전환의 동시성(Offe, 1991: 279~292)이라는 문제 때문에 기존에 인식되던 체제교체 이론과는 새로운 양상을 보이고 있다.

3) 현실사회주의 체제전환의 단계와 내용

현실사회주의 체제전환은 연속적으로 계속된다기보다 상이한 단계의 연속으로 볼 수 있다(〈표 5-1〉 참조). 이전 현실사회주의국가 모두가 동일한 전환과정 단계를 거치는 것도 아니며, 나라에 따라 동일한 발전경로라도 경과 속도가 다를 수밖에 없다. 이 전환과정이 얼마나 걸릴지도 일치된 견해가 없다.[3] 또 최고 권력조직의 변화로부터 경제의 초기 안정화에 이르기

〈표 5-1〉 탈공산주의 전환단계

구분	1단계: 1~5년	2단계: 3~10년	3단계: 5~15년
정치적 목표 경제적 목표	변환 안정화	변환으로부터의 안정화 안정화로부터 변환	고착화 지속적인 도약
정치적	기본민주주의: 자유언론; 일당국가와 경찰체제의 종식; 변화를 위한 초기 민주연합	새로운 헌법과 선거법; 탈집중적 지방자치정부; 안정적 민주연합 = 새 정치엘리트	안정적 민주정당들의 형성: 민주적 정치문화의 작동
법적·법규적	자의적 국가통제의 제거	재산 및 경영에 대한 법적/법규적 틀의 완비	사법부의 독립과 법률 문화출현
경제적	가격통제 및 보조금의 철폐; 집단화 종식; 임의의 사유화	은행제도; 소·중규모의 사유화; 탈 독점화; 새로운 경제계급 출현	대규모 사유화; 자본가 로비활동 출현; 기업문화
서방지원	통화안정: 긴급 차관 및 원조	사회간접시설 차관; 기술 및 경영지원; 무역특혜 허용	주요 해외투자: 주요 서방기구 가입(EC, NATO)

자료: Brzezinski(1993: 4).

까지 정치적 전환과 경제적 전환, 이와 아울러 사회적 전환의 제반 국면이 혼합되어 나타나고 있다. 더구나 초기 전환단계는 더욱 어려운 과정이다. 전환과정을 단계별로 다음과 같이 나눌 수 있다. 제1단계인 구체제로부터 해방 내지 자유화 현상은 기존 현실사회주의 체제의 붕괴로 일단 완성되었다. 제2단계는 정치적으로 새로운 헌법과 선거체제를 채택하고 민주적 과정이 사회 전반에 침투되며, 이로써 민주주의의 작동이 제도화될 수 있다. 경제적으로도 포괄적인 경제변혁이 등장한다. 예를 들어 은행제도의 창설, 탈독점화, 법률상 정의된 사유재산권에 기초한 중간규모의 사유화현상을

---

3) 일부 연구에 따르면 전환과정이 약 5년 넘게 또는 10여 년 걸릴 것이라는 예상도 있으며, 기타 국가들은 15~20여 년 소요될 것으로 예상되기도 한다. The U. S General Accounting Office Report, *Poland and Hungary: Economic Transition and U. S. Assistance* (May 1992), pp.18~26, Brzezinski(1993: 5)에서 재인용.

〈표 5-2〉 폴란드 가톨릭교회의 제도적 성장

연도	교회당 수	교구 수	사제 수
1937	7,251	5,170	11,348
1967	13,273	6,334	17,986
1970	13,392	6,376	18,151
1973	13,643	6,358	18,881
1980	14,585	7,089	20,617
1981	14,660	7,299	20,727
1983	14,639	7,768	21,457
1984	14,957	7,944	21,539
1985	15,114	8,101	22,040
1986	15,340	8,201	22,431
1987	15,510	8,344	22,737
1991	14,335	8,905	23,578

자료: G.U.S(1982: 30; 1984: 33; 1985: 34; 1987: 36; 1992: 60): Revesz(1986: 107); Walaszek(1986: 121).

동반한다. 제3단계인 고착화 단계에 진입하면 정치적 안정과 경제적 도약 현상이 수반되며, 시민사회가 완성될 때 자유민주주의와 시장자본주의를 목표로 한 현실사회주의 체제전환은 완료된다.

4) 폴란드 현실사회주의 체제하에서 교회와 국가

현실사회주의 체제하에서 교회가 정치적으로 영향을 미칠 수 있는 영역은 일차적으로 국가의 종교정책분야에 해당된다(Hotz, 1989: 373~377). 폴란드 교회의 상황은 소련 및 동유럽 블록국가 내 교회들과 비교(Lee, 1994: 228)하기 어려운 점이 많다. 폴란드의 현실사회주의 체제 역시 소비에트 모델과 전체주의적 질서를 근거로 권력구조 내에 어떤 다원주의도 허용하지 않았지만, 폴란드 가톨릭교회는 이러한 장애에 대해 끈질긴 생존력을 보여주는 기관이었다. 폴란드 로마가톨릭은 당-국가에 대해 상당한 독자성을 지녔고, 사회생활에 커다란 영향력을 미쳤으며 심지어 자체적으로 발전가능성을 지니고 있었다.

현실사회주의 체제 지배기간 중 동유럽 국가 중에서 당-국가와 교회가 계속해서 갈등관계에 있던 나라는 폴란드뿐이었다. 교회가 분명한 입장을 확립하고, 어려운 시기에도 적절한 적응능력을 보이고, 끊임없이 사회의 지지를 유지했다. 이런 점에서 폴란드 가톨릭교회는 사실상 '국민교회(Volkskirche)'였다.

다른 사회주의국가처럼 폴란드 현실사회주의 체제의 종교정책에서 원칙적 기준은 국가와 교회의 분리[4]였다. 교회의 독자성-이론적으로-은 폴란드에서도 예배행위에만 국한되었다. 교회의 활동은 정치영역은 물론 사회·문화 및 경제 분야에서 허용되지 않았다. 그러나 실제로 폴란드 교회는 종교활동 이외의 영역에도 끊임없이 개입했다.[5] 전체주의적 현실사회주의 체제하에서 폴란드 가톨릭교회의 적극적 행위는 다음 세 가지 활동영역으로 요약할 수 있다. ① 사회-문화적 내지 역사적 활동영역, ② 폴란드 전후(戰後)시기의 사회적-정치적 변동기간 중의 활동영역, ③ 교회의 창조적 적응력을 통한 혁명 이후 사회에서 활동영역(Kondziela, 1986: 117~122; Luks, 1987: 85~130).

---

4) 1976년 2월 21일자 폴란드 헌법 제82조 제2항 규정: "교회는 국가로부터 분리된다. 국가와 교회 사이의 관계원칙과 종교단체들의 법적·재산상의 지위는 법률로 결정된다."

5) 1982년 12월 1~2일 가톨릭교회 주교회의 결정내용. "교회는 민족의 운명에 책임이 있다. … 교회의 선교는 종교적 특성일 뿐만 아니라 사회 및 정치적 생활조건과 전혀 무관할 수 없다"(Revesz, 1986: 90).

3. 폴란드 가톨릭교회의 정치적 측면: 체제변혁 이전까지[6)]

1) 제2차 세계대전까지 교회의 역사적 역할

폴란드 교회는 스스로가 원하지 않을지라도 자국의 전통적인 역사적 조건 때문에 정치 분야에 개입하게 되는 경향을 보이고 있다. 이 현상은 폴란드의 국가수립과 아울러 기독교가 전래된 이후 1989년 민주화시기까지 계속되었다. 가톨릭교회는 폴란드인에게 새로운 생활의미를 부여했으며, 예배행위에 참여(Kwiatkowski, 1989: 17)[7)]함으로써 외국 내지 현실사회주의 지배체제로부터 정신적 도피처를 제공하고 교회와의 연대감이 형성되는 계기가 마련되었다.

폴란드 가톨릭교회의 실제 정치적 역할을 평가하려면 가톨릭의 폴란드 사회에 대한 특별한 역사적 의미를 먼저 인식해야 한다. 폴란드인들은 스스로 약 95%가 세례인이라고 밝힌다. 이처럼 폴란드 가톨릭은 문화적 동일성을 유지하는 중추이며, 민족적 동질성의 상징이다. 역사적으로 966년 미에슈코 I세(Mieszko I)가 폴란드 국가를 수립하면서 동시에 본인이 세례를 받음으로써 기독교를 국교로 받아들였다. 기독교화 이후 폴란드 교회는 12세기와 13세기 조직체계를 근간으로 분단된 폴란드 영역에서 통일성을 유지했다. 특히 민족적 통일성을 유지시키면서 14세기, 즉 1320년에 통일되기까지 폴란드민족이 어려운 시기를 극복하는 데 커다란 기여를 했다.

---

6) 이 부분은 이규영(1996: 142~151)을 참조하였음.

7) ① 나는 신앙을 가졌으며 정기적으로 교회에 간다(62.8%), ② 나는 신앙을 가졌으며 부정기적으로 교회에 간다(27.2%), ③ 나는 신앙을 가졌으나, 교회에 가지 않는다(6.4%), ④ 나는 신앙을 가지지 않았으나 교회에 가지 않는다(1.0%), ⑤ 나는 신앙을 가지지 않았으며 따라서 교회에 가지 않는다(1.6%).

폴란드는 16세기 반종교개혁(Gegenreformation) 기간 중 다른 유럽 국가와 비교하여 매우 온건한 개혁과정을 거치면서 종교전쟁에 이르지 않았고, 이 과정에서 가톨릭교회의 사회적 지위는 더욱 강화되었다. 종교개혁기간 중 폴란드 교회는 신망(Prestige)을 전혀 상실하지 않았다(Kondziela, 1986: 117f; Nowak, 1982: 2ff 등 참조). 더욱이 1655년에—쳉스토호바(Częstochowa)의 검은 마돈나상이 봉안된 사원이 있는—'명산(明山: Jasna Góra)'을 성공리에 방어한 사건은 폴란드인들 스스로가 가톨릭과 일체감을 갖게 되는 결정적인 계기가 되었다. 당시 '명산' 위에 있었던 사원의 점령이 해제되고 나아가 스웨덴 점령하에 있었던 국가가 완전히 해방되었다.

18세기 말 폴란드는 국가분할을 세 차례 경험하게 된다(1772, 1793 및 1795년). 이 시기에도 폴란드가 민족적·문화적 정체성을 유지할 수 있었던 것은 가톨릭교회가 분단 상황에서 구심체 역할을 했기 때문이다. 3대 분할국 중 러시아와 프로이센은 폴란드인에게 로마-가톨릭 교리가 아닌 다른 종교를 강요했기 때문에 가톨릭교회가 정체성을 유지하는 데 행했던 역할은 대단히 중요했다.

폴란드 가톨릭은 1918년 국가가 재수립된 이후 독립 쟁취와 더불어 국가부문에서 특권적 지위를 다시 획득했으며 국가종교로 되었다. 10월 혁명 이후 러시아가 무신론을 표명할 때 이에 맞서 폴란드가 기독교를 수용하는 서양국가의 최전방이며, 유럽문화를 수호하는 보루라고 간주되었다. 나치 점령에 대항하면서 폴란드 교회는 국가의 독립을 재획득하기 위한 국가교회 내지 민족교회로 인식되었다. 1945년 이후 공산당의 지도적 역할이 반체제 세력의 제도화를 금지시켰기 때문에 가톨릭교회는 어려운 상황에 처하고, 국가영역에서 모순적 역할을 하지 않을 수 없었다: ① 생존하기 위해, 새로운 정치체제에 부분적으로 적응해야 했다. ② 국민과의 동일성 및 상징적 통합역할을 방어해야 했다. ③ 당과 국가에 대항하여 어떤 형식으로든 반대세력을 구축해야 했다(Lamentowicz, 1989: 57).

2) 국가와 교회의 경쟁, 1944~1989

폴란드 국민들이 인민민주주의를 '외부세력'의 통제장치로 이해하면서, 폴란드 교회는 민족전통을 수호하는 기관이라는 인식이 한층 더 강화되었다. 가톨릭은 하나의 신념체계로서 공산주의와 경쟁관계에 들어가게 되었다. 동시에 당-국가와의 협상이 비교적 성공함으로써 교회의 정치적 영향력은 확대되기 시작하고 시대적 적응이란 의미에서 때로 집권 공산당과 공동협력을 하기도 했다. 가톨릭교회는 2차 세계대전 이후 KOR(Komitet Obrony Robotników: 노동자 방어위원회)가 출현하기까지 당-국가에 대한 유일한 사회적 적대세력으로서 양극적 권력관계의 범주에서 국민들 사이에서 전해졌던 가치체계를 보존해왔다. 그러나 연대가 출현한 이후 권력의 삼각관계(당-국가, 교회, 연대)에서 교회의 당시까지 역할은 변하게 되었다. 독립노조의 금지 이후 가톨릭교회는 다시 체제에 대한 반대세력 중에서 가장 중요한 기구로 대두되었으며, 이들을 보호하고 그들의 활동을 도울 수 있는 가능성을 보여주었다(Ziemer, 1993: 33ff). 그러나 이런 상황에서 교회가 특별히 중재자의 역할을 했다는 사실은 주목되어야 한다. 가톨릭교회는 -폴란드의 시민사회와 관련하여-전체주의적 당 지도부가 받아들인 사회-정치체제 속에서 사실상의 반대세력이었다. 교회는 공산주의 당-국가에서 대안을 갖춘 정통체제로서 무명의 반대세력이었다. 그런 점에서 가톨릭교회는 현실사회주의 체제하에서 폴란드 시민사회를 형성하는 중요한 촉매제였다.

(1) 갈등시기, 1944~1956

이 시기에 중요한 점은 '인민민주주의적' 당-국가가 독자적 기구로서 교회를 파괴시키려 하자 이에 대항하여 교회가 투쟁했다는 사실이다. 다시 말해서 종교기관과 호전적-무신론적 정권 사이의 대치가 부각된다. 이러한 대결국면은 아래 두 가지 갈등 중 전자에 해당된다. ① 두 개의 일치될 수 없는 독트린 사이의 이념적 갈등, ② 자국 국민에게 이념적 영향력을 독점하려는 공산국가와 엄청나게 많은 숫자의 지지자를 가진 제도로서 존재 자체가 정치적 요인이었던 교회 사이의 정치적 갈등(Turowicz, 1973: 151~152; Staron, 1969: 575~601).

1944~1946/1947년 시기에 교회와 당-국가 간의 관계는 근본적으로 안정적이지 못했다. 1925년도 국가와 교회가 체결한 조약이 1945년 9월 12일에 해제되었기 때문이다. 이후 강력한 행정상 억압조치들(예를 들어 가톨릭 인쇄소의 국유화조치, 모든 공공도서관에서 가톨릭 서적·잡지 및 신문 류의 금지 및 교회생활의 금지 등)이 시작되었다. 특히 1948년 폴란드 노동당(PPR: Polska Partia Robotnicza) 중앙위원회 제7차 및 제8차 전원회의에서 구체적인 교회정책이 결정되었다. 예를 들어, 교회출판물의 검열, 교회 방송의 철폐, 병원의 국유화 및 교회 부동산 대부분의 몰수(약 37.5만 헥타르) 등이다(Bingen, 1982: 153).

교회는 1948년 뷔신스키(S. Wyszynski) 추기경을 중심으로, 정권퇴진이라는 전망 없는 투쟁보다 기독교 윤리의 강조에 중점을 두는 전략으로 전환했다(Karp, 1991: 448). 따라서 1950년 4월 14일 타협안으로 당-국가와 교회 간 협정이 체결되었다. 동시에 집권세력에게 교의적 전례 및 교리문답식 요구를 존중할 것을 강조했다. 이로써 1952년도 헌법에 교회와 국가의 완전한 분리가 반영되었다.[8] 그 밖에도 당-국가는 교회세력들 중 정권에 충성을 보이는 특정단체, 예를 들어 PAX, 기독-사회연합(ChSS)과 ZNAK

(상징)을 이용하여, 가톨릭 세력을 약화시키려는 시도를 계속했다(Ziemer, 1989: 791~805). 당-국가가 교회를 억압하는 행위는 1953년부터 1956년까지 뷔신스키 추기경을 한 수도원에 체포 및 감금하는 동시에 일부 사제단체와 수도회 그리고 루블린(Lublin) 가톨릭대학의 가톨릭 학부를 해체시킴으로써 절정에 이르렀다.

(2) 전망 없는 공존시기, 1956～1970

교회와 국가 간의 협정이 폴란드 교회에 대한 '살라미(Salami) 전략'을 적용하는 효과적 수단이 될 것이라는 현실사회주의 정권의 기대는 이루어지지 않았다. 1945～1955년 경제계획 기간 중 현실사회주의 체제의 이행능력이 악화되고 1956년 탈스탈린화 영향으로 고무카(W. Gomułka)정권은 교회에 대한 실용주의적 정책을 취하게 되었다. 왜냐하면 마르크스주의적 당-국가 역시 그 나름대로 정통성이 계속 필요했으며, 마르크스적 전통이 점점 약화됨에 따라 가톨릭교회의 높은 권위를 필요로 했다.

1962～1965년 사이의 제2차 바티칸 공의회를 계기로 교회와 사회 간의 관계가 새로이 혁신적으로 설정되었다. 교회는 사회의식에 보다 관심을 갖게 되었고, 뷔신스키 추기경이 주창했던 '갱신운동(Plan der Novene)'으로, 무신론적 입장을 취하는 현실사회주의 정권에 대항하는 입장으로 선회했다. 이 갱신운동은 1966년에 폴란드 기독교 전교 1천 년 기념행사를 맞이

8) 1952년 7월 22일자 폴란드 헌법 제82조에 의하면 다음과 같다: "폴란드 인민공화국은 국민들에게 양심과 신앙의 자유를 보장한다. 교회와 다른 종교단체들은 자신들의 종교행사를 전혀 방해받지 않고 수행할 수 있다. … 교회는 국가와 분리된다. 국가의 교회와의 관계원칙뿐만 아니라 종교단체의 법률 및 재산관계는 법률에 의해 결정된다."

하는 행사를 9년 동안 준비하려는 것이었다.

교회의 갱신운동과 천 년 기념행사로 폴란드인의 민족적·문화적 정체성이 강화되었다. 이 축제행사 이후 국가와 교회는 더욱 긴장관계로 들어갔다. 교회는 교회 내의 관심사 이외에 인권 및 정치적 사안에 매우 강력하게 개입하기 시작했다. 동시에 사회가 국가를 거부하는 정도가 확대되었다. 왜냐하면 교회뿐만 아니라 국가가 부분적으로 상호 경쟁관계를 이루면서 대중행사를 조직했고, 교회의 세력이 크게 확장되었기 때문이었다.

(3) **'반체제' 시기와 교황선출**, 1970~1980

이 기간 중 교회의 기존 입장이 강화되었으며, 민주적 반체제세력이 발전하고 다양한 반체제 운동유형이 대두됨에 따라 교회의 역할은 현실화되었다.

1970년 12월 혁명을 계기로 새 지도자 기에레크(E. Gierek)는 국내정치 및 경제 난관을 극복하고자 가톨릭교회를 지원하는 입장을 취했다. 그는 교회에 국가민족의 복지를 위한 공동협력을 요구했고, 국가와 교회 간 관계정상화를 강조했다. 기에레크는 교회와 당-국가의 대결을 포기했다(Bingen, 1985: 164f). 그럼에도 양 당사자의 실질적 정상화가 이루어지지 않고, 매우 유동적 균형상태만이 지배적이었다. 왜냐하면 교회의 요구사항들[9]과 당-국가의 용인의도 사이에 현격한 차이가 있었기 때문이다.

1976년 이후 체제위기로 폴란드는 점점 정치적 안정을 유지하기 어려워졌다. 이를 타개하고자 당-국가는 가톨릭과 대화를 강화하고자 했다. 그

---

9) 예를 들어 종교생활을 위한 자유로운 기구조직 및 가톨릭 문화형성을 위한 헌법상의 권리, 동시에 교회의 교육기관 설치, 종교단체 그리고 대중매체의 협력이용권리 등이 있다.

러나 어떤 환경에서도 정권당국은 교회와 반체제세력 사이의 직접적 공동 협력을 억제하려고 했다. 한편 1976년 6월사건 이후 교회는 몇 명의 사제들을 포함하여 여러 분야의 저명한 지식인들로 조직된 KOR의 지원을 발표했다. 이후 가톨릭교회와 민주 반체제세력의 구성원들 간에 암묵적 협력이 이루어졌다. 예를 들어, 구속 노동자와 그 가족을 돕기 위해 1976년 11월 일요일에 모든 교회의 총 집합이 KOR에게 통보되었다.

1978년 10월 16일 크라카우 대주교 카롤 보이트이와(K. Wojtyła) 추기경이 제236대 교황으로 선출되었다. 그는 1523년 이후 바오로 4세의 후계자로서 선출된 최초의 비이탈리아인이 되었으며, 폴란드인에게 민족적 긍지 및 국가시민적 자부심을 한껏 고양시키는 결과를 가져왔다. '교황=폴란드인(Papst=Pole)'이라는 등식이 교회에 일정한 거리를 두던 계층을 포함하여 국민들에게 커다란 자긍심을 불러일으켰으며, 폴란드인 교황은 종교적 상징을 넘어 민족적 상징이 되었다. 교황의 고국방문은 폴란드 국내 발전에 새로운 징조를 나타냈다. 고국 방문 시 폴란드 출신 교황은 기독-가톨릭 교리의 인본적 측면을 강조했으며,[10] 폴란드에서 교회의 민족 문제 및 종교적 요구사항을 국제 이슈화시켰다. 따라서 교황선출과 교황방문이 당-국가의 국내정치적 권력기반을 빠른 속도로 붕괴시킨 이정표가 되었다는 점을 부인할 수 없다.

(4) 중재시기, 1980~1989

1976년 노동자소요가 끝난 후 반체제세력인 KOR가 출현함과 동시에 가

---

10) 요한 바오로 II세가 폴란드를 여행하면서 주장한 주요 주제들은 ① 로마교회와 폴란드 민족의 전혀 손상없는 결합, ② 만국적으로 인정받는 인본적 이념을 근거로 근본적인 개인 인권 및 자유권리의 존중요구, ③ 기독교적 가치들을 토대로 한 유럽의 정신적 통일 강화(Bingen, 1985: 166).

톨릭교회의 사회적-정치적 역할이 시작되었다. 그러나 교회의 역할은 독립노조인 솔리다르노쉬치(Solidarność)가 조직되면서 변했다. 폴란드 현실사회주의 체제 내 권력의 삼각관계에서 볼 때, 교회의 입지는 여러 가지로 평가될 수 있다. 우선 폴란드 현실사회주의 체제에서 연대가 공식 행위주체로 등장한 결과, 당-국가에 대항하는 법적 반대세력으로서 교회가 실질적으로 독점하고 있던 위상이 약화될 수도 있었다. 그러나 가톨릭교회와 연대노조는 현실사회주의 체제하에서 특정한 권리 내지 정치적 헤게모니를 둘러싸고 경쟁을 벌이는 기관이 아니었다.

권력의 삼각관계상황에서 가톨릭교회의 중재기능은 제한되었거나 억제되었다. 표면적으로 볼 때, 중재상황은 국내정치 상황만을 안정시키는 데 한정되었다. 그러나 교회의 중재역할은 '영혼의 싸움'에만 제한되지 않았다. 이와 관련하여 크라카우 대학 철학교수이며 가톨릭 지도자인 티슈너(J. Tischner)는 "공산국가와 교회 사이의 정신적 대결상황이 전개되었으며, 신과 민족에 관계된 인간상을 계속해서 부각시키고 있다"(Tischner, 1991: 109~117)고 주장했다. 이런 점에서 사제와 주교들이 취하는 태도와 입장은 교회가 여전히 1980년 여름 혁명적 상황에서도 당-국가에 대한 중요한 파트너였다는 점을 증명했다.

연대가 금지된 후 가톨릭교회는 다시 당-국가에 예속되지 않은 유일한 공적 기구가 되었다. 교회는 금지된 연대를 계속해서 지지했다. 교회는 당-국가와 공식적으로 존재하지 않지만 실질적으로 존재하고 시민저항을 수행하는 사회를 연결하는 가장 중요한 통로가 되었다. 반체제 성향을 가진 예술가들과 지식인들에게 교회 공간, 언론기구 등을 제공함으로써 교회는 사회가 문화적 다원성을 계속해서 강화시키는 데 기여했다. 그럼에도 당 지도부는 주교단과 협력을 표명했다. 왜냐하면 폴란드 사회가 스트라이크와 같은 갈등상황에서 당의 호소를 대부분 무시했기 때문에, 폴란드 정권

당국은 교회 내지 교회의 위임을 받은 대표자들의 중재역할에 의존해야 했다. 주교단과 폴란드 지도부의 접촉은 1980년대에 제도화되었으며, 공동협력 체제를 구성하여 정기적으로 협의를 하게 되었다(Ziemer, 1989: 795). 이러한 사회·정치적 상황으로 교회가 정치 영역에서 마르크스-레닌주의적 당-국가에 승리할 수는 없었으나, 인간의 의식인 이념적 상부에 중요한 영향을 미쳤다.

교회는 정치세력으로 이해되지 않았으며 현재도 마찬가지이다. 그러나 당시에 교회는 자신의 영향력을 의도적으로 동시에 적절히 행사할 수 있었던 사실상의 정치세력이었다. 교회와 그 상징물은 갱신운동에 앞서 지난 몇 년 동안 당-국가의 무능력에 대한 집단저항에 도덕적 효력을 부여했다. 따라서 1983년 교황의 제2차 폴란드 방문은 계엄상황을 해제시키는 계기가 되었다. 이 계엄철폐조치를 통해 당-국가는 국내정세의 안정과 대외적으로 서방으로부터의 고립상태가 극복될 것으로 기대했다.

4. 폴란드 가톨릭교회의 정치적 특성: 체제변혁 이후 현재까지

1) 현실사회주의 체제 종식 이후 가톨릭교회

기존 가톨릭교회는 폴란드 시민을 위해 현실사회주의 체제에 대항하는 자유와 반대의 주요 상징이었다(Eberts and Torok, 2001: 130). 이전 시기에 폴란드에서 가톨릭을 중심으로 한 종교는 세 가지 점에서 매우 중요한 역할을 했다: ① 개별적 차원에서 소외에 대항하여 보호하는 역할, ② 폴란드 사회에서 전체주의적 지배에 저항하는 역할, ③ 폴란드 전체 국민 차원에서 "소비에트화에 대항하는 통합자(unifier)의 역할"이다(Gilarek, 1999: 191).

따라서 가톨릭교회는 행동하는 가톨릭 신자뿐만 아니라 비종교적 지식인과 행동주의자에게도 매력적이었다(Daniel, 1995: 404). 또 가톨릭교회가 폴란드 시민을 통일시켰기 때문에 정치분야에 엄청난 영향을 미쳤다. 아울러 가톨릭교회의 상대적 독립성은 폴란드 국가와 민족의 독립이자 힘의 상징이었다(Mach, 1997: 68~69).

현실사회주의 체제하에서 가톨릭교회는 세계관을 둘러싸고 공산이데올로기와 경쟁을 해야 했다. 교회의 주된 목표는 경제적, 구조적 그리고 문화적 차원에서 공산주의로 전환하는 것에 가능한 한 반대하는 일이었다.[11] '우리'와 '그들' 논리 이외에도, 교회가 공산주의에 저항하는 최선의 방식은 보수적-전통적 가톨릭교회(a conservative-traditional Catholicism)를 따르는 것이었다(Byrnes, 2002: 460). 그러나 이러한 전통주의적 보수 가톨릭주의로 인해 폴란드 역사상 개인주의 또는 자유주의가 발전할 수 없었다. 이레나 보로빅(Irena Borowik)은 이 기간을 다음과 같이 요약한다: ① 교회의 역할은 강화되었고, 교회의 이데올로기는 반대-이데올로기(a counter-ideology)로 쓰였으며, 동시에 폴란드인의 일상생활에서 매우 중요했다. ② 교회와 교회신자들은 폴란드 시민에게 당면문제를 토론할 수 있는 공간을 제공했으며, 신자 및 비신자에게 자신들의 의견을 개진했다. ③ 교회의 종교적 의식은 시민사회의 표현이었다(Borowik, 2003: 43).

1989년 이후 폴란드 가톨릭교회와 국가 간 관계는 급격하게 변화했다. 우선 하나의 '정치세력'으로서 폴란드 가톨릭교회는 이전까지 수행해왔던 중요한 역할, 예를 들어 체제반대 세력의 입장표명에 대한 지원, 연대노조와 긴밀한 관계 그리고 혼란스러웠던 1980년대 여러 사회세력들을 중재하

---

11) 대표적 구호로 "하나님 다음으로, 우리들의 첫 사랑은 폴란드이다(Next to God, our first love is Poland)"가 있다(Mach, 1997: 67).

는 역할 등에 힘입어 현실사회주의 체제 종식 직후 입장이 강화되었다. 따라서 당시 모든 공공기관은 교회를 자신들이 활동하고 결정을 취하는 과정에서 중요한 파트너로 인식하기까지 했다. 이러한 사회적 정체성을 배경으로 예를 들어 1990년 하원에서 '1990년 신헌법'이 심의될 때, 주교단은 교회와 국가의 분리원칙을 궁극적으로 폐지시켜주도록 요청하기도 했다. 그 결과 국가의 권위는 가톨릭교회의 종교적 권위로 인해 상당 부분 손상되었다.

이러한 변화추세에도 불구하고 정치적 사안으로서 이전까지 폴란드 교회가 공공영역에 미쳤던 강력한 영향력은 종교의 자유를 회복시키는 법안이 통과된 직후 약 2년 뒤부터 약화되기 시작했다. 특히 현실사회주의 체제 당시 교회와 더불어 반체제적 입장을 취했던 가톨릭 지식인들 역시 뷔신스키 추기경의 전제적 지배구조에 반기를 들었다(Zaal, 2007: 5). 즉, 가톨릭교회와 현실사회주의 국가 간 타협으로 사실상 공식적인 국가교회로 이어질 수 있는 동맹이 생길 수도 있다는 우려가 팽배하기도 했었다. 이후 공동의 적인 현실사회주의 체제가 1989년 소멸되자 이러한 우려가 다시 살아났고 폴란드 사회 전반에 확산되었다.

폴란드 가톨릭교회는 공산지배 종식 이후 체제전환 과정에서 상당히 혼란스러운 요인과 환경하에서도 여전히 폴란드 내에서 특권적 위치를 유지하고 있다. 그렇지만 다른 입장에서 볼 때 향후 전통적으로 강력했던 가톨릭교회의 입지가 약화될 가능성도 전혀 배제할 수 없다. 예를 들어 폴란드 가톨릭 영역에서 중심부와 주변부 간 갈등구조가 팽배한 측면을 중시해야 한다. 즉, 좌파 세력은 교회와 국가는 반드시 분리되어야 하고, 교회는 정치에 참여하면 안 된다고 주장한다. 반면 우파세력은 가톨릭교회는 폴란드 국가의 정체성을 수호하는 데 가장 핵심적이기 때문에, 반공산주의의 주도 세력이었던 교회가 폴란드 사회에 영향력을 행사하는 것은 지극히 당연한 논리라고 주장한다. 아울러 가톨릭교회가 체제전환과정과 사회적 환경의 변화를 겪었음에도 계속해서 자신의 관심사만을 추구하려 하고, (아래에서 논의되는 바와 같이) 시민사회의 정서에 맞지 않는, 때로 오만한 행위를 계속하는 경우 사회로부터 역풍을 맞을 잠재성도 내포되어 있다. 이는 민감한 이슈에 대한 논쟁이 여전히 지속되고 있기 때문이다.

2) 폴란드 가톨릭교회의 변화 개요

현실사회주의 체제가 붕괴한 뒤, 1990년대 중반부터 폴란드 내 교회-국가관계는 일부 혼란스럽고 복잡한 양상을 보였다. 물론 표면적으로는 양호하게 보였다. 예를 들어 추기경인 유세프 글렘프(Józef Glemp) 대주교가 폴란드 최고위 성직자로서 국가적으로 특권적 지위를 누리고 있었다. 또한 교회의 이익을 강력하게 대변하고 지지하는 모든 정당이 1993년 9월 의회선거와 1995년 12월 대통령 선거에서 패배했을지라도, 1997년 9월 의회선거에서 다시금 세력을 만회했다. 이로써 일면 폴란드 가톨릭교회는 강력하고 독자적인 기관으로 이해되고, 폴란드를 근본적 기독국가(a fundamentalist confessional state)(Korbonski, 2000: 124)로 만들려는 의지가 강하게 보이기도 했다.

폴란드 가톨릭교회는 폴란드에서 최고의 윤리적 권위를 지닌 가장 강력한 기관으로 발전할 수 있었다. 그러나 이 특권적 지위가 이른바 '폴란드 역설(the Polish Paradox)'(Zaal, 2007: 5)로 요약되는 폴란드 민주화를 방해하는 딜레마이다. 한편으로 가톨릭교회는 민주화과정에서 중요한 역할을 수행했다. 민주체제로 이행하는 과정에서 교회를 위협하는 대상은 소멸되었고, 교회는 자신이 투쟁했던 대로 모두 성취했다. 다른 한편으로 가톨릭교회는 폴란드에서 지배적 지위를 유지하기 위해 반(反)-민주적 세력으로 행동했다(Velikonja, 2003: 244). 교회는 폴란드 내에서 최고의 도덕적 권위체로서 자신의 입지를 유지하고자 정치 및 정치가들에게 영향력을 미치려 했다. 가톨릭교회는 여전히 반체제적 그리고 전통적·위계적·보수적 이데올로기를 견지했다. 이러한 입장과 이데올로기 선택은 폴란드 사회에서 민주화 및 다원화 과정과 적절하지 못했다. 이 같은 가톨릭교회의 태도는 일종의 승리감의 결과였다. 즉, 교회가 현실사회주의 체제에 대해 승리했으며, 따라서 1989년 이후에도 폴란드 사회와 정치부문에서 중요한 역할을 주장할 수 있다는 의식의 발로였다(Byrnes, 2002: 461). 타데우쉬 독토르(Tadeusz Doktor)의 견해에 따르면, "가톨릭교회는 자유로운 종교단체들에 적용되는 다원적 게임을 선택하지도 수용하지도 않았다. 교회 스스로를 자신이 유지하거나 구축할 수 있는 사회적·종교적 조직 뒤에 숨겼으며, 또 계속해서 마치 아무것도 일어나지 않은 것처럼 이전 목표들을 노출시키는 선택을 했다"(Doktor, 1999: 178). 한편으로 종교문제에 대한 국가의 통제가 없는 문제와 다른 한편으로 국가의 규제를 받지만 교회의 특권적 지위가 담보되어야 하는 문제 가운데, 1989년 이후 가톨릭교회와 폴란드 국가는 두 번째 대안을 선택했다.

그 결과 폴란드 시민은 물론 공산체제하에서 교회의 투쟁을 지지했던 엘리트 계층에서 가톨릭교회 지지도는 줄곧 감소하고 있다(Korbonski, 2000: 124). 교회 지지도 감소에 대한 근본 원인은 첫째로 변화된 정치-사회적 환경하에서도 교회의 국가에 대한 입장과 시민사회의 인식변화를 고려하지 않은 특권적 자세에서 비롯된다. 가톨릭교회는 현재보다 더 많은 권한과 영향력을 행사하려 했으며, 급기야 민주적 질서와 이를 지지하는 집단을 공개적으로 비난하기조차 했다. 동시에 교회가 법 위에 있거나 어떤 법의 입법 여부는 교회의 입장에 달려 있다는 것을 과시하려고도 했다. 이는 현실사회주의 체제하에서 교회가 순교자 역할을 하던 시기에 가능했었다. 따라서 폴란드 교회의 지지도는 새로이 수립된 민주정권에서보다 현실사회주의 체제하에서 더 편안하게 이해된다(Korbonski, 2000: 124). 즉, 현실사회주의 체제하에서 교회는 국가와 사회 내에서 자신이 대결해야 하는 대상과 역할이 분명했고, 서방세계에도 자신의 위상이 부각되었기 때문이다.

둘째로 순교자의 역할과 더불어 보다 많은 권력과 힘을 추구하려 했던 전략은 이제 가능하지 않게 되었다. 폴란드 교회는 새로운 환경에서 새로운 행동전략, 즉 의견조율, 타협 또는 관용과 같은 새로운 수단의 필요성을 미처 이해하지 못했다. 이는 가톨릭교회가 폴란드 역사상 민주주의와 제대로 공존해보지 못했으며, 어떻게 관용을 베풀고, 어떻게 의견일치를 유도하며, 어떻게 타협해야 하는지를 충분히 학습하지 못했기 때문이다(Zieba, 1991). 1989년 이후 가톨릭교회는 현실사회주의 체제하에서 매우 성공적이었던 전략을 그대로 유지하고 있었다. 따라서 역설적으로 체제전환과정에서 폴란드 가톨릭 교회-국가 간 관계를 분석할 때, '공산지배하에서 공산주의자들이-서방의 자유민주주의를 기준으로 판단할 때-가톨릭교회보다 더 자유주의적이고 다원주의자들이었다'라고 보기도 한다(Morawska, 1995: 48).

3) 체제변혁 이후 교회-국가 관계: 주요 쟁점

(1) 종교 교육

가톨릭교회는 체제변혁 이후 공립학교에서 종교교육을 재도입하고자 정부에 압력을 행사했다. 공립학교에 종교교육을 재도입하는 조치는 폴란드 국민으로부터 저항을 거의 받지 않았다. 대다수 폴란드 국민은 이미 교회가 가르치는 종교수업에 자신들의 자녀들을 보내기 때문이었다. 단지 자유분방한 엘리트와 종교적 소수 민족만이 항의할 따름이었고, 그나마 이들의 항의 정도는 미미했다(Mach and Mach, 1999: 408). 1990년 5월 주교단 발표문에서 가톨릭교회는 공립학교에서 종교교육의 재도입과 관련하여 다음과 같이 선언했다. ① "공산 당국이 약화시키고자 애썼던 기독교와 폴란드 문화 간 역사적 연계성을 존중할 필요성이 있다. ② 전체주의 정권기간에 사회 내에 발생했던 그리고 경제적인 면뿐 아니라 도덕적 황폐함으로 이어진 불법행위(injustices)에 대해 보상해야 한다. ③ 취소되었던 학교교육과 가정교육 간 상호 협력이 재구축되어야 하며 부모권리가 회복되어야 한다. ④ 공산당의 관심사에 의존한 관계로 상실된 학교의 권위가 회복되어야 한다"(Gilarek, 1999: 199~200).

공립학교에서 종교교육은 현실사회주의 체제하에서도 어떤 쟁점보다 관심을 받았으며, 이후 만족스럽게 해결되었다. 종교시간은 정규교과에 편성되었다. 다만 종교시간은 공식 학교 교과과정의 일부가 아닌 학교 교육과정 이외로 실시되었다. 학부형들이 자신의 자녀들에게 종교교육을 원하지 않는 경우, 세속윤리에 관련된 대안 수업을 실시하도록 했다. 그러나 재정과 교사부족으로 철저하게 실시되지 못했다. 실제로 종교교육에 임하지 않는 자녀들은 차별대상이 되었다. 그러나 공립학교에서 종교교육을 보장하는 협약서(the Concordat)가 체결된 이후, 종교문제가 공립학교의 교육과정에서 단시일 내에 폐지될 가능성은 낮다(Eberts, 1998: 821).

(2) 새로운 정치질서 문제

가톨릭교회가 개입하는 많은 문제마다 사회로부터 지지를 동일하게 받은 것은 아니다. 그 결과 1990년대에 가톨릭교회는 일부 심각한 문제에 직면했다. 다시 말해서 폴란드 가톨릭교회는 새 정치질서 속에서 자신의 위치를 분명히 정립하는 데 커다란 어려움에 직면했다. 폴란드 사회의 전환문제와 결부되어 가톨릭교회는 자신의 의미를 상실하기 시작했고, 현실사회주의 체제가 붕괴하면서 이념적 또는 정치적 양극화도 사라졌다. 이로써 폴란드 사회 내에서 가톨릭교회는 최고의 윤리적 권위를 유지할 수 없게 되었다(Mach, 1999: 71).

교회 자체 내에 교회를 근대화시키고 민주적 다원사회에 적응시킬 수 있는 유능한 지도자가 결여되었다. 이는 외부로부터 직면하게 되는 변화에 경직적 태도를 보이는 시발점이 되었다. 더욱이 폴란드 시민들은 교회의 활동뿐만 아니라 정치관여에 대해서 점점 더 비판적 입장을 가졌다. 폴란드 시민들은 민주주의나 다원주의가 아닌 보수적이고 전통적인 로마 가톨릭 이데올로기로서 교회가 소멸되는 공산 이데올로기 자리를 대체할 것인지를 우려했다. 또한 가톨릭교회에 대한 지지도와 출석률이 1989년 이후 감소했다.

이와 더불어 여호와의 증인, 불교 및 Hare Krishna와 같은 신흥종교의 급속한 확대에 제대로 대처하지도 못했다.

결국 폴란드의 대외적 개방과 현실사회주의 체제 변혁으로 기존에 지배적이었던 가톨릭과 공산주의 간의 대결구도는 소멸되었다. 현실사회주의 체제하에서 가톨릭교회는 공산이데올로기와만 대결하면 충분했으나, 이후 끊임없이 다원화되는 환경에서 더 많은 세계관들과 경쟁을 하는 국면으로 접어들었다. 새로운 환경에서 교회는 자신의 세계관을 유지하기 어렵게 되었고, 단지 매스컴을 통해 이러한 것의 확산을 반대할 수 있었다(Mach, 1999: 71).

(3) 교회의 선거개입

현실사회주의 체제 붕괴 직후 가톨릭교회는 1989년 부분적으로 제한된 자유의회선거에서 중요한 행위주체자 역할을 했다. 각 교구가 연대노조의 선거운동 본부로 이용되었으며, 사제들 역시 신도들에게 누구에게 투표할 것인지를 유도하기까지 했다. 이 기간 중 교회의 선거운동 개입은 비난을 받지 않았고, 국민들도 이러한 역할을 기대했다. 결국 "여러 선거들은 전체주의 정권에 대한 찬반투표처럼 보였다. 교회의 개입은 따라서 정치적 범주가 아닌 윤리적 범주로 인식되었다"(Eberts and Torok, 2001: 134).

그러나 이러한 양상은 1991년 의회선거에서 바뀌었다. 폴란드 국민은 가톨릭교회가 선거운동에 개입하는 것에 점점 더 비판적 입장을 취했다. 가톨릭교회가 사회 내에서 또 하나의 지배세력으로서 현실사회주의 체제를 대체하는 것에 우려가 제기되었다. 실제로 사제가 신도에게 특정 후보에 대한 투표를 유도하고 교회가 선거에 개입하면서,[12] 가톨릭교회와 교회공동체가 분열되기 시작했다. 그 결과 가톨릭교회의 지지를 받았던 후보자와 정당들이 의회에서 다수 의석을 차지하는 데 실패하고, 교회는 최고의 윤리적 권위체로서 명성을 상실하기 시작했다.

교회의 정치개입이 국민으로부터 점점 비판을 받자, 교회는 1993년 의회선거부터 더욱 신중한 자세를 취하기 시작했다. 주교단은 특정 후보나 정당들을 공개적으로 지지하지 않았다. 그럼에도 국민들에게 기독교 윤리를 존중하는 정강 프로그램과 후보자에게 투표하도록 유도했다. 이 선거기간 중 구(舊)공산주의자가 정권을 다시 장악했다. 비록 교회가 이전과 같이 선거 캠페인에 적극 개입하지 않았을지라도, 선거 결과는 가톨릭교회에 도덕적으로나 정치적 패배로 인식되었다(Eberts and Torok, 2001: 138).

1995년 대통령 선거에서 주교단은 정치적 사안에 관한 언급을 매우 신중하게 했다. 특정 후보자를 공식적으로 지원하지 않았다. 그러나 두 종류의

---

12) Jozef Michalik 주교는 "가톨릭교도는 가톨릭 신자에게, 개신교 신자는 개신교 신자에게, 무슬림은 무슬림에게, 유태인은 유태인에게, 벽돌공은 벽돌공에게, 그리고 공산주의자는 공산주의자에게 투표할 책임이 있다"고 선언하기도 했다.

공식 코뮤니케[13]를 제기함으로써 레흐 바웬사(Lech Wałęsa)를 지지했다. 그러나 교회가 바웬사를 지지했음에도 크바슈네프스키(A. Kwásniewski)가 대통령으로 선출됨으로써, 1993년 의회선거와 마찬가지로 교회는 윤리적·정치적 패배를 재차 경험했다.

1993년 의회선거와 1995년 대통령 선거에서 가톨릭교회가 정치적으로나 윤리적으로 패배함으로써 교회는 폴란드에서 최고의 윤리적 권위를 상실했다. 더군다나 선거 결과에 따르면 폴란드 국민은 가톨릭교회가 정치적 논쟁에 개입하는 것에 상당히 비판적인 입장을 취했다. 1989년 폴란드 시민 중 압도적 다수인 93%가 교회를 신뢰했으나, 이 당시에는 50%대로 떨어졌다. 더욱이 폴란드 시민 중 70%가 여론조사에서 교회는 폴란드 정치와 선거에 덜 개입하거나 전혀 개입하지 말아야 한다고 밝혔다(Borowik, 1995: 149).

이렇게 교회지지도가 변화했음에도, 1997년 선거에서 구공산주의자들이 패배함으로써, 가톨릭과 긴밀한 관계를 취하는 우익정당들은 새로운 양상, 즉 선거에서 성공할 수 있는 가능성을 엿보게 되었다. 왜냐하면 1989년 이후 폴란드 국민의 투표성향이 회고적(retrospective) 성향을 보였기 때문이다.[14] 2001년 의회선거와 2003년 대통령선거의 경우 개혁의 불확실성이

---

13) ① "신자들은 자신의 견해, 가치 및 관심사를 대표하는 후보자들에게 투표해야 할 윤리적 의무가 있다"; ② "신자들은 전체주의 정권 시절 최고 당-정부 지휘에서 권력을 휘두른 사람을 대통령으로 선출해야 한다"(Eberts and Torok, 2001: 140).

14) 회고적 성향은 다음과 같이 이해된다. "정당에 기반을 둔 연대노조는 1989년 승리했다. 왜냐하면 사람들이 공산주의를 싫어했기 때문이다. 민주적 좌파동맹은 1993년 선거에서 승리했다. 왜냐하면 사람들이 경제적·사회적 개혁을 경계하였기 때문이다. 그리고 1997년 구공산주의자들은 선거에서 패배했다. 왜냐하면 자신들의 정부가 공산주의의 타락과 개혁의 불투명성에 조응했기 때문이다"(Byrnes, 2002: 461~462).

커다란 영향을 미쳤다. 우익정당들은 폴란드 사회에서 주변부에 있는 사람들, 새로운 사회에 적응할 수 없는 나이 든 사람들, 그리고 새로운 사회에서 어떤 기회도 모색할 수 없는 교육을 받지 못한 젊은 사람들의 지지를 얻어서 승리했다. 이후 선거에서도 폴란드 사회의 사회적-경제적 발전 속도와 변화 욕구를 얼마나 대변하고 수용하는지에 따른 회고적 성향이 강하게 나타났다. 이는 현실사회주의 체제하에서 교회의 위상과 현저하게 다른 측면을 보이는 사례이다.

4) 체제변혁 이후 교회-국가 관계에 관한 규정

체제변혁 이후 교회-국가 간 공식관계는 1997년 헌법 및 1998년 협약서(the Concordat)에 의해서 비로소 정의되었다. 즉, 변혁 이후 약 10년 동안 국가-교회 관계에 대한 공식정의가 없었다. 1997년 헌법과 1998년 협약을 통해 폴란드 사회에서 교회의 지위가 공식적으로 정의되었고, 새로운 유형의 민주주의가 구축되었다.

(1) 헌법(Constitution)

폴란드 가톨릭 주교단은 변혁 이후 폴란드 국민과 국가가 하나님과 관련되는 내용(예: invocatio Dei)의 헌법 서문삽입, 임신시기부터 사망까지 인간 생명에 대한 보호, 남녀 간에만 혼인가능 등의 문제 등이 헌법조항에 포함되는 문제에 대해 언급했다. 즉, 주교단은 헌법에 기독교(Christianity)와 가톨릭교회에 대한 명시적 언급을 특별히 요구하지 않았으나, 가톨릭교회가 주장하는 기독교적 가치들이 헌법에 반영되기를 희망했다(Eberts, 1998: 826).

여러 논의과정을 거쳐 이와 관련된 규정이 폴란드 헌법 제25조에 마련되었다. "폴란드는 종교적으로 이념적으로 중립적인 국가이다. 국가와 모든 종파(denominations) 간 관계는 상호 독립원칙에 근거한다. … 폴란드와 모든 종파는 인류의 선과 공동선을 위해 협력해야 한다. … 폴란드 공화국과 가톨릭교회 간 관계는 교황청과 국제협정 그리고 다른 법률에 근거한다"(Eberts, 1998: 821). 1997년 헌법은 교회-국가 간 관계가 우호적 분리원칙에 기반하되, 특별히 로마 가톨릭교회를 지칭하지도 않고, 다른 종교의 존재도 부인하지 않고 있다.

1997년에 채택된 폴란드 헌법과 헌법전문에는 오랜 토론을 거쳐 지식인 정치엘리트들이 주장하는 자유주의적 가치들과 교회의 기독교적 윤리 사이에 일종의 타협내용이 반영되어 있다. 예를 들어, "폴란드 시민-진리, 정의, 선 그리고 미의 원천으로서 신을 믿는 사람들, 그리고 다른 원천으로부터 찬동하는 가치로부터 유래하여 이런 신앙에 동의하지 않는 사람들-은 폴란드의 공동선에 관해 모두 동일한 권리와 의무를 갖는다"(Burdziej, 2005: 172). 부제이(Burdziej)에 의하면, 이 전문 내용은 세 가지 원리, 즉 "첫째로 하나님을 믿는 사람과 그 신앙에 공감하지 않는 사람들, 둘째로 기독교적 유산과 보편적 인본가치, 셋째로 신 또는 자신의 양심 앞에서 책임감"(Burdziej, 2005: 172)에 근거한다. 이렇게 볼 때 1997년에 삽입된 내용은 최소한 신자와 비신자 그리고 자유주의적 엘리트들과 가톨릭교회가 동의할 수 있는 사안으로 이해된다. 즉, 폴란드에서 기독교라는 종교의 역사적 중요성을 모든 사회가 인정하고 존중하기 때문이다.

여기서 주목해야 할 것은 헌법토론 과정에서 폴란드 가톨릭교회 자체 내의 분열이 표면화되었다는 사실이다. 일부 주교들은 헌법이 인간 생활과 폴란드 주권에 반하며 또한 윤리적으로 결함이 있다고 비판하기도 했다(Krajewski, 2002: 501). 물론 다수의 지배적 견해는 아니었으나, 이 논쟁은 가톨릭교회 내 균열구조가 나타났음을 보여준다. 즉, 가톨릭교회 내에 보다 자유주의적인 성향과 보다 보수주의적인 성향의 사제들 간 균열이 가시화된 것이다. 이러한 사안은 향후 폴란드 교회와 민주화의 진전에 영향을 받으면서 전개될 것으로 보이며, 당분간 교회-국가 관계는 1997년 헌법규정에 근거하여 진행될 것으로 전망된다.

(2) **협약**(Concordat)

폴란드 교회와 교황청 간 협약의 연원은 16세기부터 시작되지만, 현대식 협정은 양차 대전 중간기에 바르샤바-바티칸 관계를 규정하는 1925년부터 비롯된다. 1945년 9월 현실사회주의 체제는 1925년 조약을 무효로 선언했고, 이후 1960년대까지 양자 간 긴장관계가 계속되었다. 1978년 요한 바오로 2세가 교황으로 선출되고, 1989년 체제변혁 이후에야 비로소 해소되었다. 양자 간 외교관계는 1989년 여름 체결되었으나, 1993년에야 협약이 서명되었다.

신헌법과 달리, 협약은 교회가 세속국가에 부분적으로 도전하는 것처럼 보였다. 폴란드-바티칸 사이의 협약은 가톨릭 교회-국가 간 관계를 규정하고, 교회의 독립성을 보장했다(Eberts, 1998: 831). 1989년 여름 당시 현실사회주의 체제 말기에 통과된 뒤, 가톨릭교회는 신생 민주정부와 관계를 정상화시키는 데 집중했다. 신생 정부와 교회는 1993년 협약에 합의했으나, 의회는 1998년에야 이를 승인했다. 그런데 이 협정으로 폴란드 내에서 논쟁이 발생했다. 즉, 의회 승인 이전에 정부가 일방적으로 서명했고, 교회 역시 협약의 필요성과 정당성에 대해 일반 시민에게 알리는 일을 소홀했기 때문이다(Eberts, 1998: 832). 이후 조정 및 냉각과정을 거쳐 제 당사자들이 의회에서 오랜 협상과정을 종식시키고, 1998년 4월 4일 공식 비준했다.

이 협약의 목적은 국제협정에서 교회의 권리와 의무를 정의하는 것이었다. 협약서에 따라서 교회의 특권이 실질적으로 보장되었다. 더욱이 일부

규정은 교회-국가의 분리에 대해 이의를 제기하기도 했다. 예를 들어 "폴란드와 가톨릭교회는 각각 자신만의 영역에서 개별적이며, 독립적이며, 독자적이다" 등의 조항(협약서 제1조)이다(Eberts, 1998: 832). 그러나 교회-국가의 분리를 확인한 것은 아니었다. 나아가 이 협약에 따르면 국가는 교회의 교육기관에게 국가 보조금을 지원해야 하는 의무가 있으며, 교회가 소유한 건물과 학문유지의 책임을 져야 한다. 협약에 따라서 폴란드 가톨릭교회에 대한 특권적 지위가 수립되고, 국가-교회 간 분리가 모호해지고, 심지어 이는 기존 법률체계와도 일치하지 않는다. 결국 "협약은 가톨릭교회의 입지를 상당히 강화시켰을 뿐만 아니라, 변화하는 법률체계의 가치론적 토대 면에서 기독교 가치를 점진적으로 수용하는 것"(Daniel, 1995: 410)으로 분석된다.

문제는 이 협약의 실제 보장은 다른 국가들과 마찬가지로 국가가 얼마나 순수한 의지를 갖느냐에 달려 있다. 이행 여부에 따라 교회는 국가에 특히 윤리적 압력을 가할 수 있으며, 자연법적 원리에서 판단할 때, 가톨릭교회와 다른 종교기관을 차등화시킬 수 없기 때문이다. 따라서 가톨릭교회와 교황청 간에 체결된 이 협약은 일면 교회의 입지를 강화시킨 것으로 볼 수 있으나, 다른 한편으로 지나치게 강조된다면 사회의 분열을 야기할 소지가 있다.

5. 마치는 말: 폴란드 가톨릭교회의 역할과 위상 변화

폴란드 가톨릭교회는 폴란드 역사상 자신이 세웠던 목표를 거의 성취했고, 국가의 수립과 더불어 형성된 밀접한 관계는 지금도 계속되고 있다. 국가의 부재 시에 하나의 대안으로서 폴란드 국민들을 하나로 모을 수 있는 구심체적 역할이 무엇보다 폴란드 역사상 강하게 부각된다. 이는 교회가 잘 훈련된 그리고 효율적 기관이었을 뿐만 아니라 외부로부터 교회의 역할과 위상에 대한 기대에 제대로 부응했기 때문이었다. 교회 지도자들은 스스로 만족감을 느낄 수 있었으며, 교회가 적어도 폴란드에서 궁극적으로 근본주의적 종교국가를 지향하기 때문이었다. 이러한 관점에서 폴란드 교회-국가 관계를 현실사회주의 체제의 변혁 전후를 기준으로 분석할 때, 다음과 같은 교훈과 논점을 도출할 수 있다.

1) 현실사회주의 체제하의 국가-교회 관계

폴란드에서 가톨릭교회는 역사의식이 계속해서 약화되는 현상을 정지 내지 억제시켰으며, 민족전통을 유지하는 데 중요한 역할을 했다. 현실사회주의 체제붕괴와 관련하여 폴란드 가톨릭교회는—다른 인접 국가들의 교회와 비교할 때—19세기 이래 폴란드인의 정체성을 유지시켰다는 점에서 대단히 성공적이었다. 라멘토비치(W. Lamentwicz)는 지금까지 살펴 본 폴란드 가톨릭교회의 역할을 다음과 같이 세분화한다. ① 윤리적이고 문화적 반체제 세력, ② 심판자, ③ 당기구의 임의성에 대항하는 가장 중요한 장애물의 하나, ④ 사실상의 정치적 반대세력 내지 준(準)-야당세력, ⑤ 잠정적이고 실제적으로 안정된 세력(Lamentowicz, 1989: 58~61).

교회는 1980년대 해방운동에서 위대한 승리자들의 하나로서 평가되어야 한다. 보이트이와 추기경의 교황선출이 대표적 사례이며, 교회는 연대-운동의 도덕적 중추가 되었다(Bingen, 1990: 1). 1980년대에 교회는 국민 중 90% 이상이 가장 강력하게 지지를 하는 사회-정치적 기구였다.

그러나 이러한 가톨릭교회의 엄청난 영향에서 현실사회주의 체제의 위계적 정치제도와 가톨릭교회 내 위계적 조직 간의 상호투쟁이라는 측면도 중시되어야 한다. 무엇보다 1981년 12월 13일 이후 교회 평신도의 종교활동과 종교적-애국적 상징과 의식이 강화되었다. 그런데 가톨릭교회는 신앙과 사랑의 기구뿐만 아니라 여러 가지 역할을 수행하는 정치적 행위주체자이다. 이런 측면은 역설적으로 현실사회주의 체제하에서도 긍정적 기능을 했다. ① 권위 있는 기독교적 가치의 증대는 심지어 공산주의 당-국가의 입장으로도 유리한 점이 있었다. 즉, 당-국가 역시 도덕의 타락, 청년세대의 혼동, 알코올중독의 확대 및 노동생산성 감소로 어려움을 겪고 있었기 때문이다. ② 폴란드 공산주의자들은 근대 민족의식의 발전을 허용하고 심지어 장려하기까지 했으며, 시민들의 정치적 야망을 일깨웠던 자신들의 '심각한 오류'를 인정했다. 따라서 이들은 교회로부터의 독자적인 정치운동을 파괴시킬 수 없었다.

어떻든 분명한 것은 바로 지난 40여 년 이상 계속된, 이미 고전적으로 불리는 교회-국가 분쟁이 아닌, 교회-사회 관계가 전면에 부상했다는 점이다.

2) 현실사회주의 체제 변혁 이후 국가-교회 관계

폴란드 교회가 지난 40여 년 이상 공산지배 기간에 여러 가지로 성공했다고 주장할 수 있는 반면, 1989년 공산지배가 종식됨으로써 오히려 교회가 지나치게 열망하는 새로운 차원과 요소들이 발현되기 시작했다. 승리감과 성공의식에 사로잡혀 교회 지도자들은 자신이 현실사회주의 체제와의 관계에서 적용하여 긍정적 평가를 얻었던 전술들이 이후 민주주의로 나아가는 과정에서 더욱 필요할 것이고 당연할 것으로 믿었다. 이는 현실사회주의 체제가 교회의 활동에 어떠한 제한과 억압을 행사했더라도, 궁극적으로 현실사회주의 체제가 종식되었기 때문이다.

폴란드 교회는 현실사회주의 체제하에서 스스로의 역할을 성공적이었다고 평가했기 때문에, 이후 자기 나름대로 상당한 자신감에 사로잡혔다. 동시에 현실사회주의 체제 붕괴를 유도하는 데 핵심적 역할을 수행한 것에 대단한 자부심을 가졌다. 반면 폴란드 가톨릭교회는 '깨지기 쉬운 민주주의(a fragile democracy)'하에서 자신의 장점만을 지나치게 부각시킨 나머지, 오히려 가톨릭교회가 새로운 환경에 제대로 적응하고, 새로운 환경을 선도할 수 있는 기예를 갖추지 못했다. 이는 자신의 우월적 입장을 오로지 높은 도덕적 권위에서만 찾으려 했기 때문이었다. 그러나 도덕적 권위는 현실사회주의 체제에 대한 저항 면에서 나름대로 효용성이 있었지만, 변혁 이후 새로운 사회건설에서 최우선적 가치기준이 될 수 없었고, 효율성 역시 생각보다 높지 못했다.

가톨릭 주교들은 구체제에 대한 전반적 정화요구에 동조하면서, 공립학교에서 종교교육의 재도입과 같은 자신들의 목표들을 성취할 뿐만 아니라 반(反)-교회 반대운동을 방어하는 데 전념했다. 동시에 폴란드 가톨릭교회가 두 축, 즉 시민사회와 자유시장경제(civil society/a free market economy)에 의존하는 안정적 민주질서 구축에 참여하지 않은 것은 결정적 실수였다. 교회는 조직 면에서 엄청나게 그리고 가시적으로 매우 강력했지만, 교회의 내적·외적 행위에 대한 사소한 비판조차 귀를 기울이지 않았다. 오히려 이를 가톨릭교회 전반에 대한 비판적 관점으로 받아들였고, 스스로 자정하려는 시도는 매우 미약했다. 교회에 대한 외부로부터의 비판에 대해 이들과 대화를 추구하기보다, 교회 지도자들은 '볼셰비키' 또는 '민족적 배신자('Volshebiki' or 'national traitors')'라고 비난하면서 일련의 욕설로, 또는 이들을 '밤에 짖어대는 잡종개(mongrels barking in the dark)'라고 부르면서 비판했다.

또한 폴란드 가톨릭교회의 신도 또는 시민들의 교회에 대한 태도와 입장

역시 고려되어야 한다. 약 40여 년간 지속된 현실사회주의 체제의 영향력은 결코 간과될 수 없다. 역설적으로 오랜 기간 대다수 시민은 현실사회주의 정권의 세뇌작업으로 체제전환과정에서, 즉 자유민주주의 및 시장경제로 이행하는 과정에서 '정치적으로 어린이'와 같은 처지에 있었다. 그러므로 전환과정에서 수많은 소수정당이 난립했을 뿐만 아니라 이른바 정치적 협잡꾼(political charlatan)이 나타났다. 이 과정에서 사람들은 탈현실사회주의 초기에 분명한 메시지를 선포하는 외형적 권위체로서 교회의 목소리에 귀를 기울였고, 교회의 '지시'에 뒤따랐다. 그러나 바로 이러한 절제되지 않고, 올바로 학습되지 않은 정치적 행태 때문에 교회의 '거만'은 더욱 심해질 수밖에 없었다.

향후 교회-국가 그리고 교회-폴란드 사회관계는 그다지 밝다고 할 수 없다. 가톨릭교회 지도부의 환경 변화에 따른 새로운 적응대안이 구체적이고 현실적으로 효용성 있게 마련되어야 한다. 경직된 조직과 전략을 유지한 채 변화된 사회를 주도하기 어렵다. 이는 폴란드 가톨릭교회가 추구하려는 근본적 기독교 국가의 실현을 어렵게 만드는 본질적 요인이기도 하다. 반면에 국내 경제의 부흥에 따라 세속화 추세가 강화되고 폴란드가 NATO 및 유럽연합에 가입함으로써 국민들, 특히 청년계층의 인식이 급속히 변하고 있다. 이로써 특히 청년계층들은 교회의 메시지에 대해 점점 무관심해지는 징후를 보이고 있다. 그렇다면 폴란드 가톨릭교회는 어쩔 수 없이 교회가 궁극적으로 유지하려는 관심사에 대해서조차 비타협적 입장을 유지하기 힘들게 되고, 사회와 합리적 대화를 할 때에 지금까지 역사적으로 수행하고 유지해온 순기능적 역할을 지속할 수 있을 것이다.

참고문헌

이규영. 1995.「현실사회주의 체제전환론: 정치체제의 전환을 중심으로」. ≪통일문제연구≫, 제7권, 제2호(1995년 하반기), 210~234쪽.

_____. 1996.「폴란드 카톨릭교회와 민주화문제」. ≪中蘇硏究≫, 제20권, 제4호 (1996/7년 겨울), 135~155쪽.

Beyme, K. von. 1994. *Systemwechsel in Osteuropa.* Frankfurt/M.: Suhrkamp.

Bingen, D. 1982. "Die katholische Kirche im polnischen Sozialismus." A. Uschakow (Hg.). *Polen: Das Ende der Erneuerung?* München: Beck, pp.149~167.

_____. 1985. "Die katholische Kirche Polens zwischen Macht und Ohnmacht." D. Bingen(Hg.). *Polen 1980~1984: Dauerkrise oder Stabilisierung?* Baden-Baden: Nomos, pp.163~214.

_____. 1990. "Katholische Kirche und gesellschaftlicher Pluralismus in Polen." *BIOst. Aktuelle Analysen,* No.70.

Borowik, Irena. 1995. "Religion and Religious Conflicts in contemporary Eastern Europe." Irena Borowik and Przemysław Jabłoński(eds.). *The Future of Religion: East and West.* Kraków: Nomos, pp.147~152.

_____. 2003. "Transformations of Catholicism and Religiousity of Catholics in Poland." Irena Borowik(ed.). *Religious churches and the Scientific studies of Religion: Poland nad Ukraine.* Kraków: Nomos, pp.41~58.

Brzezinski, Z. 1993. "The Great Transformation." *The National Interest,* No. 33.

Burdziej, Stanisław. 2005. "Religion and Politics: Religious Values in the Polish Public Square since 1989." *Religion, State & Society,* Vol. 33, Issue 6, pp. 165~174.

Byrnes, Timothy. 2002. "The Catholic Church in Post-communist Europe." Peter G. Danchin and Elizabeth A. Cole(eds.). *Protecting the Human Rights of Religious Minorities in Eastern Europe.* New York: Columbia UP, pp. 455~476.

Dahrendorf, R. 1990. *Reflections on the Revolution in Europe.* New York: Random House.

Daniel, Krystyna. 1995. "The Church-State Situation in Poland After the Collapse of Communism." *Brigham Young University Law Review,* Vol. 1995, No. 2, pp.

401~420.

Doktor, Tadeusz. 1999. "State Church and New Religious Movements in Poland." Irena Borowik(ed.). *Church-State Relations in Central and Eastern Europe.* Kraków: Nomos, pp. 178~188.

Eberts, Mirella. 1998. "The Roman Catholic Church and democracy in Poland." Europe-Asia Studies, Vol. 50, pp. 817~843.

Eberts, Mirella and Peter Torok. 2001. "The Catholic Church and Post-Communist Hungary and Poland Compared." I. Borowik & M. Tomka(eds.). *Religion and Social Change in Post-Communist Europe.* Kraków: Nomos, pp. 125~148.

G. U. S. *Ronznik statystyczny*(1982: p. 30; 1984: p. 33; 1985: p. 34; 1987: p. 36; 1992: p.60).

Gilarek, Katarzyna. 1999. "Coping with the Challenges of Modernity. The Church of England in Great Britain and the Catholic Church in Poland." *Church-State Relations in Central and Eastern Europe.* Krakow: Nomos, pp. 189~203.

Hotz, R. 1989. "Religionspolitik." K. Ziemer(Hg.). *Sozialistisches System.* München: Piper, pp. 373~377.

Karp, H.-J. 1991. "Kirchen und Religionsgemeinschaften." W. Wöhlke(Hg.). *Länderbericht Polen.* Bonn: Bundeszentrale für politische Bildung, pp. 448~460.

Korbonski, Andrzej. 2000. "Poland ten years after: the church." *Communist and Post-Communist Studies*, Vol. 33, pp. 123~146.

Kondziela, J. 1986. "Die katholische Kirche." Landeszentrale für politische Bildung Baden-Württemberg(Hg.). *Der Bürger im Staat: Polen*, Vol. 36., No. 2(Juni 1986), pp. 117~122.

Krajewski, Stanisław. 2002. "Catholic Jewish Dialogue in Poland: A Difficult Road to Tolerance." Peter G. Dancin & Elizabeth A. Cole(eds.). *Protecting the Human Rights of Religious Minorities in Eastern Europe.* New York: Columbia UP, pp. 490~508.

Kwiatkowski, S. 1989. "Die Polen über die Religion und die Stellung der Kirche im Leben ihres Landes." *Polens Gegenwart*, No.1, pp. 15~23.

Lamentowicz, W. 1989. "Der Katholizismus in der politischen Kultur Polens." *Kontinent*, Vol. 48, pp. 58~61.

Lee, K.-Y. 1994. *Zivilgesellschaft als Ansatzpunkt für den Umbruch der sozialistischen Systeme in Osteuropa?* Frankfurt/M.: P. Lang.

Linz, J. & A. Stepan(eds.). 1978. *The Breakdown of Democratic Regimes.* Baltimore: J. Hopkins Univ. Press.

Luks, L. 1987. "Zur Rolle des polnischen Katholizismus nach 1956: Programme und Politik." D. Beyrau/W. Eichwede(Hg.). *Auf der Suche nach Autonomie: Kultur und Gesellschaft in Osteuropa.* Bremen: Donat & Temmen, pp. 85~130.

Mach, Elżbieta and Zdzisław Mach. 1999. "Religious Minorities and Exclusion in Education in Present-Day Poland." Irena Borowik(ed.). *Church-State Relations in Central and Eastern Europe.* Kraków: Nomos, pp. 403~425.

Mach, Zdzisław. 1997. "The Roman Catholic Church and the Transformation of Social Identity in Eastern and Central Europe." Irena Borowik and Grzegroz Babinski(eds.). *New Religious Phenomena in Central and Eastern Europe.* Kraków: Nomos, pp. 63~80.

Morawska, E. 1995. "The Polish Roman Catholic Church unbound: change of face or change of content?" S. E. Hanson and W. Spohn(eds.). *Can Europe Survive?* Seattle: University of Washington Press.

Nowak, J. 1982. "The Church in Poland." *Problems of Communism*, Vol. 31, No. 1, pp. 1~16.

O'Donnell, G. & P. Schmitter(eds.). 1986. *Transitions from Authoritarian Rule: Prospects for Democracy.* Baltimore: Johns Hopkins University Press.

Offe, C. 1991. "Das Dilemma der Gleichzeitigkeit, Demokratisierung und Marktwirtschaft in Oseruopa." *Merkur*, No.45, pp. 279~292.

Revesz, L. 1986. *Staat und Kirche im realen Sozialismus.* Bern: SOI.

Staron, St. 1969. "State-Church Relations in Poland." *World Politics*, Vol. 21, No. 4, pp. 575~601.

Tischner, J. 1991. "Die Kirche und das antistaatliche Syndrom der Polen." *Transit* 3, pp. 109~117.

Turowicz, T. 1973. "The Changing Catholicism in Poland." A. Bromke/J. W. Strong(ed.). *Gierek's Poland.* New York: Praeger, pp. 151~157.

Velikonja, Nitja. 2003. "Slovenian and Polish Religio-National Mythologies: A Comparative Analysis." *Religion, State & Society*, Vol. 31, No. 3, pp. 233~260.

Walaszek, Z. 1986. "An Open Issue of Legitimacy: The State and the Church in Poland." *The Annals*, Vol. 43, pp. 118~134.

Wyszynski, S. 1981. *Tygodnik Powszechny,* 21. Juni.

Zaal, Janneke. 2007. "Church-State Relations in Poland: The Changing Role of the Catholic Church in Poland since 1989." http://www.euroculturemaster.org/pdf/groep9_2/Zaal.pdf(2009년 4월 12일 검색).

Zieba, M. 1991. "Demokracja zywi się kompromisem." *Gazeta Wyborcza*, December 3.

Ziemer, K. 1989. "Auf dem Weg zum Systemwandel in Polen: (I) Politische Reformen und Reformversuche 1980 bis 1988." *Osteuropa*, 39, pp. 791~805.

_____. 1993. "Quo vadis, Polonia?" Landeszentrale für politische Bildung Baden-Württemberg(Hg.). *Der Bürger im Staat: Politische Kultur*, Vol. 43, No. 1, pp. 29~35.

제6장

헝가리에서 교회와 국가와의 관계

고재성 _ 슬로바키아 파송선교사(예장[통합])

1. 들어가는 말

헝가리에서의 교회와 국가와의 관계를 다룬다는 것은 쉬운 일은 아니다. 왜냐하면 헝가리 사회는 다른 영역들 사이에 의사소통이 잘 이루어지지 않는 문제점이 있기 때문이다. 그리고 유럽연합 가입 후에도 공산주의 시절의 잔재가 헝가리 사회 곳곳에 아직도 많이 남아 있다. 이것을 포괄적으로 진단하고 방향을 제시하는 것은 분명히 쉬운 일은 아니다. 그렇지만 필자는 어느 정도의 노력은 해보려고 한다. 헝가리에서 종교는 아주 중요한 역할을 해왔다. 그와 같은 이유로 인해 필자는 먼저 헝가리의 역사적 과정을 설명하고 공산주의하에 있었던 헝가리에서의 국가와 교회와의 관계를 다루려고 한다. 이 글은 공산주의 정권이 무너지고 외국자본에 의해 급격한 자본주의화를 겪은 헝가리에서 나타난 문제점을 연구할 것이다. 아직도 과거의 영향이 관성처럼 작용하는 헝가리에서 교회가 사회 속에서 차지하는 역할은 매우 중요하다. 따라서 필자는 맺음말에서는 교회와 관련하여 헝가리 사회가 나아가야 하는 방향에 대해 제시해보려 한다.

2. 초기 헝가리의 종교상황

헝가리와 기독교가 관계를 맺게 된 것은 8~9세기까지 거슬러 올라간다. 9세기 말에 헝가리인은 이방 종교적이고 야만적인 기독교를 알지 못한 채 헝가리에 도착했다. 10세기경에는 서쪽의 카파르타(Karparta) 지방에서 선교사가 많이 왔다. 아르파드(Arpad Joó)의 지도하에서는 싸움이 계속 있었으나 10세기 말 게자(Géza) 통치 시절에 가톨릭으로 개종함으로써 더 이상의 싸움은 없게 되었다. 헝가리인들이 그 땅에 왔을 때에 이미 그 땅 서쪽에는 강한 슬라브 가톨릭이 자리를 잡고 있었다. 그 외에는 독일과 이탈리아계의 교회가 전파되고 있었다. 메토디우스(Methodius)는 새로운 선교를 위해서 노력했지만 강한 민족의식을 갖고 있던 헝가리인들은 정복당한 민족들의 종교를 받아들이기를 거부했고 프라하의 추기경인 아달베르트(Adalbert)가 와서 게자에게 세례를 주었고 그의 세례명을 스데반(Stephen, 1001~1038)이라고 했다(Fazekas, 2005: 5). 헝가리의 많은 지도자가 세례를 함께 받았고 헝가리 국가는 점차 안정되기 시작했다.

헝가리의 기독교화는 서서히 진행되었고 성직자는 정치에서도 중요한 역할을 했다. 그들은 성경을 복사하거나 헝가리 최초의 글자를 만들었다. 헝가리의 왕은 교회에서 세례를 받고 성자의 칭호를 받았다. 1308년 칼 1세가 왕이 되었는데 그 아들인 루이스 대제 때에는 헝가리 달마티아와 폴란드와 발칸에 이르는 광활한 영토를 소유했고 마티아스 코르비누스(Matthias Corvinus) 시절에는 헝가리 최대의 영화로운 시절을 맞기도 했다. 루이스 2세가 1526년 터키와의 전쟁 중 모하치(Mohacs) 전투에서 사망했고 그 후 150년간 터키의 지배가 시작되었다. 이 기간에 많은 교회지도자들이 죽임을 당했다. 이 오랜 지배기간 동안에 헝가리는 세 지역으로 나누어졌는데, 서쪽지역은 합스부르크 왕가가 지배했고 중앙부분은 완전히 터키의 지배를 받았으며 동쪽의 트란실바니아(Transylvania) 지방은 귀족들이 지배했다(Fazekas, 2005: 6). 페테르 파즈마니(Peter Pazmany) 추기경이 반종교개혁의 핵심세력이었다. 칼뱅교 수사인 가스파르 카롤리(Gaspar Karoli)는 성경을 헝가리어로 번역했다. 터키에서 해방되기 전의 몇십 년은 아주 강한 반종교개혁의 시대였다. 비엔나의 법정은 개신교지역을 제한하고 종교자유를 제한하기 위해 새로운 법률을 만들었다. 오스트리아 합스부르크 왕가는 교황청과 밀접한 관계 속에서 17세기 말과 18세기 초에 헝가리가 개신교의 종교자유를 얻기 위해 시작한 투쟁에 관여했다. 부다페스트는 1686년에 유럽연합군에 의해서 해방되었고 1687년에 헝가리 귀족들은 합스부르크를 헝가리의 왕가로 인정했다.

18세기의 헝가리는 유럽의 다른 국가와는 달리 제후적인 구조를 갖고 있었는데 이것은 16~17세기에 터키를 침략한 결과로 만들어진 구조였다. 이 구조를 중심으로 칼뱅과 루터의 개신교는 터키를 지배할 시기에 자유롭게 퍼져나갈 수 있었다. 터키가 물러간 후에는 반종교개혁으로 인해 정치적 수준에서 개신교에 대한 압력이 아주 강했다.

그리고 개신교도는 자유로운 종교활동에 제한을 받았다. 개신교도는 성모마리아 숭배와 성인들에게 맹세를 한 후에야 비로소 종교활동을 할 수 있었고 마리아 테레사 여왕 시절에는 비록 개신교 교리에는 어긋나지만 성모숭배가 당연하게 받아들여지게 되었다(Fazekas, 2005: 7). 또한 요셉 2세 시절의 1781년에는 종교인내법이 통과되었고 나라는 여러 지역으로 나뉘면서 가톨릭이 유일한 종교로 인정되기는 어려웠다. 18세기 말에 헝가리의 모든 인구 중 가톨릭이 55%, 칼뱅파와 루터파는 22%, 그리스 정교는 20%, 유니테리언은 0.34%, 유대교는 0.9%였다. 헝가리의 귀족은 가톨릭을 지지했고 독일 출신인 일곱 작센인도 루터교도였다.

1) 개혁과 1948년의 혁명

헝가리 의회는 1791년 유명한 26번 법을 통과시켰다. 이 법은 1948년까지 기본적인 종교정책의 주된 가이드라인이었다. 법은 개혁교단과 루터교라는 두 개의 가장 큰 개신교회를 인정했고 내부의 자율권을 허용했다. 이것은 가톨릭을 국가종교로 인정하는 것이었고 어떤 법적규칙 같은 것 보다 가톨릭이 더 위에 있음을 인정하고 가톨릭의 지배권을 인정하는 것이었다. 소위 헝가리의 개혁 시기에는 현대사회가 되기 전에 종파 간의 평등을 이루고자 하는 노력이 있었다. 그 노력은 정치적인 방법으로 봉건제의 잔재들을 청산하고 의회에서 이 운동을 지원하기 위해서 법을 통과시키는 것이었다. 의회는 국민을 대표하고 자유주의자들은 산업과 기업을 제한하는 규칙들을 철폐했으며 언론의 자유를 위해 투쟁했다.

반대로 가톨릭교회는 국가가 혼인과 같은 개인의 문제에 관여해서는 안 된다는 생각을 갖고 있었다. 이 논쟁은 많은 논란의 대상이 되었고, 실제 문제는 점차 부르주아화하는 사회에서 가톨릭교회의 위치에 대한 것이었다. 그래서 논란 당사자들은 서로 자신의 입장을 고수했다. 1844년에 제정된 3번 법은 혼합결혼을 반대하는 것을 불법으로 규정하고 한동안은 혼합결혼에 대한 논쟁을 종식시켰다. 어쨌든 근대사회로 접어들면서 가톨릭교회는 국가와 그들 간의 관계가 재정립되어야 할 필요성이 있음을 알았으며 그들의 특권을 보호하기 위해 더욱 조심스러운 정치적인 운동을 시작했다. 1848년의 혁명은 헝가리에서 입헌제에 기초한 인권평등 선언을 가져왔다. 1848년의 20번 법은 가톨릭이나 개신교나 권리가 동일하다고 규정했다. 그리고 동시에 어떤 보상도 없이 교회의 십일조법을 폐지시켰다. 가톨릭교회는 이 변화를 억지로 받아들였지만 나중에는 변화에 협력했다.

1849년, 헝가리전쟁에 패한 후에 합스부르크왕가는 가톨릭교회를 동맹으로 간주했다. 그러나 1849년에서 1960년 사이에 헝가리의 가톨릭도 합스부르크 왕가의 제국적인 야망에 대해서 의심을 하자, 왕가는 개신교도의 활동을 제한하려고 했다. 그렇다고 해서 다른 교회들이 좋은 위치에 있었던 것은 아니었다.

2) 1860년 이후

1860년 중반 이후 오스트리아제국은 위기를 겪었는데, 헝가리제국에는 절실한 도움이 필요했다. 그리고 여러 복잡한 과정을 거치면서 1867년에 타협이 이루어져 이중국가체계가 형성되었고 헝가리제국에는 영토의 통일이 이루어졌다. 1900년의 인구조사 결과를 보면 헝가리인이 과반수였고 나머지는 루마니아인, 독일인, 슬로바키아인, 세르비아인, 크로아티아인이다. 60%는 가톨릭, 14.5%는 개혁교단, 13%는 그리스정교, 7.5%는 루터교단, 5%는 유대교이고 나머지는 다양한 종교집단에 속했다(Fazekas, 2005: 8). 그 당시 헝가리는 다민족 국가였고 종교적인 집단도 다양했다. 어느 종교에 속하는가에 대한 문제가 그 당시의 사람들에게는 매우 중요했다. 또한 교회는 소수민족에게 국가의 형성을 위한 틀을 제공했다. 유대인에게도 그것은 마찬가지였다. 즉, 유대인은 자신들의 정체성을 포기하지 않으면서도 헝가리 사회에 통합될 수 있었다(Fazekas, 2005: 9).

20세기로 넘어가면서 제일 중요한 것은 가톨릭교회의 많은 특권들과 우선권을 제거하는 일에 집중하는 것이었다. 1895년에 제정된 법은 자유로운 종교활동을 보장했으며 오늘날 유효한 헝가리 헌법과 같은 내용이었다. 이 법을 택함으로써 헝가리는 국가교회의 폐지와 완전한 분리를 막을 수 있었다. 이 법으로 인해 각 종교들은 자유로운 종교활동과 자율성을 갖게 되었고 국가의 지지를 받을 수 있었다. 여기에 속한 교회들은 가톨릭, 칼뱅파,

루터파, 유니테리언, 정교회였으며 1895년 이후에는 유대교도 포함되었다.

1920년의 트리아농의 협약의 결과로 인해 헝가리의 민족구성과 교파구성은 본질적으로 변화되었다. 영토는 4분의 1로 줄어들었고 인구는 3분의 1로 줄어들었다. 약 350만의 헝가리인이 주변 국가에 속하는 결과를 가져왔다. 헝가리는 헝가리인의 증가를 원했고 독일인은 6~7%가 남았다. 헝가리에는 소수의 민족만 남아 있게 되었다. 그 결과 가톨릭은 66%, 칼뱅파는 21%, 루터파는 6%가 되었고 유대교는 5.9%를 차지했다. 정교는 0.6%로 줄었고 유니테리언은 실제로 적은 숫자만 남았으며(Fazekas, 2005: 13) 가톨릭과 칼뱅파는 증가했다.

법적 측면에서는 이전 19세기 말에 진행된 법적 내용과 비교해볼 때 큰 변화는 없었다. 국가를 보면 이제는 자유주의 국가보다는 더욱 보수적이고 권위적인 기독교 민족적인 국가가 되었고 가톨릭교회는 가치 상승을 경험했다. 유대인에게는 6% 이상의 증가를 허락하지 않았지만 1928년에는 이 제한이 철폐되었다.

교회와 성직자들은 헝가리에서 모든 지역과 디아스포라를 연합하게 만드는 힘이 되었다. 이들을 통해서 헝가리는 과거의 믿음을 더욱 강하게 했을 뿐 아니라 민족문화를 지키고 계속 이어가는 데 아주 중요한 역할을 할 수 있었다.

3) 1945년 이후

1945년 이후의 시대는 교회사의 관점에서 보면 여러 단계로 구분된다. 이 시기에는 전쟁이 종식되고 일당독재체제가 확립되었고 공산당과 좌파들에 의해서 이미 반교회적이고 반종교적인 정서가 지배적이었다. 1945년의 토지개혁은 교회소유의 모든 것을 박탈했기 때문에 전통적인 교회의 경제기반은 하루아침에 무너지고 말았다. 가톨릭교회는 약 1만 4,200헥타르의 토지를 박탈당했다(Szabó, 2005: 15). 그 결과로 교회종사자 6,000명, 교사 1만 2,000명, 연금자 2,000명, 교회 3,000개, 교구 1,500개, 사회기관 200개의 경제적 지지기반이 무너지게 되었다(Szabó, 2005: 16). 교회가 자체적으로 할 수 있는 것은 없어졌고 교회는 국가의 도움과 신자들의 재정적인 도움에 의지하게 되었다.

1946년에 국가는 민주질서 유지와 국가방어를 위한 법을 제정했고 반공화국적인 행위는 엄한 처벌을 받게 했다. 법원과 경찰은 이미 공산당하에 있었기 때문에 실제로는 반동들을 제거한다는 명목으로 사용했다. 국가방어법은 시민정당들과의 관계를 잘 정리하기 위해 만들어졌다. 사람들이 '사형집행인법'이라고 부른 이 법은 나치시대에 제정된 법과 같은 효력을 갖고 있었다(Szabó, 2005: 17). 이 법은 헝가리의 모든 사회에 적용되었다. 교회의 특권들은 제거되고 국가는 종교 집단을 두 가지로 구분했는데, 즉 국가가 인정하는 종파와 인정하지 않는 종파로 나누어졌다. 국가가 인정하는 교파들은 같은 권리를 가지고 있었다.

1946년에 헝가리 신문들은 가톨릭교회가 음모를 꾸민다면서 총포류나 파시스트적인 전단을 발견했다고 보도했다. 연합국인 소련의 총대표는 가톨릭교회의 해체를 , 내무부장관은 조직의 해체를 요구하면서 결과적으로 1,500개의 조직이 해체되었다. 1948년에는 국가가 모든 교육을 독점했고 그 결과 교회교육기관이 해체되었다. 학교 4,597개가 해체되었는데 그중 3,094개는 가톨릭 소유였다(Szabó, 2005: 17). 그리고 학교에 수집되어 있던 오래된 문화재가 부서지고 파괴되었다. 공공학교에서는 중립적인 세계관을 견지하지도 않고 다원주의를 지키지도 않았으며 교회의 교육은 사실상 불가능했고 교회는 많은 피해를 입었다.

교육은 그때부터 공산당 독재에 의한 유물론과 무신론을 중심으로 이루어졌고 전통적인 종교교육기관의 국립화는 학교뿐만 아니라 전 사회적으로 큰 영향을 미쳤다. 그리고 국가 차원에서 종교수업을 듣지 못하도록 부모들에게 강한 압력을 행사하여, 1955년에는 종교수업을 받은 학생이 10%뿐이었다. 1974년과 1975년 사이에는 초등학생 중 7%만이 종교교육을 받았으며 1983년에는 22만 명 중 117명만이 받았다(Szabó, 2005: 18).

1945년 봄에는 반동으로 간주된 교회인사에게 행정적인 처분이 시작되었다. 개신교 교회의 지도자와 유대교 지도자들도 1948년 가을에 각각 국가와의 계약을 강제로 조인해야 했으며 국가는 **가톨릭교회를** 정치적인 강제력으로 굴복시켰다.

1949년에서 1989년 사이에는 국가의 많은 종교정책이 여러 단계로 나누어졌다. 국가는 이데올로기적인 독점을 추구했다. 라코시(R. Rákosi)는 20년간 교회를 말살하는 정책을 추구했다. 우선 가톨릭교회의 교인을 줄이고 국제관계를 단절시켰다. 이것은 1950년 8월 30일 평화사제들의 저항운동의 도화선이 되었고 모범적이고 순응적인 사제들과 반동적인 사제들과의 싸움의 발단이 되었다. 교회분열을 가능하게 했던 정치조작은 결국 수도원의 해체로 이어졌다. 금지와 감금 그리고 수사 2,500명과 수녀 9,000명을 흩어지게 함으로써 교회의 힘을 약화시켰다.

새로운 박해의 물결 속에서 교회들은 강제로 국가와 협약을 체결했는데 그 결과 국가가 총체적으로 교회를 통제하게 되었다. 국가는 어떤 모임이 있을 때마다 교회 안에서 정치적인 인물을 선택했고 주교 회의 때에는 공무원이 파견되었으며 그에 따라 그들을 통제하고 감시할 수 있었다. 그리고 정보원이 파견되어 설교를 감시했고 고해소에서 하는 대화까지도 종종 엿들을 수 있었으며 이는 보고의 대상이 되었다.

1951년에 법에 의해 만들어진 국가교회청은 모든 교회의 일을 맡아서 처리했고 독재적인 행사를 했다. 사회주의 시절의 교회행정구분에는 구조적인 변화가 생겨났다.

평화사제운동의 주도세력과 몇몇 헝가리 사제는 1950년에 회의를 열어 8월 1일에 전체 가톨릭회의를 열기로 결정했다. 이 회의에는 약 300명의 사제와 수사가 참여했다. 많은 참여자들은 공산당 선동스타일로 말했다. 리하르트 호르바트(Richart Horváth)는 "하나님 덕택으로 새로운 시대가 열렸는데 그것은 사회주의시대이다", 그리고 기독교와 연관이 깊은 "사회주의 시대가 열렸다"라고 했다.[1] 평화사제운동은 공산당에게는 아주 좋은 무기였는데 이것을 가지고 언제든지 교회에 억압을 가할 수 있었다. 그리고 여러 사제들은 이 모임의 참석을 강요받았고 좋은 자리와 좋은 교구를 맡기 위해서 협력했다. 모든 교회의 상위계층은 모두 이 운동에 참여한 사람으로 채워졌다. 지혜로운 사제 몇몇은 이 운동을 교회재건이나 교회 또는 종교생활과 연관된 종교수업에서 활용할 수 있었다(Szabó, 2005: 20).

카다르 정권은 성직자와 교인들에게 엄청난 복수의 정치를 했으며 그 결과 많은 교회 지도자들이 감금당하고 자리를 박탈당했다. 약 300명의 지도자가 체포되어 재판을 받았다. 그리고 외부와 차단된 상태에서 종교교육을 계속 불법적으로 실행하는 자에 대해 법적인 소송과 절차를 강력하게 집행했다(Szabó, 2005: 22).

1970년대와 1980년대의 연성 독재시대에는 마치 사회주의 국가들이 교회정책의 모델이 될 수 있는 것처럼 보였다. 외국에서 가톨릭과 개신교 지도자들이 방문했다. 세계 교회기관들과 교황청은 국가교회청과 대표인 임레 미크로슈(Imre Mikrosch)를 함께 협력할 수 있는 대상으로 간주했다. 1977년에 카다르가 교황을 만났던 일은 교회정책의 긴장완화에 더 기여하

---

1) Katolikus papok a bekeert, A katolikus papok 1950, augusztus 1-ei orszagos ertekezleten elhangzott beszedek es az elfpgadott hatarozat(Bubapest 1950, 7).

게 만들었다. 그러나 제한받지 않는 종교자유의 보장은 사회주의가 무너질 때까지 기다려야 하는 상황이었다.

4) 1989년 공산주의 붕괴 이후

다당제도가 허용되는 헝가리공화국에서 비로소 국가와 교회의 분리가 법적으로 보장되었다. 이때 교회는 종교활동을 자율적으로, 자유롭게 할 수 있었다. 국가는 중립을 지키게 되었고 개인에게는 종교의 선택권이 보장되었으며 법적으로는 1989년 6월 30일에 국가 종교청이 후속기관 없이 해체되었다.

1989년 10월 23일에 헝가리공화국이 탄생했고 헌법상으로 사상, 양심, 종교의 자유가 선포되었다. 그러나 교회와 국가 간의 분리는 선포되었지만 이것은 무조건적인 분리를 의미하는 것이 아니라 국가와 교회가 국가의 안녕과 복지를 위해서 공동책임이 있음을 분명히 하는 것이었다. 1990년 1월 4일에 의회에 의해 교회의 종교적인 자유권과 중립권이 법적으로 보장되었는데 이것은 교회가 권리를 누릴 수 있도록 조건과 상황을 가능하게 하고 보호할 책임이 있음을 의미하는 것이었다(Köbel, 2005: 63).

교황청과 맺은 협약이 1990년 봄에 취소되면서 국가는 이제 교회의 인사권에 관여할 수 없게 되었다. 수도원의 설립이 다시 허용되어 학교와 기관들을 다시 찾았는데 가톨릭교회의 경우에는 유치원 55개, 초등학교 96개와 김나지움 55개, 전문학교 22개, 기숙사 51개가 있었다. 이곳에서 다시 종교운영과 종교교육이 허용되었다. 그리고 10개의 교구학교가 문을 열었고 가톨릭대학이 다시 문을 열었으며 개혁교단은 유치원 18개, 초등학교 43개, 중등학교 23개, 기숙사 24개를 다시 운영하게 되었다. 신학아카데미 2개가 다시 문을 열었고 1993년에는 개혁교단의 대학이 부다페스트에서 문을 열었으며 유대인 대학이 문을 열었다.

1990년에는 교황청과의 외교관계가 다시 회복되었다. 1991년 8월에 바오로 2세가 헝가리를 방문했는데, 이것은 많은 신자들의 믿음을 강화하고 민주주의 국가로 나아가는 헝가리공화국을 인준하고 격려하는 일이 되었다. 1996년 9월에 교황은 다시 헝가리를 방문했고, 이 일은 헝가리와 교황청의 천 년 이상 지속되어온 관계를 다시 확인하고 귀속감을 강화하는 계기가 되었다.

교회의 재정은 많은 교회에게 가장 큰 문제였다. 사회주의 시절의 제도적·물질적·재정적인 보장의 기준은 이제 남아 있지 않았다. 따라서 교회들은 신자들의 헌금과 국가의 재정에 의존할 수밖에 없었다. 땅은 이미 토지개혁으로 다시 찾을 수 없고 보상도 받지 못했다. 1999년에 의회가 주도한 반납 결정은 부동산을 기금형태로 전환하는 것이었고 교회재정지출은 의회의 통제를 받았다. 부족한 재원을 위해 1997년부터 국민들이 세금의 1%를 교회나 종교단체에 지불할 수 있도록 법제화했다. 이로써 가톨릭교회는 18억 포린트의 수입을 가져왔고 개혁교단은 6억 포린트, 루터교단은 2억 포린트, 유대교는 6,700만 포린트의 수입을 얻었다(Horváth, 2005: 60).

다시 문을 연 교회의 교육기관은 국가의 지원을 누리게 되었고, 교회의 대학이나 신학교도 다시 국가의 지원을 받게 되었다. 법적으로 모든 종교는 학교에서 종교수업을 할 수 있게 되었다. 국가는 병원, 양로원, 교도소에서도 자유로운 종교활동을 할 수 있도록 허용하고 있다.

오늘날의 헝가리 교회는 과거의 역사 속에서 연속성을 보여주지만 동시에 21세기의 새로운 변화에 맞추어야 하는 어려움을 안고 있다. 1993년에 가톨릭교회의 행정구조는 완전히 바뀌었다. 사제단의 활동도 다시 시작되었다. 1991년에 수사는 1,039명, 수녀는 2,778명이었다. 개혁교단은 4개의 지역으로 나누어지고 27개의 노회와 1,200개의 교회가 존재하게 되었다.

루터 교단은 남쪽과 북쪽의 두 지역에서 모두 나타났고 2001년에는 한 개 지역이 더 추가되었다(Orosz, 2005: 90).

3. 국가와 교회와의 법적인 관계

1989년에는 입헌국가의 원칙에 맞는 헌법이 제정되었다. 다당정치가 인정됨으로써 마르크스레닌주의 이데올로기가 무너져 세계관적으로 중립적인 국가가 탄생했고 사회노동당은 해체되었다. 헌법은 종교에 대한 부분을 다음과 같이 설명하고 있다.

- 60조

1항 헝가리공화국에서는 누구나 사상, 양심, 신앙에 대한 자유가 있다.

2항 이 권리는 신앙이나 양심의 확신에 따라서 자유롭게 선택할 수 있음을 포함하며 누구나 자신의 믿음이나 확신에 따라서 신앙행위를 하거나 종교의식을 행할 수 있으며, 또 다른 방법으로는 개인적으로 그리고 집단적으로, 공개적으로 또는 사적으로 표현하고 이것을 실천하거나 가르칠 수 있다.

3항 헝가리공화국에서 교회는 국가와 분리되어 활동한다.

4항 양심과 신앙의 자유법을 통과하기 위해서는 국회의 3분의 2의 동의를 얻어야 한다.

- 70/A조

헝가리공화국은 헝가리 땅에 거주하는 누구에게든지 인종, 피부색, 성, 언어, 믿음, 정치적이거나 다른 의견들, 민족적이거나 사회적인 출신, 재산이나 출생이나 기타의 상황과는 상관없이 차별 없는 인권과 국가시민적인 권리를 보장한다(Köbel, 2005: 65).

법의 주요한 강점

- 종교와 양심의 확신은 대중매체를 통해서 전달될 수 있다.
- 종교의 유무에 따라서는 아무에게도 불이익이 생기지 않는다.
- 국가는 종교생활의 자료들이나 기록들을 모으거나 기록하는 행위를 할 수 없다.
- 양심과 종교의 자유는 그 어느 누구도 방해받지 않으며 국민으로서의 병역의 의무는 다른 복무로 대체될 수 있다. 그러나 교육의무와 조세의무는 누구든지 지켜야 한다.
- 부모는 미성년자인 아이들에 대해서 도덕적이고 종교적인 교육을 결정할 권리가 있다.
- 개인적인 신앙생활과 집단적인 신앙생활이 사회복지기관, 건강기관, 보육원이나 또는 교장기관 같은 곳에서도 가능할 수 있어야 한다.
- 군복무자는 1994년 이후에 자유로운 종교활동을 할 권리가 있다.
- 같은 종교생활을 할 사람들은 누구나 집단을 형성할 권리가 있다. 단지 그 활동이 헌법이나 기타의 다른 법들에 위반이 되어서는 안 된다.

그리고 교회는 이제 국가에 의해 인정을 받아야 하는 것이 아니고 **등록만 하면 된다.** 문화성에서는 지금 형성 중인 종교집단이 반국가적이고 불법적이고 나쁜 관행을 따르고 있는 것인지 아니면 이미 인정된 공동체와 일치하는지를 점검한다. 만일 여기에 어긋나면 인정을 받지 못한다.

종교집단은 다음과 같은 조건들을 충족해야 한다.

- 교회는 적어도 100명 이상의 사람으로 이루어져야 한다.
- 교회는 그들의 정관을 인정해야 한다.
- 대표기관은 정관에 준해서 세워야 한다.
- 설립자는 현재의 설립단체가 헌법이나 법률을 위반하지 않을 것임을 선포한다.
- 교회 내부의 법을 적용하는 데에 국가가 압력을 행사할 수 없고 국가는 교회세를 거둘 수 없다.
- 어느 종교단체든지 같은 의무와 같은 권리를 갖고 있다.
- 국가는 종교단체를 통제하고 감시하기 위해 어떤 기관도 설립할 수 없다.
- 만일 종교단체가 헌법이나 법률을 위반할 때는 검찰에서 고발하고 소송을 제기할 수 있다. 만일 문제가 되면 종교단체가 국가의 인정을 못 받고 지위를 박탈당할 수 있다(Köbel, 2005: 67).

1) 교회관계에서 행정적인 사항

1989년에 국가종교청은 이제 교회를 감시하거나 통제할 수 없게 되었다. 정부는 이 문제를 문화성에 이관하려 했다. 그러나 이것은 종교청의 지도부에게는 당연히 받아들일 수 없는 것이었다. 교회 지도부는 안정을 위해 종교청의 지속적인 관여를 원했지만 1989년 6월에 법적인 어떤 후속기관도 없이 완전히 해체되었다(Köbel, 2005: 71). 1989년에 정부의 종교문제 자문기관이 생겼는데 그 기관은 결정기관이 아니라 단지 자문을 하고 결정에 필요한 도움을 주는 역할을 감당했다. 대표는 각료회의의 의장이고 실제담당은 각료회의기구의 교회담당 비서가 맡았다. 이 자문기관의 회원들은 각 교회의 대표들이고 모여서 결정이 되면 교회정치에 관해서 영향을 미친다. 이 자문기관은 1990년에 해체되었고 업무는 수상의 교회담당비서에게로 이관되었다.

1990년대부터, 즉 사회주의가 무너진 후에는 국가와 교회 사이에 각자 다양한 협약이 맺어졌다. 교회의 재정은 계산가능하고 법적으로 보장되었다. 둘 사이의 쌍방협약을 살펴보면 많은 점에서 헌법적인 차원의 어떤 문제가 있을 수도 있음을 보여준다. 여기서는 몇 가지만 예를 들어보기로 한다.

헝가리공화국과 교황청 사이의 재정지원을 위한 협약은 1997년 6월 20일에 맺어졌다. 법에 따르면 1%의 세금기여와 보장된 수입은 1,700만 포린트보다 작을 수는 없었다. 국가는 추기경 모임에서 결정된 목표가 달성이 되도록 재정적인 지원을 한다. 이것은 무제한으로 지원을 할 수 있게 하는 구절이다. 현재의 세금감면과 행동은 헝가리 교회의 동의 없이는 국가가 조치를 취할 수 없다. 즉, 이것은 국가와 교회의 분리를 말하는 것인지 아니면 국가가 주권적인 권리를 교회와 같이 나눌 수 있는가에 대한 문제였다. 현재의 헌법에 따르면 어떤 교회기관도 특별한 대우를 받을 수 없는데 그렇지 않을 경우에 이것은 헌법적인 관점에서 볼 때 문제가 된다. 이것은 모든 교회가 동등한 권리를 갖는다는 조항을 위반하는 것이다. 이 협상은 해당 교회에 특별권리를 보장하는데 국가와 협약이 없는 교회는 어떤 손해를 보고 있다는 것을 보여준다. 이것은 헌법에 보장이 된 동일한 권리와 보장에 어긋나는 것이다(Köbel, 2005: 76~77).

2) 교회와 과거사 극복

지난 40년 동안 헝가리 공산당과 교회와의 긴밀한 협력관계는 큰 문제로 다가온다. 지나간 상황은 어차피 같이 협력하지 않으면 살아남을 수 없는 상황이었다. 그 상황은 아래와 같다.

- 국가와 협력하여 이데올로기와 신학을 만들어내고 지위를 가지고 그들에게 봉사함으로써 지위를 얻는 협력자들이 있었다.
- 애국인민전선이나 평화운동에 참여하거나 직접 이데올로기를 만들지는 않았지만 **일시적인 악으로 알았기** 때문에 운동에 참여한 부류가 많았다.
- 저항하고 불만을 표현했던 자들이 있었다(Horváth, 2005: 61).
- 심한 저항으로 추방당하거나 감금된 사람들이 있었다.

루터교단은 첫 번째 총회를 통해서 새로운 시대를 열었다. 지나간 40년을 어떻게 극복하는가에 대한 문제는 중요한 과제였다. 그것은 과거극복과 죄악의 고백이었다. 모든 교회에서 이 문제는 아주 중요한 논란거리였다. 과거를 상세하게 극복하는 것은 매우 중요한 일이다. 그러므로 학자들이 어떻게 평가를 하고 어떻게 나아갈 것인가에 대한 방향제시가 중요하며 동시에 과거의 우리의 죄와 잘못을 하나님 앞에서 용서를 받기 위한 고백이 요청되었다(Böröcz, 2005: 37). 따라서 우리는 개인적인 죄악뿐만 아니라 교회 전체의 집단적인 죄악과 마주하며 과거사를 고백해야 하며 죄를 범한 사람들과 우리의 마음을 감찰하시는 하나님 앞에서 우리의 죄를 고백해야 한다. 그러나 지금의 상황에서 고백에 참여할 죄지은 자들에 대한 이름은 언급되고 있지 않다(Orosz, 2005: 92). 불충분한 과거에 대한 정보는 과거의 극복을 어렵게 할 뿐만 아니라 집단적으로 말하는 사죄는 진정한 반성에 도움이 되지 않는다(Orosz, 2005: 93).

헝가리 개혁교단은 축소되었지만 살아남았다. 목회자들은 대부분 어쨌든 하나님이 주신 임무를 달성했고 규칙 속에서보다 그들의 교회를 위해 어떤 일을 하거나 그 일을 추구하기 위해 더 노력했다. 라버스 주교는 현재의 개혁교단의 상황을 다음과 같이 표현한다. "현재 우리가 직면한 문제는 살아 있는 교회를 다시 살리는 일이고 지배세력에 의해 새롭게 하는 일이 방해를 받는다면 우리는 보이지 않은 역할을 하기 위해 교회 안으로 철수해야 한다. 그렇게 함으로써 헝가리 개혁교단은 다시 살아날 것이다"(Ravasz, 1992: 397).

3) 2006년 헝가리 위기와 그 후

헝가리는 생산구조에서 유럽연합국가 중에 외국인의 직접투자가 가장 높은 나라이다. 즉, 헝가리는 국가재정의 결핍도가 가장 높은 나라가 되었으며, 국가 재정적자는 경제성장의 후진성에서 기인한다. 정치적으로 헝가리는 중부유럽의 안정된 민주주의 구조를 따르고 있지만 신생정당이 쉽게 생기고 사라진다는 점에서 헝가리의 정치연합은 안정적이지 못하다. 헝가리는 유럽연합국가 중에서 정부의 경제계획과 국민과의 연합에서 충돌이 발생하는 유일한 나라이다. 주르차니(F. Gyurcsany) 수상의 거짓말 선언은 2006년 9월의 불안정을 가져온 결정적인 사건이었다. 의료보험체계는 포괄적이고 저렴하지만 유럽에서 가장 나쁜 상태이다. 연금수령자는 보통 200유로 이상을 받지를 못한다. 이러한 헝가리 국가재정구조의 문제점은 외국인 직접투자에 따른 결과이다(Ehrke1, 2006: 1).

헝가리 국가재정의 가장 큰 문제는 수입에서 생긴다. 이것은 외국자본에 대한 의존도가 높아서 국가가 발전을 위해서 사용할 수 있는 재정을 갖고 있지 않다는 의미이며 외국인 직접투자의 결과에 따라서 수입도 들쭉날쭉한다. 사회생산의 50~70%의 수출은 외국인 기업에 의해 형성이 된다. 따라서 국가에 대한 신뢰가 낮은 편이고 결과적으로 정치적으로도 안정적이지 못하여 양편으로 갈라져 있다. 그 예가 보수 시민당인 FIDESZ와 다른 당과의 분쟁인데, 간단한 문제에도 만장일치가 아니면 실패라는 공식으로 나아가기 때문에 이것은 결국 헝가리공화국의 정당의 정체성을 보여주는 예가 된다. 그들 속에서 어떤 타협과 합의를 본다는 것은 불가능하다.[2] 즉, 배반이냐 아니면 충성이냐의 두 가지만 있을 뿐이다. 헝가리에는 아직 성숙한 시민사회가 형성되어 있지 않기 때문에 국민들은 좌파와 우파로 나누어져 싸울 뿐이다. 외부의 것들을 헝가리 내부에 맞추려 하는 것이 아니라 오히려 외부에 헝가리를 맞추기 위해 노력한다. 즉, 헝가리를 유럽의 자본주의에 적응시키려고 한다. 즉, 이러한 특별함은 하나의 정치문화프로그램이다(Ehrke, 2006, 3).

헝가리에서 소요를 일으키는 주 책임자는 극우파들이다. 세계화와 자본주의화에 대한 비판은 우파들이 한다. 그들은 쉽게 동원이 가능한 훌리건을 중심으로 한 극우파들인데 그들의 주장은 국민에게 어떤 동정심을 자아내게 한다. 소요의 핵심은 어떤 약속을 위반한 것에 있다기보다는 오히려 실제로는 정치적인 양분이 드러난 것에 있다. 즉, 우파는 헝가리인으로서 국민의 반을 차지하고 역시 폭력성이 있는 극우파와 연결된다. 그러나 FIDESZ는 극우파의 데모 속에서 민주주의의 위험보다는 오히려 잃은 의석을 되찾을 기회를 보았다. 그리고 이 소요를 국민의 정통성이 있는 것으로 간주했다. 문제는 경제성장과 정치가 맞물려 있어서 헝가리는 장기적으로 어떤 합리적 대안이나 정치를 만들어가기가 어렵다는 데에 있다. 이런 문제는 헝가리와 모든 중부유럽 국가에도 해당된다(Ehrke, 2007: 16).

오늘날 헝가리에서는 모든 교회가 활동을 할 수 있지만 문제는 정치와의 관계이다. 가톨릭, 루터교단, 개혁교단이 종종 사회당이나 다른 당들과 동일시되는 경향이 있기 때문이다. 이것에 대해 교회는 교인들이 정당과 동

---

2) 서로 이해가 다르면서도 그들의 권리나 어떤 특권을 위한 면에는 쉽게 합의를 한다. 이런 면에서 국민들의 불신을 자아낸다.

일시하는 것을 막아야 하고 오늘날의 헝가리에서 교회의 위치를 생각하며 더 나은 대안이 있는지도 고민해야 한다.

다음과 같은 원칙도 중요하다. 국가는 어떤 기관과도 연관되어 있지 않고 어떤 교파의 가르침과도 동일시하지 않으며 어떤 교회의 내부 일에도 간섭하지 않고 신앙 문제에서는 어떤 입장도 취하지 않는다. 중요한 것은 교회 구성원들이 내면의 확신을 가지고 사회에서 개인적으로, 집단적으로 가치를 형성하는 것이다. 원래의 가치는 하나님의 나라를 이 땅에 실천하는 것이다. 즉, 국가와의 관계는 여러 차원이 있는데 정치적인 차원, 사회적 차원, 인간적 차원, 윤리적 차원이 그것들이다.

현재 헝가리 사회의 가장 큰 과제는 정치에 영향을 미칠 수 있는 대안적 시민세력이 존재하지 않는다는 점이다. 그래서 마치 닫힌 체제처럼 정치는 정치대로 시민은 시민대로 의사소통과 만남이 없는 상황이다. 니클라스 루만(Niklas Luhmann)의 표현대로 하면 자기회귀적인 체계(self-referential/autopoeisis)의 전형적인 모습을 보여준다. 즉, 서로 만남은 있지만 상호 영향이 없는 그러한 상태이다. 의회는 의회대로, 국민은 국민대로, 교회는 교회대로 서로 간에 소통의 의지가 없다.

4. 맺음말

헝가리 사회의 가장 큰 문제점은 정치적 측면에서 의회는 의회대로 좌파와 우파로 나뉘어 있고 종교적 측면에서는 교인과 교역자 간의 분리가 강하며 사회적 측면에서는 시민계급이 형성되어 있지 않다는 데 있다. 따라서 사회 전체는 일종의 자기회귀적·폐쇄회로적인 상태에 놓여 있다.

정치적 측면에서 정치가들은 과거의 공산당의 전통에 따라 좌파와 우파로 서로 나뉘어 증오하면서 싸우지만 좌파나 우파나 교회에 대한 정책에서는 큰 차이가 없다. 자유는 많이 주어져 있지만 이것을 극복해나가는 방법을 찾는 일은 교회의 책임이다. 수치상으로 드러난 교인수도 그렇지만 현재 개혁교회가 당면한 문제는 실로 복잡하다. 그 실례로 교회의 운영은 교역자 중심으로 이루어진다. 다시 말해 평신도가 예배 순서에 참여하는 것은 상당히 배제되고 있다. 그 이유는 공산당 시대에는 종교청에 등록된 목사만이 설교와 예배를 집례할 권한을 갖고 있었기 때문이다. 따라서 지금도 그러한 관습이 여전히 이어져 오는 것이다(정채화, 2004: 67).

이것은 가톨릭교회도 마찬가지이다. 평신도의 참여가 시대적 요청임에도 실제로 교회의 상황은 그렇지 못하다. 목회자들은 체제 변화 이후 반환된 교회를 보수하고 증축하는 문제와 더불어 교회 행정 등 가시적인 책임까지 완수해야 하는 일로 인해 매우 분주해지면서 설교와 말씀을 대할 시간과 영성 계발 등의 영적인 측면은 당연히 뒷전으로 밀리는 실정이다. 밖으로 드러나는 일에 더 많이 치중해야 하는 상황에서 말씀과 기도가 멀어지면 멀어질수록 점점 더 많은 사람들이 교회로부터 마음을 멀리하거나 교회를 떠나고 있다(András, 2005: 86).

물론 헝가리에는 현재 상황에서 여론을 형성할 만한 시민계급이 형성되어 있지 않다. 신자들은 이런 면에서 사회에 대한 책임과 의무를 수행하려 한다(András, 2005: 87). 사람들이 희망을 잃었기 때문에 교회는 새롭게 복음화를 통해 그들에게 희망을 주어야 한다. 그리고 교회는 국민들의 변호사가 되어야 한다. 세계화와 지속적인 자본주의화 속에서 교회는 물질주의와 소비주의에 대항할 만한 하나님의 나라의 대안을 제시해야 한다.

헝가리 민족은 시와 문학을 좋아하기 때문에 복음의 중심에 서서 노력한다면 언젠가는 좋은 미래와 전망이 있을 것이다. 창의적인 민족이 주님 안에서 창의적으로 행한다면 좋은 결과가 있을 것이다. 그러나 그 길로 나아가는 과정은 쉽지는 않다. 평신도들을 교회 사역에 참여시키고 이를 함께 나누는 일은 중요하다. 결정적으로 중요한 것은 다른 사회의 영역들이 닫힌 폐쇄회로가 아닌 열린 개방회로를 가지고 함께 참여함으로써 사회와 미래의 희망을 만들어가는 일이다.

참고문헌

정채화. 2004. 「헝가리 역사에 나타난 개혁교회의 선교와 전망」. 장로회신학대학교 석사 학위논문.

András, Emmerich. 2005. "Zur Rolle der katholischen Kirche in der ungarischen Gesellschaft nach 1989." in: *Die ungarischen Kirchen. Ihre jüngste Geschichte und aktuelle Probleme.* Schriftenrheihe des Instituts für vergleichende Staat-Kirche-Forschung Nr.17.

Böröcz, Enikő. 2005. "Die Geschichte der Evangelisch-Lutherischen Kirche in Ungarn zwischen 1945 und 1989." in: *Die ungarischen Kirchen. Ihre jüngste Geschichte und aktuelle Probleme.* Schriftenrheihe des Instituts für vergleichende Staat-Kirche-Forschung Nr.17.

Ehrke, Michael. 2005. "Länderanalyse Ungarn: Strukturen eines postkommunistischen Transformationsandes." in: *Internationale Politikanalyse.* Oktober.

Ehrke, Michael. 2006. "Ungarische Unruhen—ein Symptom der zentraleuropäischen Beitritteskrise." in: *Internationale Politikanalyse Politik Info.* Oktober.

Fazekas, Csaba. 2005. "Historical Outline of the Relationship between the State and the Churches in Hungary, with Special Regard to the Period 1790-1945." in: *Die ungarischen Kirchen. Ihre jüngste Geschichte und aktuelle Probleme.* Schriftenrheihe des Instituts für vergleichende Staat-Kirche-Forschung Nr. 17.

Horváth, Erzsébet. 2005. "History of the Hungarian Reformed Church through the Communist Era(1945-1989)." in: *Die ungarischen Kirchen. Ihre jüngste Geschichte und aktuelle Probleme.* Schriftenrheihe des Instituts für vergleichende Staat-Kirche-Forschung Nr.17.

Köbel, Szilvia. 2005. "Die Verbindung von Staat und Kirche in Verwaltungs-und Staatsrecht nach 1989 in Ungarn." in: *Die ungarischen Kirchen. Ihre jüngste Geschichte und aktuelle Probleme.* Schriftenrheihe des Instituts für vergleichende Staat-Kirche-Forschung Nr.17.

Orosz, Gábor. 2005. "An der Schwelle zweier Epochen: Zur Rolle der Evangelisch-Lutherischen Kirche in der postkommunistischen Zeit." in: *Die ungarischen Kirchen. Ihre jüngste Geschichte und aktuelle Probleme.* Schriftenrheihe des

Instituts für vergleichende Staat-Kirche-Forschung Nr.17.

Szabó, Csaba. 2005. "Die römisch-katholische Kirche Ungarns zwischen 1945 und 1989." in: *Die ungarischen Kirchen. Ihre jüngste Geschichte und aktuelle Probleme.* Schriftenrheihe des Instituts für vergleichende Staat-Kirche-Forschung Nr.17.

제7장

탈사회주의 전환 과정 중 교회의 역할

독일, 중국, 러시아, 폴란드 및 헝가리 사례 연구를 중심으로

이기홍 _ 한림대학교 사회학과 교수

1. 탈사회주의 과정 중 교회의 역할

1960년대 초 냉전의 골이 깊어갈 무렵 건설되기 시작한 베를린 장벽은 자유화의 바람을 이기지 못하고 1989년 8월 무너져 내렸다. 이후 동독을 비롯한 여러 사회주의 국가들은 시장 경제와 자유주의 시스템으로 급속히 이행하기 시작했다. 비록 중국은 그러한 혁명적 물결을 따르지 않고 공산당 지도부가 정한 가이드라인에 따라 자발적·점진적으로 개혁·개방을 이루어온 경우이나 사회주의권으로 분류 가능하므로, 편의상 독일·러시아·폴란드·헝가리와 함께 탈사회주의 전환을 경험한 경우로 간주했다. 이 글은 이 책의 앞부분에서 제시된 연구 결과를 재구성하여 각 나라의 탈사회주의 전환 과정에서 교회가 어떠한 역할을 했는지 검토한다.

이러한 작업은 각 나라의 역사와 문화, 제도, 탈사회주의 과정 등이 다르므로 하나의 체계적인 틀을 통해 비교하기 어렵다. 특히 연구된 나라가 다섯일 뿐이므로 각 경우의 전형성을 탐구하거나 모든 경우로부터 일반화된 결론을 도출하는 것이 과유불급으로 비칠 수도 있다. 하지만 다양한 사회적 상황에서 교회가 어떤 역할을 했는지 검토하는 것은 한국의 경우 통일 전후에 교회와 사회의 관계가 어떻게 변화할 수 있는지를 가늠하는 데에 도움이 된다. 가치 체계 및 조직으로서의 종교가 탈사회주의와 같은 의미심장한 변화를 겪는 사회와 어떠한 상호 작용을 보이는지에 대한 연구는 궁극적으로 사회변동론, 발전론, 종교 연구, 역사학 등의 영역에서 관심을 가질 만한 주제이다. 이 장에서는 특히 교회의 역할이라는 쟁점을 중심으로 각 나라의 탈사회주의 과정에 대한 다른 저자들의 연구를 재정리하고, 그것이 한국의 다가올 통일에 대해 어떠한 함의를 제공하는지를 생각해볼 것이다.

2. 다섯 나라의 사례

1) 독일

독일의 탈사회주의 전환 과정에서 교회의 역할은 여타 경우에 비해 가장 모범적이었다고 평가할 수 있을 뿐 아니라, 자유화 과정 자체가 1민족 2국가의 분단을 극복하는 과정이기도 하므로 한국이 얻을 수 있는 함의도 가장 클 수 있다. 냉전 시대에 동서의 경계를 갈랐던 가장 중요한 상징이라 할 수 있는 베를린 장벽이 위치했던 독일은, 나라는 갈렸어도 교회는 사실상 갈리지 않았다는 점에서 한국 교회에 큰 시사점을 준다. 전반적으로 교회는 국가로부터 상당한 자율성을 유지했으며, 사회에 대해서도 상당한 지도력을 발휘했다고 볼 수 있다.

분단하에서도, 서독의 교회는 평화 운동과 디아코니아 활동을 통해, 동독 교회는 '사회주의 속의 교회(Kirche in Sozialismus)' 노력 등을 통해 교회로서의 정체성을 유지하고 정치적으로 휘말리지 않으려 하면서, 동서독 교회의 통합을 어느 정도 유지하고 있었다. 특히 동서독 교회는 공동으로 '특별한 공동체(die besondere Gemeinschaft)'라는 의미를 공유하기 위해 노력했다. 이러한 특수한 개념을 (서독이 아닌) 동독 개신교 연맹 교회법에서 규정했다는 점은 동독이 비록 사회주의 체제였지만 북한에 비해 훨씬 더 유연한 종류의 체제였음을 깨닫게 한다. 동독은 그러한 사고를 바탕으로 서독 교회와의 관계에서 동독 체제의 통제로부터 상당히 자유로운 동반자적 공동체를 구성하기 위해 노력했으며, 그러한 노력을 위한 구체적 장치로서 자문단과 협의단을 운영하기도 했다.

서독 교회는 동독 교회에 실질적인 방법으로 도움을 주기도 했다. 예컨대 1956년에 동독의 교회세가 박탈되자 서독 교회는 봉사 활동, 건축/증축, 농임업 활동, 자동차 구입 등의 구체적인 명목을 내걸고 현물 중심의 지원을 아끼지 않았는데, 그 모든 과정을 감독하는 과정에서 엄격한 태도가 아닌 상당한 융통성을 보이기도 했다. 이러한 점은 동독의 사회주의 체제 유지에 서독의 지원이 부분적으로 도움이 된 것이 아니냐는 비판을 받을 수도 있지만, 사회주의라는 특수한 상황하에서 교회의 존속과 성장을 위해 불가피한 방법이었다고 볼 수도 있다. 이러한 점은 한국 교회 역시 북한 또는 여타 창의적 접근 지역에서 선교 혹은 인도주의적 사업을 벌일 때 어느 정도 감안할 가치가 있는 내용이라고 생각한다.

1980년을 전후해서는 동서독 교회는 공동으로 반전 의식을 고취하는데, 동독 교회가 1958년에 제시한, 외적으로 세계 평화의 정착, 내적으로 독일 내 평화에 기여하겠다는 발표문 등이 그 밑거름이 되었다. 동독 교회는 사회주의를 인정하면서도 그 속에서 보다 나은 인간적인 사회주의를 추구하기 위해 '사회주의 속의 교회'라는 개념을 강조했다. 서독 교회는 1980년대에 들어 핵무기 없는 평화를 '새로운 평화 정치를 위한 시민운동'을 통해 강조하기 시작했다. 또한 개신교는 평화 봉사대를, 가톨릭은 평화를 위한 행동 공동체를 조직함으로써 말뿐이 아닌 손과 발이 따르는 평화 운동을 가능하도록 했다. 이러한 점은 이념적 분단하에서 동서독의 교회가 구교-신교의 경계를 초월하면서까지 기독교의 기본 정신을 실천하는 운동을 위해 협력했다는 것을 알 수 있다. 현재의 한국 현실을 고려할 때 독일의 상황은 분단의 공통점이 있으나 초교단적 협력이 가능할 정도로 매우 달랐음을 확실히 느낄 수 있는 사례이기도 하다.

통일 후 사회적 혼란에 대해서도 독일 교회는 상당히 모범적으로 대처했다고 평가할 수 있다. 독일은 통일 후 많은 비용이 지출되었으며 실업률은 높아졌고 심지어 극우파의 등장과 (구동독 주민에 대한) 차별이 사회 문제가 되는 지경에 이르렀다. 그러한 상황을 극복하기 위해 통일 독일의 교회는 1997년 '연대적인, 정의로운 미래를 위해!'라는 사회적 확약을 제시한다. 내용은 인권, 자유로운 사회민주주의(독일 전통의 민주주의), 생태-사회적 시장경제, 노동에 대한 이해, 국제적 책임 등 여러 내용을 아우른다. 또한 2006년에는 「가난에 대한 교회의 입장을 전하는 백서」를 출간함으로써 자본주의의 폐해라 할 수 있는 빈부 격차를 기독교적 정신으로 극복하고 경제적 정의를 실천하기 위해 노력하는 그리스도인의 자세를 강조했다.

독일 교회는 사회적 소통을 위해서도 노력했다. 1991년 베를린 개신교연맹 신학위원회에서는 동서독 주민들 간의 여러 차이점을 극복하기 위해 '다르게 생각하는 사람들과 함께 나누는 대화(Dialog mit Andersdenkenden)'를 제안하여, 상호 존중과 공감을 기반으로 한 관계성을 증진시키기 위해 노력했다. 또한 비폭력, 평화, 인권을 위한 교육에도 관심을 기울여 독일 전통에서는 부정적으로 인식되는 극우적 민족주의를 견제하기 위해, 반민족주의적 노선을 견지하고 유럽 전체의 평화를 지향하기 위해 노력했다.

이러한 사례는 남북 간의 상호 방문 및 의사소통이 자유롭지 않은 한국의 현실에서 볼 때 거의 불가능해 보이는 경우이다.

즉, 독일 교회는 분단 상황을 무릅쓰고 두 나라의 통합을 위해 다방면으로 노력했다. 그들은 특별한 공동체 의식과 같은 개념을 발전시켰고, 구체적이고 실질적인 선교 계획을 세우고 지속적으로 집행했으며, 이타적 사고, 평화지향적 사고 등을 전파하는 데에 애썼다는 점에서 매우 모범적이라고 평가할 만하다.

2) 중국

중국은 그 나름대로 특수성을 보인다. 중국은 소련과 동구와 같은 급격한 탈사회주의적 전환을 경험하지 않고 도리어 위로부터의(top-down) 개혁개방을 점진적으로 실천해가고 있다.

1950년대 후반 모택동이 주도한 문화혁명 당시에는 종교·신앙의 자유가 실질적으로 보장되지 않았으나, 1978년에 들어 등소평 시기에는 '전면적 종교신앙 자유정책'을 실시한다. 이후 중국은 자치·자양·자전을 강조하는 삼자 선언을 반제국, 반미 노선과 함께 표방하기에 이른다. 그러한 삼자 정신과 혼합된 따라서 중국에서 공식적으로 인정되는 교회가 바로 삼자교회이다.

삼자 교회는 중국적 특수성 속에서 교회가 기독 정신의 사랑을 실천하는 방식으로서의 사회주의를 인정한다고 보아, 교회의 존속과 제도적 인정을 보장받게 했다. 특히 개혁개방 이후에는 자유주의와 자본주의의 영향으로 혼탁해진 사회에 대해 기독교적 윤리와 도덕을 강조함으로써 교회의 고유한 역할을 자리매김했다.

중국에서 교회의 역할이 크게 부각된 시기가 없었을 뿐 아니라 사회주의

권 내에서도 매우 독특한 방법으로 자유화를 추진했으므로, 교회의 역할에 대한 모형이나 한국에 적용할 수 있는 함의를 끌어내기 어렵다. 북한이 현재로서는 중국식 개혁·개방을 실시할 가능성이 당장에는 희박하다는 점 역시 중국의 경우가 한반도에 주는 함의에 대한 논의를 어렵게 한다. 하지만 북한이 중국과 같은 변화를 시도한다면 종교 정책 역시 중국의 사례를 참조할 수 있으므로 앞으로 중국의 종교 정책 및 교회의 활동에 대한 연구는 지속되어야 할 것이다.

3) 러시아

러시아는 여러 동구권 나라와 마찬가지로 급격한 탈사회주의적 전환을 경험했다. 그 과정에서 공산당 일당 독재는 민주화로, 중앙 통제 및 계획경제는 시장경제로, 전체주의적 이념은 다원주의로 대체되었다. 고르바초프와 옐친의 시기에는 체제 자유화를 위한 충격요법의 일환으로 다양한 종교를 부흥시키는 정책을 펼쳤는데, 교회는 그러한 도움을 어느 정도 받았다고 할 수 있다. 옐친 후반기에는 민족주의를 강조했는데, 교회도 그러한 방향성에 어느 정도 동조했다. 푸틴 시기에는 국가가 사회를 떠안는 러시아의 독특성에 기초한 국가발전의 방향성이 정립되는데, '수직적'·'주권' 민주주의의 강조, 근대화 등이 주요 쟁점이었다.

이러한 변화를 겪는 가운데 러시아 정교는 민족 종교로서의 정체성을 강화하여 정치적 행위자로서의 역할도 감당한다. 독일, 오스트리아, 네덜란드, 이탈리아, 스페인 등이 종교적 다원성을, 미국, 프랑스 등이 종교-정치의 엄격한 분리를 추구한다면, 영국, 핀란드, 그리스 등은 국교를 인정하는데, 러시아 정교는 사실상 국교의 역할을 자처한 것이다.

사회주의하에서 러시아 교회는 국가에 철저히 종속되어 있어서, 일반적인 종교로서의 기능을 감당하기 어려웠다. 탈사회주의가 진행되면서 공산당 집행위원회는 1990년 「포교와 종교 단체 설립의 자유에 관한 법률」, 1991년 「종교와 양심의 자유에 관한 법률」을 제정하고 시행하는데, 그 즈음에 비로소 교회가 활발해지기 시작한다. 하지만 국가와 종교의 관계는 곧 부분적으로 유착하는 방향으로 나아간다. 1992~1993년에는 러시아 정교회의 외래 종교들에 관한 규제 법령이, 1997년에는 러시아의 전통적 종교에 대한 특권적 지위를 인정하는 「양심과 종교의 자유에 관한 신(新)법안」이 제정, 시행되었는데, 이러한 변화는 모두 러시아 정교회를 강화하는 방향으로 도와주었다. 이러한 결과는 1990년대 초반 선거 결과에도 반영된 민족주의 및 보수주의의 강화 바람과도 관련이 있다고 해석할 수 있다. 이러한 분위기는 2004년에 제시된 러시아 연방 국가종교정책에도 유사한 방식으로 반영되어 있다.

러시아에서 교회가 대체로 국가에 종속되어 있었다면, 교회와 사회와의 관계는 어떠했는가? 통계에 의하면 1985년에는 신자의 비율이 25%일 뿐이었다가 2004년에 62%로 증가했다고 한다. 이러한 변화는 기본적으로 정치, 사회 기관에 대한 불신이 증가하는 대신 교회가 군대와 함께 높은 수준의 신뢰를 유지했던 그간의 분위기를 그대로 반영하는 것이다. 이 시기에 사회주의 이념의 분해와 더불어 일종의 아노미(anomie, 무규범상태)를 경험한 러시아의 대중은 다양한 사회적 혼란을 정신적으로 극복하기 위해 종교에 기웃거렸다고 해석할 수 있다. 그들은 신앙인의 역할에 대해서는 긍정적으로 보았으나, 종교와 국가가 밀착하는 것에 대해서는 지속적으로 반대했다.

공교육에 러시아의 교회가 미친 영향 역시 중요했다. 러시아는 자유화 시절 일찍이 미국 선교 단체가 주도하는 국제학교 프로젝트하에서 기독교 도덕 교육을 허용했고, 1992년에는 코미션(CoMission)이란 단체의 주도로

서방 선교단체와 대학의 협력체가 기독교 윤리교육을 전담했으며, 1996년에는 정교회의 공교육에서의 역할 강화가 인정되어 2001~2002년에는 부분적 유착 관계를 형성하기도 한다. 이에 대한 반작용으로서 푸틴 후기에는 국가-교회의 엄격한 분리를 시도하기도 했다.

러시아는 교회가 국가의 주도를 인정하며 따라가는 가운데, 특히 민족주의 및 보수주의와 결합함으로써 대중의 지지를 어느 정도 받게 되었다. 또한 제한적으로 교육 부문에서 도덕, 윤리를 책임짐으로써 사회봉사의 역할을 감당하기도 했다. 국가와 교회가 유착한 면이 있다는 점에서 현재 한반도의 상황과 비슷한 부분이 보이기도 한다.

4) 폴란드

폴란드는 위에서 정리한 사례에서 찾아보기 어려운 독특한 면을 보인다. 사회주의하에서 폴란드의 가톨릭교회는 여타 사회주의에서 종교 및 교회가 국가에 종속되었던 것과는 달리 이른바 '국민 교회'가 당 및 국가와 지속적으로 대립하는 관계를 형성했다. 특히 도덕적 타락, 청년 세대의 혼란, 알코올 중독, 노동 생산성의 감소 등의 문제에 대해 국가가 해결책을 제시하지 못할 때, 교회는 여러 사회 세력의 중심이 되어 여러 문제를 코포라티스트적 방식으로 해결하기 위해 나섰던 것이다. 그러는 가운데 교회는 민족주의를 어느 정도 강조하는 방식으로 나아갔다. 이것이 폴란드의 특수성이라고 정리할 수 있다.

폴란드의 교회는 예로부터 제2차 세계대전 전까지 종교기구라기보다는 민족의 정체성을 담당하는 기구로서의 역할이 더 강했으며, 16세기 반종교개혁 기간 중에도 온건한 변혁을 경험함으로써 종교 전쟁의 피해가 없었다. 이후 러시아 10월 혁명, 나치 점령을 거칠 때에도 민족 교회로서의 역할을 꿋꿋이 감당해왔다.

교회가 국가와 경쟁을 펼친 때는 1940년대 중반부터라고 할 수 있다. 1944~1956년에는 국가와 갈등을 경험할 수밖에 없었다. 이념적으로는 교회가 무신론과 대립해야 했으며, 정치적으로는 공산당 등의 공식 지배 기구에 맞서서 영향력을 최대한 확보하려는 노력을 경주해야 했기 때문이다. 1956~1970년 동안의 기간에는 동구권 전체에 영향을 준 탈스탈린화와 더불어 교회에 대한 실용주의적 정책이 개시되었는데, 1960년대 초반에는 제2차 바티칸 공의회 이후 뷔신스키 추기경을 중심으로 교회 갱신 운동이 일어나기도 했다. 1970년대에 들어서는 추기경이 교황으로 선출되는 등의 교회적 경사가 있어 국가와의 경쟁에 도움이 되기도 했다. 1980년대에는 연대 노조와 국가 사이에서 중재 기능을 행사하기도 했으며, 연대 노조의 활동이 금지된 후에도 교회는 계속 연대를 지지하면서 당 또는 국가에 예속되지 않은 기구로서 활동했다. 이후 자유화의 바람이 불고서는 국가와 경쟁하는 전통이 더욱 강화되어, 교회는 윤리적/문화적 반체제 세력이자 안정된 야권 세력으로서의 기능을 잘 수행할 수 있었다.

탈사회주의가 시작된 후 교회는 교육, 낙태, 기독교적 가치, 반유태주의, 부패한 교회 재정 등의 문제에 대해 오피니언 리더로서의 역할을 담당했는데, 공산당이 있었던 사회주의 시기와는 달리 대결 구도가 불분명해지자 시민 및 엘리트 계열의 지지가 감소하기도 했다. 즉 폴란드의 특수성을 요약하자면, 전통적으로 교회를 민족의 중심에 두었으며 그로부터 형성된 지지를 바탕으로 사회주의하에서 교회가 국가와 경쟁 관계를 유지하다가, 자유화 이후 도리어 세력이 상대적으로 약화되었다는 것이다.

5) 헝가리

헝가리 역시 독특한 점이 많이 있다. 헝가리에서는 기독교가 8~9세기경 들어왔는데 10세기 말 왕조가 가톨릭으로 개종하게 된다. 종교개혁 이후 나라가 개신교에 대해 통제하다가 1791년에 이르러서야 루터교를 가톨릭에 이어 국가 종교로 인정한다. 1945년에는 사회주의 국가가 토지 개혁을 시행하는 가운데 교회의 재산을 박탈하고 탄압하기 시작한다. 1949년에 들어서는 국가가 총체적으로 교회를 통제하기 시작하여 부분적으로만 자율성을 허락하는 단계에 들어간다. 이러한 과정을 거쳐 사회주의하의 교회는 국가와 대폭 타협하게 되는 것이다.

1989년 자유화 이후에는 정치 및 종교 부문에서 다원화가 보장됨으로써 다당제 및 국가와 교회의 분리가 인정되는데, 이후에는 교회의 과거사 문제가 쟁점으로 부각된다. 2006년 경제위기를 거치면서 해외직접투자의 비율이 매우 높은 헝가리에서는 강성 극우파가 더욱 득세하여 이념적 갈등이 심해진다. 헝가리 교회는 시민 사회와 더불어 더욱 성장해야 하고, 평신도와 교역자와의 분리 역시 약화되어야 한다는 과제를 안고 있다.

굳이 분류하자면 헝가리 교회는 중국이나 러시아와 같이 사회주의하에서 국가에 종속된 것으로서만 기능할 수 있었으므로, 자유화 물결이 밀어닥친 후에도 교회의 기능을 제대로 발휘할 수 없게 되었다고 할 수 있다.

3. 맺음말: 탈사회주의 전환을 경험한 나라들이 한국적 상황에 주는 함의

1) 교회의 역할 비교

이상을 종합하여 탈사회주의 과정에서 교회의 바람직한 역할에 대해 생각해보면 다음과 같다. 먼저 시기적으로는 탈사회주의 과정을 시간순으로 이분화하여 사회주의 시기와 탈사회주의 진행 시기로 나누는 것이 가능할 것이다. 또한 교회와 여타 부문과의 관계는 교회-국가 및 교회-사회 관계로 이분화하여 생각할 수 있을 것이다. 이러한 구분은 개념적인 것으로서 현실적으로는 구분을 결정하는 경계가 명확하지 않을 수 있다.

먼저 사회주의하에서 교회-국가의 관계를 생각해본다면, 교회가 국가의 강한 통제로부터 벗어나도록 노력하는 것이 바람직하다는 것이다.

독일의 경우, 동서독의 교회가 각각 국가로부터 어느 정도의 자율성을 보이며 신학적/철학적으로 그리고 실무적으로 몇 개의 프로그램을 통해 움직여왔다는 증거가 보인다. 또한 교회-사회의 관계를 보면 서독의 경우 동독에 대해 물적 지원을 지속함으로써 두 교회 간의 교류가 끊이지 않고 상호 동질성을 유지하는 데에 상당한 도움이 되었다. 독일을 제외한 대부분의 경우에는 교회가 사회주의하에서 국가에 종속되거나 사회적 활동이 활발하지 못했던 경우가 많다.

탈사회주의가 진행 중인 교회의 역할을 보면 급격한 변동을 겪는 국가체제를 대신하여 사회 통합을 위한 집단적 정체성을 제공하는 경향이 강하다. 이것이 그러한 시기 교회-국가 관계의 핵심적 요소이다. 더불어 기독교적 이념의 발휘될 여지가 있는 경우 시장경제, 자본주의, 자유주의의 문제점에 대한 도덕적 비판 기능이 작동하기도 한다. 비슷한 시기 교회-사회 관계를 보면 교회가 민족주의 세력과 어느 정도 강한 관계를 유지하는가가 관건이

<표 7-1> 탈사회주의 전환 과정 비교

비교점 \ 사례	독일	중국	러시아	폴란드	헝가리
국가에 대한 교회	자율적	종속적: 삼자 교회	대체로 종속적: 이념적으로 동조	대립적	대체로 종속적
사회에 대한 교회	선구적	제한적	제한적	선구적	제한적
민족주의에 대한 교회	반민족주의: 극우적 민족주의에 대항	-	민족 종교이자 민족주의에 동조	민족 종교	-

되는 듯하다. 탈사회주의 진행을 겪는 과정에서 대부분의 나라는 민족주의의 부흥을 경험하는 데 교회가 이전에 민족주의와 어떠한 관계를 유지했는가에 따라 교회와 민족주의 세력 간의 관계가 달라지는 듯하다.

전반적으로 보면, 사회주의하의 상황이나 탈사회주의가 진행되는 상황에서 가장 바람직한 모습을 보여준 경우는 분단을 겪기도 한 독일의 교회라고 할 수 있다. 이념적으로나 실용적으로나, 사회주의하에서나 탈사회주의가 진행될 때, 독일 교회는 교회 및 민족의 통일을 위해 항상 무언가를 전략적으로 해왔음을 알 수 있다. 이러한 모습을 한국 교회가 통일을 대비하는 가운데 배워야 할 것이다.

<표 7-1>은 위에서 재정리한 다섯 나라에 대한 연구 내용을 바탕으로 탈사회주의 전환 과정을, 비교적 분류가 용이하다고 판단된 교회-국가 관계, 교회-사회 관계, 교회의 민족주의에 대한 태도를 중심으로 단순화하여 비교하기를 제안한 것이다. 이러한 분석은 제한적으로나마 위의 다섯 나라가 아래와 같이 분류될 수 있음을 보여준다.

첫째, 교회-국가 관계를 보면 독일과 폴란드는 교회가 국가로부터 상당한 자율성을 유지했으나 중국·러시아·헝가리는 그렇지 않았다. 위에서 정리한 바와 같이 교회가 국가로부터 자율성을 유지한 경우가 그렇지 못한

경우보다 기독교적 가치를 실천하기에 더욱 유리했다.

둘째, 교회-사회 관계도 독일과 폴란드에서는 상당히 선구적이었다고 할 수 있으나, 나머지는 상당히 제한적이었다. 독일과 폴란드는 정치적 제약을 사실상 초월하여 교회가 제시하고 실천한 일이 많이 있었고 따라서 통일 또는 자유화에 대해 교회가 사회에 대해 제안하는 바가 분명히 있었다고 할 수 있으나, 여타 경우에는 그러지 못했다는 것이다.

셋째, 연구 결과에서 민족주의와의 관계를 명시하지 않은 중국과 헝가리를 제외하면, 러시아와 폴란드는 기독교가 민족 종교로서 인식되는 가운데 교회가 민족주의에 동조함으로써 혼란기에 사회 통합의 기제로 역할하는 경향이 보인다. 독일은 교회가 나치 등과 같은 특이한 역사적 경험 관계로 민족주의에 도리어 대항하는 태도를 보이는 듯하다.

2) 탈사회주의 전환 과정으로부터 한국 교회가 얻을 수 있는 함의

이러한 사례에 비추어 한국 교회는 한반도의 통일 과정에 어떻게 기여할 수 있을까?

위의 비교 결과를 바탕으로 일반론적인 제언을 한다면 다음과 같다.

교회는 독일과 폴란드의 경우에서처럼 국가에 대해 자율적이고 사회에 대해 선구적인 자세를 유지할 수 있기 바란다. 또한 극우적 민족주의를 피하되 적정선의 민족주의적 태도를 견지함으로써, 유사시 한반도의 통합에 기여하는 정신적 기제가 될 수 있었으면 한다. 하지만 한국 교회의 현실은 이러한 역할을 감당하기에 여러모로 역부족인 듯하다.

한국 교회가 보다 구체적으로는 신뢰 회복, 신학적/조직적 준비, 자원의 축적 정도는 최소한 고려하기를 제안한다.

무엇보다도 먼저 한국 교회는 내외적으로 신뢰를 회복할 수 있어야 한다. 한국 교회는 현재 내적으로 매우 분열되어, 외부로부터 저평가받고 있다. 위에서 검토한 일부 나라들과는 달리 기독교는 한국적 상황에서 전통 종교라 할 수 없으므로 민족 또는 국가 전체를 통합하는 기능이 약하다. 따라서 급변기에 지도적 역할을 할 수 있는 가능성을 높이기 위해 '신뢰받는 집단으로서의 이미지'를 시급히 확보해야 하는데, 안타깝게도 한국 교회의 현실은 이로부터 거리가 멀다. 특히 이명박 정권은 성립 초기부터 친기독교 카드를 적극적으로 사용한 편인데, 그러한 선택은 결국 교회의 이미지 악화에 기여하는 결과를 낳은 것이 아닌지 의심스럽다. 이러한 문제를 해소하기 위해서 한국 교회 내부로부터의 교회 비판 기능을 활성화하여 '자정 능력을 바탕으로 스스로 혁신할 수 있는 조직'이라고 인정받아야 한다. 또한 정치군사적 상황이 아무리 악화되더라도 인도주의적 대북 지원을 묵묵히 지속함으로써 교회가 여타 부문의 변화에 휘말리지 않는 조직임을 보여주어야 통일과 관련한 결정적 시기에 제 목소리를 낼 수 있을 것이다.

독일 등의 사례에서 본받을 수 있듯이 더욱 철저한 신학적·조직적 준비가 필요하다. 한국 교회는 통일의 방식에서 기독교적 원칙과 방법이 무엇인가에 대해, 그리고 현재의 분단 상황을 기독교적으로 어떻게 인식할 것인지에 대해서도 합의하여 통일 준비를 해나가야 할 것이다. 이를 위해서는 교회가 적어도 통일이라는 쟁점 앞에서는 초교단·초교파적으로 뭉칠 수 있도록 하는 조직적 정비가 필요하다. 이러한 교회 조직의 정비를 통일이라는 쟁점으로 실험한다면 이후 다른 쟁점에 대해서도 교회 조직을 조정하는 노하우를 축적할 수 있을 것이다.

또한 유사시 북한에 투입할 수 있는 인적·재정적 자원을 한국 교회가 축적해야 한다. 2010년 3월의 천안함 사건, 같은 해 11월의 연평도 포격 사건, 2011년 12월의 김정일 사망 등은 한반도가 군사적으로 매우 불안정한 상황에 있음을 극명하게 보여주었고, 그것을 둘러싼 다양한 논쟁은 한국이 이념적으로 매우 분열되어 있음을 다시 한 번 깨닫게 했다. 한국 교회는 오래 전부터 군사적 문제가 지적되어왔던 서해뿐 아니라 한반도 어디에서도 급격한 변화로 치달을 수 있는 갈등의 불씨가 있음을 인지하고, 유사시 발생할 수 있는 모든 문제를 가장 평화적인 방법으로 해결할 수 있도록 투입할 수 있는 자원을 충분히 예비해두어야 할 것이다.

제8장

남북한 문화의 만남 이후를 준비하는 교회의 역할*

임성빈(장로회신학대학교 기독교와 문화 교수)

1. 들어가는 말

21세기 한민족의 최대과제는 통일이다. 그러나 남북 사이의 다양한 만남의 경험과 독일 통일과 그 후유증에 대한 연구들은 우리들을 통일에 대한 낭만적 환상으로부터 깨어나게 했다. 특별히 우리는 독일 통일의 경험을 통해서 정치와 경제를 비롯한 사회구조적인 통일도 매우 중요하지만 사

* 필자는 이미 남과 북의 통합적인 통일을 위한 연구라는 관점에서 「통일을 준비하는 그리스도인의 과제: 문화통합을 중심으로」, 『21세기 책임윤리의 모색』(임성빈, 2002: 406~438) 등의 연구에 착수해왔다. 이 연구는 이러한 선행연구의 기본 논지와 방법론, 기본적인 자료를 상당 부분 채용하고 있음을 밝힌다. 그러나 후속연구로서 본 연구가 지니는 차별성은 기존 연구 이후에 발표된 자료들을 참조·보완했으며, 종전에는 주체사상에 대한 이론적 연구에 치중했지만 이번에는 21세기에 들어서 북한에서 전개되는 선군정치와 우리 민족 제일주의 등에 대한 1차적 교재, 즉 평양출판사 간행물인 이념서적과 문예창작소설 등에 대한 연구를 추가했다는 것이다. 그러나 이 연구는 선행 연구와 다른 별개의 연구가 아닌 급변하는 21세기 초반부 한반도의 맥락을 고려한 개정보완연구라고 봄이 타당할 듯하다.

람의 마음속으로부터의 통일, 즉 '사람의 통일'[1]이 근본적으로 중요하다는 사실을 인식하게 되었다. 이러한 사실은 북한과 남한에서 모두 생활한 경험이 있는 탈북자들의 증언을 통해서도 확인된다. 탈북자들이 예상하는 통일 후에 우리가 직면하게 될 가장 심각한 문제는 "사고방식, 가치관, 문화적 차이"였다.[2]

이와 함께 우리는 이른바 동구공산주의 사회의 체제전환의 역사를 관찰하면서 남북 간의 물리적 통일로 우리의 통일과제가 완수되는 것이 아니라는 사실을 더욱 깊이 인식하게 되었다. 특별히 기독교윤리학적 관점에서 사람들의 삶에 기본적인 영향을 미치는 궁극적 가치관을 분석할 때 우리는 상당한 위기의식을 가지게 된다. 기독교가 공산주의적 사회주의를 부정적으로 비판했던 가장 우선적인 이유 중 하나는 그 체제가 무신론적 유물론에 기초하고 있다는 것이었다. 그렇다면 과연 체제전환 이후의 동구사회에서는 가치관에 어떠한 변화가 일어나고 있으며, 그 사회를 주도하는 우선적인 가치관과 문화는 무엇일까? 한마디로 정의하기는 어려우나, 분명한 것은 공산주의적 유물론의 자리에 자본주의적 유물론인 '물질주의'가 사람들의 마음을 얻고, 소비문화가 주도적인 문화로 자리 잡고 있게 될 것

---

1) 우리는 정치적 · 경제적 · 군사적 측면에서의 통일이 "땅의 통일"이라면, 문화적 심리적 측면에서의 통일을 "사람의 통일"이라고 말할 수 있을 것이다.

2) 북한을 탈출하여 남한에 정착한 새터민들과의 면담을 통한 전우택 교수의 연구에 의하면 그들이 예상하는 통일 이후 우리 사회가 직면하게 될 가장 심각한 문제는 "사고방식, 가치관, 문화적 차이"였다. 총 응답의 24.4.%가 이것에 관한 것이었다. "통일 후 사상 · 이념의 차이와 대립"이 가장 심각한 문제가 될 것이라는 응답은 11.2%로 나타나 3위를 차지했다. 이것은 탈북자들이 생각하기에 통일 후 직면하게 될 갈등은 정치 이념적인 것보다는 사고방식, 가치관 등의 차이에 의한 "이질감"이 훨씬 더 큰 문제라는 것을 가리킨다. 물론 이 둘 사이에는 어느 정도 상관성이 있다 (전우택, 2007: 261~273).

이다.[3)]

그렇다면 과연 북한의 사회주의 체제로부터의 전환은 한민족에게 어떤 유익을 줄 수 있을 것인가? 물론 인간의 존엄성의 확보와 자유로운 선택권의 확보와 행사라는 점에서 지대한 유익을 줄 것을 기대할 수도 있을 것이다. 그러나 어찌하다 보면 물질이 신이 되는 맘모니즘(mommonism)이 더욱 득세하고, 물질의 소유 여부에 따라 새로운 계급차별과 지역차별이 발생하는 사회가 형성될 수도 있다는 우려도 갖게 된다.[4)] 우리는 기독교윤리학적 관점에서 더욱 통전적 유익을 주는 통일을 지향하고 구체적인 대안을 모색해야 한다. 그런 의미에서 이 글은 물리적인 통일만이 아니라 진정으로 남과 북의 '삶의 질'이 모두 변혁되는 통일 준비에 궁극적 관심을 가지며, 그러한 통일을 가능케 하는 방법적 도구로서의 문화통합을 모색한다는 목적에서 착수되었다. 문화통합을 위해 요구되는 남과 북의 이질적 문화의 내용을 남한과 북한의 현재 문화를 구성하는 각각의 세계관에 대한 교차비교를 통해 분석적으로 파악할 것이다.

남한과 북한이 분리되어 살아온 세월이 60여 년에 이르고는 있지만 아직도 위계적·유교적인 문화로 대표되는 전근대적인 문화의 측면과 강력한 민족주의적 성향이라는 측면에서는 나름대로의 동질성[5)]을 유지하고 있다

---

3) 사회주의 체제에서 전환한 대부분의 나라에서 (러시아와 같은 국가종교적 교회를 제외하고) 체제전환 전과 비교하여 교회의 사역과 대사회적 활동이 두드러지게 증가한 것도 아니며, 교회에 대한 사회적 기대가 커진 것은 더욱 아닌 듯하다. 이 부분에 대한 구체적 연구는 독일과 체코와 헝가리의 경우를 참조하면 더욱 도움이 될 것으로 기대된다.

4) 새터민들이 예상하는 통일 이후 직면하게 될 큰 문제 중 두 번째로 지적된 것이 바로 "경제적 차이에 의한 심리적 갈등의 문제"였음을 우리는 매우 심각하게 기억해야 할 것이다. 이것은 통독 이후의 독일 상황에서도 확인된 문제이다(전우택, 2007: 272).

는 분석도 가능하다. 그러나 남과 북의 문화는 근대적인 문화의 정착이 시작된 이후에 그 이질성이 강화되어왔다고 볼 수도 있을 것이다. 이 글에서는 과거지향적인 동질성을 넘어서서 통일된 한민족의 문화적 동질성을 담보해주는 토대를 모색하기 위해 남북한 사이에 존재하는 이질적인 문화에 관심의 초점을 모을 것이다. 남북의 진정한 하나 됨의 가능성은 역사적 동질성에 대한 이해를 넓히면서 동시에 이질적인 내용을 미래지향적으로 통합함에 있다고 할 수 있다. 남과 북 사이의 이질성을 유발하고 강화하고 있는 문화적 요소는 다양하다. 그러나 이 글에서는, 북한에서는 '주체사상'과 그에 기초한 '선군정치'와 '우리 민족 제일주의'를, 남한에서는 '포스트모더니즘'과 '소비문화'를 대상으로 비교·분석할 것이다.[6)]

우리는 여기에서 특별히 소비문화에 관심을 가지려 한다. 그것은 이른바 벨벳 혁명으로 상징되는 동구 사회주의의 체제전환과정이 우리에게 주는 시사점이 크기 때문이다. 동독을 비롯하여 체코와 헝가리를 비롯한 동구 사회주의 국가들은 20세기 말, 비교적 폭력적 과정을 거치지 않고 사회

5) '장유유서'로 대표되는 유교적 문화가 여전히 북한에서도 자리하고 있음을 우리는 여러 경우를 통해 확인할 수 있었다. 예컨대 고 정주영 현대 명예회장, 김대중 전 대통령과 김정일 위원장과의 만남이 그 대표적인 예이다. 물론 내용적인 면에서 있어서의 구체적인 분석은 또 다른 심층적 연구를 필요로 하겠지만 적어도 인간관계를 맺는 방법과 형식에서 남과 북 사람들 사이에는 여전히 '장유유서'가 동질적인 문화로 자리하고 있다는 주장을 부인하기는 힘들 것이다. 또한 정치적 의도가 짙게 깔린 것이지만 북한의 '우리 민족 제일주의'와 2002년 월드컵과 이어진 촛불집회 이후, 또한 세계화의 가속화 속에서 더욱 부각되는 남한의 민족주의적 경향사이에도 일정한 동질성을 논할 수 있을 것이다.

6) 북한의 문화분석은 공식적인 이념체계를 바탕으로 하고, 남한은 비공식적인 문화의 흐름을 주제로 삼은 것은 물론 한계를 가진다. 그러나 통일의 주역 세대에게 오늘의 관점에서 가장 큰 문화적 영향력을 행사하는 문화적 요소라는 관점에서 이 글의 문화분석은 타당성을 인정받을 수 있을 것이다.

주의에서 자본주의 체제로 전환했고, 체제전환 이후의 삶은 소비문화에 의해 주도되고 있다. 과연 소비문화가 주도하는 삶은 물질 위주의 삶만을 의미하는 것인지, 아니면 더욱 인간다운 삶을 위한 필요조건으로서의 역할을 하고 있는지에 대한 분석은 우리 한반도의 미래와 우리의 통일 준비에 많은 시사점을 줄 것이다.

2. 문화통합의 모색

1) 세계관과 문화의 관계

사람들이 세상을 다르게 인식하는 것은 실재에 대해 매우 다른 전제를 가지고 있기 때문이다. 이렇게 특정한 문화에 대한 믿음이나 태도의 배후에 자리한 기본적 전제[7]를 우리는 세계관이라고 부른다. 이러한 전제들은 당연한 것으로 받아들여지기 때문에 점검되지 않았을 뿐만 아니라 대부분 암시적으로 의심 없이 받아들여진다. 그러한 전제들은 마음 깊은 곳으로부터 우러나오는 감정에 의해 강화되며, 그것에 도전하는 사람은 심한 공격을 받게 된다.

이러한 세계관은 문화의 3차원, 즉 인식적 차원, 감정적 차원과 가치적 차원 모두에 걸쳐 기본적인 전제를 제공하며, 다음과 같은 기능을 한다. 무엇보다도 세계관은 문화의 저변에 자리한 전제들을 통합하는 기능을 한다. 즉, 세계관은 그 문화의 구성원들에게 세상을 바라보는 나름대로의 정합적인 눈을 제공한다. 그러나 우리가 주목해야 할 사실은 세계관 자체도 변화

7) *Anthropological Insights for Missionaries* (Hiebert, 1985: 45).

한다는 사실이다. 왜냐하면 어떠한 세계관도 그 자체로 완전히 통합되어 있는 것은 없기 때문이다. 그 나름대로의 작은 부적절함을 참아내다가도 어떤 특정한 한도에 이르면 새로운 세계관을 찾게 되는 시점이 곧 세계관의 변혁시점이라고 볼 수도 있다. 사실 우리는 점진적인 세계관의 변혁 속에서 살아가고 있다.[8)]

여기에서 우리는 남과 북의 문화통합의 가능성을 확인할 수 있다. 즉, 남과 북의 이질성을 유지하고 있는 기본요소인 문화가 각각의 세계관의 변혁을 통해 변화할 수 있다는 가능성의 확인인 것이다. 이제 문제가 되는 것은 남과 북의 세계관의 변혁작업의 시작 과정부터 남과 북의 문화통합을 의식한 구체적 노력이 동반되어야 한다는 것이다. 이 글의 주요 논지는 이러한 문화통합의 과제에 교회가 적극적으로 참여할 수 있다는 것과, 또한 참여

---

8) 세계관의 성격과 문화와의 관계를 요약하면 다음과 같다.

① 세계관은 구성원에게 인식론적인 토대를 제공한다. 클리퍼드 기어츠(Clifford Geertz)의 지적대로 세계관은 우리에게 사물에 대한 인식을 조직화함으로써 일종의 사물에 대한 지도 내지는 모형을 그릴 수 있도록 해준다.

② 세계관은 우리에게 정서적인 안정을 제공한다. 기근이나 병이나 죽음과 같은 요소에 그 나름대로 의미를 부여하고, 그것은 우리에게 굳건한 정서적 안정감을 부여한다. 예컨대 죽음마저도 순교로 받아들일 수 있는 세계관이 그 좋은 예이다.

③ 세계관은 우리에게 가장 깊은 의미에서의 문화적 기준을 정당화해준다. 그러므로 우리 행동의 기준이 되는 모형이 된다.

④ 또한 세계관은 우리 문화를 통합시켜준다. 그것은 우리 사고와 감정과 가치를 하나의 전반적인 구도 안에서 조직화시켜준다. 이러한 조직화는 우리에게 그 나름대로 통일된 사물에 대한 견해를 갖게 함으로써 깊은 감정적 확신을 갖게 한다.

⑤ 찰스 크래프트(Charles Kraft)가 지적했듯이 세계관은 문화변동을 감지토록 해준다.

즉, 우리의 세계관은 우리들로 하여금 특정한 문화적 흐름이나 현상들을 받아들이기도 하며, 거부하게도 한다. 또한 우리가 그것들을 우리의 전반적인 체계 안으로 흡수할 수 있도록 재해석하는 역할도 해준다(Hiebert, 1985: 48~49).

해야 한다는 것이다.

문화통합과제에서의 교회 참여 가능성은 모든 종류의 세계관은 그 나름대로 종교적 성격을 가지고 있다는 점으로부터 모색이 가능해진다. 각각의 세계관은 그 추종자들에게 적어도 다음의 네 가지 궁극적 질문들에 대한 답들을 제공한다.

그중 첫 번째 질문은 ① 세계의 존재 근원에 대한 물음이다. 두 번째 질문은 ② 우리는 누구인가의 물음이다. 즉, 인간의 본성과 존재의미에 대한 질문이다. 세 번째 질문은 ③ 무엇이 잘못되어 있는가의 물음이다. 이것은 이 세상의 악과 왜곡되고 깨어진 삶을 우리가 어떻게 이해하고 설명할 수 있겠는가에 대한 질문이다. 네 번째 질문은 ④ 그렇다면 무엇으로 치유될 수 있는가의 물음이다. 우리의 왜곡되고 잘못된 삶이 어떻게 온전한 삶으로 회복될 수 있을 것인가에 대한 물음이다. 한 사회나 문화권의 전제를 제공하는 세계관은 나름대로 위의 질문들에 대한 답을 제공하고 있다(Banks and Stevens, 1997: 1137).

이제부터 우리는 남한과 북한의 사회를 세계관의 기능이라는 관점에서 분석함으로써 서로 간의 차별성과 유사성을 먼저 파악하여 볼 것이다. 먼저 북한은 공식적 이데올로기인 '주체사상'과 '선군정치'와 '우리 민족 제일주의'의 세계관과 문화관을 중심으로, 남한은 '포스트모더니즘'과 자본주의적 '소비문화'를 중심으로 그 문화적 특징을 분석할 것이다.

2) 북한의 세계관과 문화: 주체사상을 중심으로

(1) 세계의 존재 근원에 대한 물음의 답으로서 주체사상적 세계관

주체사상[9]에 의하면 "철학은 사상적 기초를 이루는 근본원리를 가짐으로써 당성, 계급성이 뚜렷한 사상의식으로서의 세계관을 주게 된다". 철학은 근본원리를 기초로 논리 정연하고 체계화된 "과학적 세계관"을 제공함으로써 "세계에 대한 견해와 함께 세계를 대하는 관점과 입장, 세계를 인식하고 개조하는 데서 의거해야 할 가장 일반적인 방법론"(사회과학출판사, 1989: 73)을 준다. 주체사상은 기존의 종교적 세계관에 대해 다음과 같이 비판한다.

> 객관적 관념론의 범주에 속하는 종교철학은 '신'에 대한 맹목적인 신앙을 설교하는 종교를 노골적으로 합리화한다. 종교는 전지전능한 '신', '하느님 '이 세계를 창조하고 인간의 운명을 지배한다고 주장한다. 종교에 의하면 사람의 운명이 '신', '하느님'에 의해서 제정된 것이며 현실세계에서 사람이 겪는 불행과 고통은 사람이 현실세계에 출생하기 전에 '하느님', '신'의 뜻을 어기고 저지른 죄에 대한 징벌이므로 피치 못하는 것이다. 그러므로 종교는 사람들에게 주어진 운명을 응당한 것으로 받아들이며 온갖 감성적 욕망을 버리고 '신'의 의사에 무조건적으로 순종해야만 '신'의 용서를 받을 수 있고 죽어서 천당에 갈 수 있다고 설교한다. 원래 종교는 파괴적으로 작용하는 자연의 맹목적인 힘에 대한 무지와 공포, 특히는 착취사회에서 사람들에게 불행과 고통을 들씌우는 사회적 힘에 대한 무지와 불안에 기초해서 발생한 현실의 왜곡되고 전도된 반영이다. 그것은 근로인민대중의 혁명의식을 마비시키고 착취제도에 순종시키기 위해 착취계급에게 이용되어온 사상적 억압의 도구이다(사회과학출판사, 1989: 96~97).

---

9) 북한헌법 제3조는 주체사상에 대해 다음과 같이 정의하고 있다. "조선민주주의인민공화국은 사람 중심의 세계관이며 인민대중의 자주성을 실현하기 위한 혁명사상인 주체사상을 자기 활동의 지도적 지침으로 삼는다"(전우택, 2007: 481).

이러한 관점으로부터 주체사상은 기존 마르크스주의 유물론적 세계관에 대해 그 나름대로 평가를 한다. 즉, "물질이 의식을 규정한다는 원리에 기초하여 나온 유물변증법적 세계관으로서 자본의 지배를 없애기 위한 노동계급의 이해관계로부터 출발하여 개조대상인 세계의 변화발전의 객관적 법칙을 정확히 밝혔다는 점에서 당성과 과학성의 통일을 실현했다"(사회과학출판사, 1989: 125)고 본다. 그러나 주체사상은 과학적인 세계관과 그 원리들은 "오직 사람의 근본이익으로부터 출발하여 고찰해야 해명될 수 있다"고 주장한다. 여기에서 사람의 근본이익은 "자연의 구속과 사회적 예속에서 벗어나 세계의 참다운 주인으로 되는 것"(사회과학출판사, 1989: 119)을 뜻한다. 이러한 주장은 "사람이 모든 것의 주인이며 모든 것을 결정한다는 철학적 원리에 기초하는 주체사상은 사람의 근본이익을 실현하기 위한 근본방도를 전면적으로 밝혀줌으로써 세계관에서 당성과 과학성의 통일을 완전히 실현할 수 있었다"(사회과학출판사, 1989: 125~126)는 주체사상 특유의 "사람 위주"의 세계관에 기초하고 있다.[10)]

이러한 주체사상의 세계관은 세계의 존재근원에 대한 물음에 대해서는 기존의 유물론적 세계관과 결정적인 차별성을 띠지 않은 것으로 보인다. 즉, 존재의 시원에 관한 질문에 대해서는 유물론적 발생론을 유지하는 것으로 파악된다. 주체사상에서는 존재의 시원에 관한 문제보다는 현실적인

---

10) 이러한 사람 위주의 세계관은 자연을 인간 이익을 위해 철저히 개발해야 한다는 개발주의로 이끌어갔다. 「계승자」(백남룡, 2002), 「산촌의 횃불」(박찬은, 1999) 등 북한의 인기 소설에 보면 한결같이 '인민의 이익'을 위한 '쌀농사'를 짓기 위해 물길을 바꾸고 경지를 넓히는 것을 영웅적으로 묘사하고 있다. 그러나 결국 생태계의 보전에 대한 과학적 지식과 통찰이 동반되지 못할 때 인간 중심적 세계관은 자연뿐만이 아닌 인간에게 엄청난 재해로 돌아오게 됨을 오늘의 북한 현실에서 목격하게 된다.

모순상황에 대한 타개책이 우선적인 관심으로 부각된다고 판단된다. 또한 그러한 타개책은 사람을 중심으로 한 이익을 핵심으로 하는 주체사상적 세계관을 통해 마련된다고 주장한다.

(2) 우리는 누구인가에 관한 주체사상적 세계관

주체사상에 따르면 사람은 "세계의 주인으로서 특별한 지위와 역할을 차지한다". 그것은 사람이 "자주성과 창조성, 의식성을 가진 사회적 존재"이기 때문이다. 이러한 주체사상의 인간관은 현대 부르주아 인간철학과 기존의 유물론적 노동계급의 철학과의 비교 평가를 통해 그 차별성을 인정받으려 한다. 주체사상적 관점에 따르면 현대 부르주아 인간철학은 "자본주의 제도를 유지하려는 계급적 입장으로부터 출발함으로써 세계에 대한 과학적 인식을 거부하고 인간문제에만 매달리게 되었으며 사람의 '인격의 독자성'과 '개성의 자유'를 착취제도의 혁명적 폐절이 아니라 극단한 개인주의와 방종을 통해 실현하려는 반동적 견해를 내놓게 되었던 것"이다.

이에 비해 마르크스주의 유물론적 철학은 "현실적으로 활동하는 산 사람을 역사의 출발점으로 했고 또한 철학적 사유의 출발점"으로 삼았다는 점에서 긍정적으로 평가된다. 그러나 이러한 변증법적 역사적 유물론 체계에서는 사람에 대한 견해가 아니라 물질이 일차적이라는 유물론적 원리에 기초하여 세계의 물질성을 논하는 것에서 출발하여 전개됨으로써 "사람이 전일적으로 고찰되지 않고 측면별로 논의"된 것을 주체사상은 비판한다. 주체사상에 따르면 이러한 '전일적'이지 못한 분석은 "결국 유물론부분에서는 사람의 의식이 물질과의 관계에서 고찰되고 사람의 활동이 사회적 운동형태에 귀속되었으며 인식론부분에서는 사람의 의식에 세계가 반영되는 과정이 고찰되고 변증법부분에서는 사람의 활동이 아니라 사유에 작용하는 일반적 법칙"이 혼재되어 주장되기에 이르렀다(사회과학출판사, 1989:

137). 전반적으로 주체사상은 마르크스주의 유물론적 철학이 "사람의 본질을 사회적 관계의 총체로 규정"한 것과 "사람을 사회적 관계 속에서 고찰하여 사람이 사회적 존재라는 것을 인정한 것"에 대해 긍정적으로 평가한다. 그러나 곧 그러한 철학은 아직 "세계의 지배자, 개조자로서의 사람의 본질적 속성은 밝히지 못했다"는 한계를 지적한다(사회과학출판사, 1989: 152).

그러므로 주체사상의 관심은 "사람의 활동으로부터 출발하여 사회역사적 과정을 밝히는 체계"와 "사회적 존재가 사회적 의식을 규정한다는 원리에 기초하여 전개되는 종래의 체계를 무리 없이 조화시키는 것"에 있다. 이러한 관점에서 주체사상은 "종래의 모든 철학과는 근본적으로 달리 사람의 본질적 속성에 대한 견해를 시발적인 위치에 놓고 세계관을 전개했다"는 자부심을 표현하고 있다(사회과학출판사, 1989: 138). 주체사상에서 주장하는 인간관을 요약하면 다음과 같다. 먼저 사람은 자주성과 창조성, 의식성을 가진 사회적 존재[11]라는 것이며 다음으로는 "사람이 모든 것의 주인이며 모든 것을 결정한다는 철학적 원리"를 확고히 근거 지은 견해라는 것이다(사회과학출판사, 1989: 153).

그러므로 주체사상적 문화관에서 보는 인간은 "물질경제적으로 유족하게 산다고 해도 사회적 존재로서의 생명인 사회정치적 자주성을 잃으면 죽은 몸이나 같은 것이다."[12]

---

11) 주체사상에서 사람이 사회적 존재라고 하는 이유는 첫째, "사회를 형성함으로써 자연계에서 벗어져 나와 특출한 존재로 되었다는 것"이며 둘째로는 "사람은 사회적 관계 속에서만 생존하고 발전할 수 있는 존재"이기 때문이다(사회과학출판사, 1989: 155, 157).

12) 이러한 주장은 최근의 핍절한 경제상황을 고려한 교육선전용 강조로 보인다(오현철, 2005, 22).

(3) 세상의 모순에 관한 주체사상적 세계관

주체사상은 "자본의 예속과 압박"을 기본적인 모순의 원인으로 파악한다. 그러한 기본적인 모순이 사회주의로써 일단 극복되어지지만 그 이후에도 "무계급사회 건설"을 위한 지속적인 노력이 필요하다고 본다(박승덕, 1985: 15). 즉, 모순의 원인제공자는 착취계급이며, 사회주의의 확립으로써 가능해지기 시작한 무계급사회의 가능성은 "노동계급과 농민, 도시와 농촌 사이에 존재하는 사상, 기술, 문화 분야에서의 차이"를 극복함에 달려 있다고 주장한다. 계급 없는 사회를 구조적으로 건설한다고 하더라도 특수한 사회계층의 인텔리가 존재하면 결국 새로운 착취 계급의 형성가능성이 존재한다는 것을 경계한다. 이러한 관점으로부터 공산주의의 높은 단계를 건설하기 위해서는 정신노동과 육체노동의 차이를 없애야 한다는 주장도 나온다.

이상과 같은 주체사상적 세계관은 계급사회의 출현과 그 극복을 중심으로 한 역사관을 전개한다. 예컨대 문명은 계급사회의 출현과 때를 같이 하여 발생했고, 그렇기 때문에 그 발전과정은 노예사회 문명, 봉건사회 문명, 자본주의 문명을 거쳐 왔다. 이러한 문명들은 예외 없이 사람에 의한 사람의 예속과 착취, 압박을 동반했다. 계급적인 모순과 대립의 절정으로서의 자본주의 문명은 이제 사회주의와 공산주의 문명으로 대치되어야 하며 이것이 인류 문명발전의 합법칙성이라고 한다. 기본 모순이라고 할 수 있는 계급의 문제는 생산수단과 문화적 수단의 사회주의적 제도를 요구한다(박승덕, 1985: 39).

그러나 주체사상은, 마르크스주의적 계급해방을 사람을 위주로 한 주체사상으로 넘어선다고 주장한다. 또한 최대의 목표인 "인민대중의 자주성 실현은 애국, 애족의 혁명"으로 이어진다고 한다. 주체사상은 "인민의 자주성을 실현하는 데서 가장 근본적인 문제는 …… 반혁명세력과의 투쟁"(오현철, 2005: 4)임을 말한다. 이러한 관점으로부터 90년대 이후 북한 사회가 직면한 최대의 모순과 그 원인은 '반혁명세력인 미국과 그 추종세력'이라고 주장한다. "쏘련과 동유럽사회주의의 붕괴를 기화로 감행된 미국과 그 추종세력들의 반공화국 고립압살책동으로 말미암아 공화국북반부인민들은 력사에 류례없는 엄혹한 시련과 난관에 부닥치게 되었다"(송승환, 2004: 41).

(4) 세상의 모순을 극복하는 방법론 제시로서의 주체사상적 세계관

주체사상은 혁명이론을 중심으로 세상의 모순성을 극복할 수 있는 세계관을 제시한다. 특별히 남과 북의 문화통합이라는 관점에서 우리가 주목해야 할 것은 이른바 "문화건설이론"이 주체사상에서 혁명이론의 중요한 구성부분을 차지한다는 사실이다. 주체사상은 "사회주의 문화건설이 근로인민대중을 힘 있는 사회적 존재로 키우는 사업이라는 해명에 의해 근로인민대중이 보다 자주적이며 창조적인 존재로 발전하고 문화의 주인공으로 되는 것"(송승환, 2004: 27)이 사회역사발전의 합법칙적 과정이라고 주장한다.

문화건설은 "사람들의 문화지식수준을 높여 그들을 보다 힘 있는 사회적 존재로 만드는 인간개조사업"으로서 "사람들을 낡은 사상과 낙후한 문화의 구속에서 벗어나 더욱 자주적이며 창조적인 사회적 존재로 만든다"는 목적을 가진다. 이와 함께 주체사상은 문화건설을 통해 사회개조를 추구한다. 사회개조란 "문화의 향유자인 근로인민대중에게 더 훌륭한 문화생활조건을 마련해주는 사업"을 뜻한다(송승환, 2004: 16). 인간개조와 사회개조를 포괄하는 문화건설은 주체사상의 혁명이론이라는 맥락에서 이해되어야 한다. 주체사상은 혁명시기에 따른 과제와 모순극복의 방법론을 다음과 같이 제시하고 있다. 그 첫 번째는 "민주주의 혁명시기"로서 "식민주의의 잔재를 없애고 근로인민대중을 봉건적 문화의 구속에서 해방하며 진보적인 민주주의 문화를 건설하기 위한 투쟁"이 요구되는 시기이다. 두 번째는 사회주의 혁명시기로서 "근로인민대중을 부르주아 반동문화의 구속으로부터 벗어나게 하며 노동계급의 문화가 전 사회에 유일적으로 지배하도록 하기 위한 투쟁"을 요구하는 시기이다. 세 번째는 사회주의, 공산주의 건설시기로서 "문화 분야에서 낡은 사회의 온갖 유물을 청산하고 사회주의 문화를 개화 발전시키며 공산주의 문화를 창조하기 위한 사업이 벌어지는" 시기이다. 주체사상에서 그 문화건설이론은 "근로인민대중의 자주의식과 창조적 능력을 적극 발동하며 혁명적이며 인민적인 문화를 건설하는 위력한 지도적 지침이며 인민대중의 자주성이 완전히 실현되는 공산주의 사회를 일떠세우기 위한 강력한 무기"인 것이다(송승환, 2004: 17).

주체사상적인 관점에서 보는 문화적 가치의 판별기준은 "근로인민대중의 자주적이며 창조적인 생활의 요구"에 대한 만족 여하에 달려 있다(송승환, 2004: 48). 이러한 관점에서 주체사상은 자본주의 사회의 '대중문화론'을 격렬히 비판한다. 주체사상은 자본주의 사회에서의 "대중문화는 반동적 부르주아지가 근로인민대중의 자주의식을 거세하고 창조정신을 마비시킬 목적으로 사람들에게 속물적인 소비심리와 엽기적인 취미를 주입하는 눅거리문화"로서 "텔레비전, 라디오, 영화, 출판물 등 문화적 수단을 광범히 동원하여 살인과 강도를 예찬하는 깽 영화, 패륜과 패덕을 설교하는 소설, 범죄를 고취하는 통속 문화잡지 등을 대량적으로 퍼뜨리고 있다"고 비판한다. 비록 대중문화를 통해 사회가 문화적 가치의 소비에서 민주화된 것처럼 선전하지만 사실은 "반동적 부르조아지가 자본주의 사회를 유지하는 데 필요한 생활규범과 행동규칙, 가치평가기준을 근로자들에게 강요하는 문화적인 책략과 수법"에 지나지 않았다는 것이다(송승환, 2004: 49).

이른바 주체사상적 문화건설에서 주목되는 것은 그것이 "사람을 힘 있는 존재로 키우는 사업일 뿐 아니라 민족을 문명화하는 작업"이라는 주장이다. 그 이유는 "근로인민대중을 힘 있는 존재로 키우는 작업과 근로인민대중의 수요를 충족시키는 사업이 민족국가를 단위로 벌어지기 때문"이다(송승환, 2004: 28). 주체사상은 "민족을 문명화하기 위한 투쟁과정에서 자주적이며 창조적인 민족문화가 …… 자라나게 될 뿐" 아니라 "민족을 문명화하는 사업을 통해 보다 많고 다양한 문화적 재부가 창조될 때 인민대중의 문화적 수요도 원만히 충족되게 된다"(송승환, 2004: 29)고 주장한다. 즉, "민족문화는 나라와 민족의 독립과 번영을 담보하며 그 명맥을 이어나가게 하는 중요한 요인으로서 자주독립국가의 건설에 이바지한다"(송승환, 2004: 52). 그러므로 주체사상은 문화건설이야말로 "나라와 민족의 번영의 필수적 요구"라고 한다. 그것이 "나라의 통일적인 발전과 민족의 공고한 단합을 담보하고 촉진하기 때문"이며, "나라의 통일과 단결이 강화되려면 정치경제적인 조건과 함께 문화적인 조건이 마련되어야" 하기 때문이다. 그러므로 주체사상에서 민족문화 건설은 곧 사회주의적 민족의 문명을 창조하고 발전시키는 사업과 동일시된다. 또한 민족문화와 그 문화의 성과를 의미하는 "민족의 문명화"(송승환, 2004: 28)는 민족의 물질문명과 정신문명을 이룩하는 사업으로 구체화된다(송승환, 2004: 29).

민족에 대한 주체사상의 강조는 우리가 특별히 주목할 만한 부분이다. 주체사상은 이른바 "우리 민족 제일주의"를 주장한다. 그것은 "조선민족의 위대성에 대한 긍지와 자부심, 조선민족의 위대성을 더욱 빛내여 나가려는 높은 자각과 의지로 발현되는 숭고한 사상감정"(송승환, 2004: 4)임을 논한다. 이러한 관점으로부터 "개별적인 계급, 계층의 요구와 리익보다 민족공동의 요구와 리익을 앞세우게 한다"(송승환, 2004: 112)고 주장하여, 마르크스주의적 계급투쟁과의 차별성을 강조한다.[13]

---

13) 북한은 6·15 선언 이후 이른바 '우리 민족 제일주의'를 더욱 강조하는 것으로 보인다. "북남 사이의 사상과 제도의 차이를 절대화하고 개별적 계급, 계층의 리익을

또한 주체사상의 혁명론은 90년대 이후의 위기상황에서 '선군혁명'[14]이라는 독특한 혁명론으로 표현되기에 이르렀다. "선군은 애국, 애족, 애민의 최고표현이다." "선군은 령도자는 군대와 인민을 끝없이 믿고 사랑하며 군대와 인민은 령도자를 절대적으로 믿고 따르는 믿음과 사랑의 철학, 필승의 철학이다"(오현철, 2005: 1). 즉, 위기상황의 극복에는 무력이 필수적이라는 것이다. 또한 그 무력이 사랑의 최고표현이라고 주장한다. 왜냐하면 무력에 의해서만이 민족의 최대과제인 자주성을 실현할 수 있기 때문이라는 것이다. "선군혁명이 인간사랑의 최고표현으로 되는 것은 혁명의 총대에 의해서만이 인민대중의 자주성실현을 위한 혁명발전의 매 단계에서 제기되는 모든 과업이 가장 정확히 풀려져나갈 수 있기 때문이다"(오현철, 2005: 7). 또한 선군혁명은 "민족의 자주권"도 지켜주는 "성스러운 혁명"이라고까지 주장한다(김봉호, 2005: 76).

전면에 내세우면서 민족적 공통성과 민족공동의 리익을 외면한다면 민족의 대단결도 조국통일도 실현할 수 없습니다 ……. 우리민족 제일주의는 무엇보다도 개별적인 계급, 계층의 요구와 리익보다 민족공동의 요구와 리익을 앞세우게 한다"(송승환, 2004: 112)라며 정통 마르크스 - 레닌주의적 계급주의를 부정할 정도로 민족주의를 강조하면서 세계화시대와 포스트모던시대를 맞아 민족정체성의 욕구를 갖고 있는 세대에게 접근하고 있다. 그러나 이들의 이러한 주장은 곧 수령론을 그 중심이자 방법론으로 제시함으로써 우상숭배적인 전체주의적 한계를 드러내고 있다. "온 겨레는 민족의 수위에 경애하는 장군님을 높이 모신 긍지와 자부심, 그이의 령도 따라 민족의 통일과 번영을 우리 민족 자체의 힘으로 이룩해나가려는 자각과 의지를 안고 사상과 리념, 정견과 신앙의 차이를 초월하여 하나로 굳게 단결하고 있다"(송승환, 2004: 125).

14) 선군혁명의 핵심은 역시 '인민군대'이다. 따라서 인민군대는 '문화창조'에서도 주도적인 역할을 요구받고 있다. "선군시대의 문화는 군대의 문화를 닮아가는 문화이다. 사람들의 모습과 도덕도 그리고 생활양식과 생산문화, 생활문화도 군대식으로 꾸려나가는것이 곧 선군 문화의 요구이다"(김봉호, 2005: 79).

3) 남한의 세계관과 문화: 포스트모더니즘과 자본주의적 소비문화를 중심으로

남한 사회는 북한 사회에 비해 매우 다양하면서도 역동적인 문화양상을 보인다. 근대사회를 상징하는 모더니즘도 정착되기 전에 포스트모더니즘이라고 하는 후기현대사상이 유입되어 소비문화와 함께 대중문화를 형성, 풍미하고 있으며 자라나는 세대들에게 결정적인 영향을 미치고 있다. 가정생활에서는 여전히 유교적인 도덕에 기초한 전근대적 가치관과 교육이 강조되고 있으나, 학교생활에서는 이성에 바탕을 두면서 자율적인 삶을 지향하는 근대주의적 교육이 행해지고, 사회생활에서는 '억압으로부터의 저항' · '다원성 추구' · '전통 강조' 등의 삼중적 양상으로 상징되는 포스트모던적 문화가 횡행하고 있다. 이러한 문화적 혼란 및 갈등현실은 결국 가정에서는 부모의 권위를, 학교에서는 교사의 권위를 위협하고 있다. 그것은 젊은 세대들에게 결정적인 영향력을 발휘하는 것이 포스트모던적 대중문화이기 때문이다. 대중문화의 스타들이 부모나 교사보다 젊은 세대들에게 훨씬 강력한 영향력을 미치고 있다는 사회현실이 이러한 주장을 뒷받침해준다.

더욱이 21세기를 맞이하여 한국 사회는 가속화되는 세계화(globalization)가 동반하는 지역 주체적 문화의 상실 위기와 부익부 빈익빈의 사회적 이분화의 심화현상과 함께, 모든 것을 상품화하고 사람의 가치를 구매력으로 평가하려는 소비주의문화에 매몰되어간다. 물론 남한 사회를 문화적인 관점에서 전체적으로 조망하고 분석하는 것은 벅찬 일이다. 그러므로 여기에서는 21세기 새로운 문화적 성향이자 북한의 문화와 가장 이질적인 측면을 부각시킨다는 의미에서, 또한 나날이 그 성격이 더욱 강화되어간다는 이유에서 포스트모던적 문화양상[15]과 소비문화를 남한 사회의 대표적 문화현상으로 보고 논의를 전개하여 보기로 하겠다.

(1) 세계의 존재 근원에 관한 물음에 대한 포스트모더니즘과 소비문화적 세계관

포스트모더니즘은 어떠한 사물의 "영원불변"한 요소에는 큰 관심을 두지 않으려 하면서 오히려 "순간성, 분절성, 불연속, 혼란" 따위를 전면적으로 수용하려는 경향성을 가진다(Harvey, 1989: 70). 그러므로 포스트모더니즘적 세계관은 존재의 근원에 대해서는 관심이 적을 수밖에 없다고 볼 수 있다. 이것은 21세기 자본주의 사회의 특징적 문화인 소비문화에서도 마찬가지이다. 문자적인 의미에서 소비문화(consumer culture)는 소비자 중심의 사회가 형성하는 문화를 가리키는 단어이다. 그것은 대량생산의 흐름과 함께 상징들의 의미와 일상생활의 경험과 관행이 재조직된다는 것을 의미한다. 이러한 소비문화의 특징적 양상은 대중에 의해 소비되고 유지되고 계획되고 요구되는 일상용품의 범위가 무척 확장된다는 것이다.

---

15) 포스트모더니즘과 한국인은 어떠한 관계에 있는가? 사실 한국인과 포스트모더니즘의 관계는 그리 단순하게 서술될 수 없다. 포스트모더니즘을 논의하기 위한 전제인 모더니즘은 본질적으로 서구적인 시원성을 가지고 있는 매우 서구적인 개념이기 때문이다. 모더니즘을 낳은 계몽주의는 서구인들에게 있어서는 그들의 사고의 틀을 바꾸어 놓은 결정적인 사건이다. 그러나 과연 우리 한국인과 계몽주의는 어떠한 관계에 있는가? 어떠한 의미에서 우리의 학교교육은 계몽주의의 산물이지만 대부분의 우리의 삶은 합리성과 자율성을 근본으로 하고 목표로 하는 계몽주의의 사조와는 너무도 다른 문화권 안에 자리하고 있다. 그러므로 서구인들의 자기위기의식의 발현이자 반성이라고 할 수 있는 포스트모더니즘을 한국에서의 문화적 논의에 그대로 적용하는 것은 부적절한 면이 분명히 있다.

그러나 이렇게 부적절함에도 세계시장경제체제로서의 세계질서의 재개편화, 즉 '세계화'라는 엄연한 현실은 우리가 포스트모더니즘을 논하지 않을 수 없도록 한다. 우리가 원하지 않는다고 하더라도 서구 주도적인 문화현상은 우리의 삶에 지대한 영향을 미치기 때문이다. 더욱이 통일시대의 주역이 될 우리의 청소년들에게 포스트모더니즘의 논의는 한층 더 현실적이 될 수 있을 것이다. 그들에게 '세계화'는 현실이기 때문이다.

그러나 실제로는 이러한 생산물들의 극대화와 다양화는 결코 대중의 필요에 의해서 그 양과 품목이 결정되는 것은 아니라는 점을 간과해서는 안 된다. 사실상 소비문화는 소비자보다는 광고물, 미디어(media), 상품의 전시기법 등에 의해 주도된다. 광고와 미디어 등은 상품의 생산을 촉진하기 위해 쉴 새 없이 새로운 이미지와 기호를 창출함으로써 기존 상품들의 용도와 함께 함의되었던 의미의 체계를 붕괴시키는 역할을 한다. 상품의 과잉생산으로 인한 새로운 기호의 과잉생산은 그러한 기호가 가리키는 준거적 실체에 대한 탐구를 포기하게 함으로써 결국 문화의 일반적인 경향을 초월적인 것이 아닌 사회의 삶 한가운데로 향하게 한다(Featherstone, 1991: 138).

이러한 포스트모더니즘과 소비문화적 문화현상과 그 배후에 자리한 세계관의 함의는 존재의 시원에 대한 질문보다는 인간을 중심으로 한 현실적인 모순상황과 그 타개에만 관심을 가진다는 면에서 주체사상적 세계관의 관심과 눈에 띄게 구별되지 않는다. 또한 소비문화에서 목격되는 물질에 대한 결정적 관심과 영향력은 존재의 시원에 관해 기존의 유물론적 세계관과 기본적인 맥을 같이하는 주체사상의 세계관과 차별성을 가지지 않는 것으로 보인다. 즉, 주체사상과 포스트모더니즘, 소비문화는 초월성보다는 이 세상의 문제에 관심을 가진다는 의미에서 공통성을 가진다.

(2) 우리는 누구인가라는 물음에 관한 포스트모더니즘과 소비문화적 세계관

모더니즘의 인간 이해는 "나는 생각한다. 고로 나는 존재한다(Cogito Ergosum)"는 말로 대표되는 이성 중심적인 인간 이해였다. 그러나 포스트모더니즘은 모더니즘이 의심 없이 수용하면서, 그 안에 안주했던 "명확하고 분명한" 이성에 대해서도 거침없는 비판을 가한다는 점에서 구별된다. 이성을 중심으로 한 보편성이 급격히 약화되는 포스트모던적 상황은 진리의 파편성을 강화시킴과 함께 주체로서의 개인에 대한 확신도 새로운 차원에서의 물음으로 인도한다. 예컨대 이성을 중심으로 한 보편성을 강조하는 모더니즘의 영향력이 급격히 감소 내지는 변환되는 상황이 이러한 진리의 파편화 현상을 초래하고 있다. "연결적이며 폐쇄적인 형식보다는 분열적이며 개방적인 반형식"이, "의도"보다는 "우연"이, "창조/총체화(totalization)/총합"보다는 "탈창조/해체/반명제"가, "의미론(semantics)"보다는 "수사학(rhetoric)"이, "서사(narrative)/방대한 사건(grande histoire)"보다는 "반서사(anti-narrative)/사소한 사건(petite histoire)"이 모더니즘과 대조되는 포스트모더니즘의 대표적 양상들로 지적되고 있다(Harvey, 1989: 44). 그러므로 포스트모던적 상황 아래에서 인간은 기존의 이성 중심적 토대가 무너져 가는 가운데 자기 찾기를 위한 극심한 몸부림을 한다. 포스트모던적 문화의 특징인 "다원성(다양성)에 대한 찬양"과 "권위적 억압에 대한 저항"은 기존의 전통과 권위에서 벗어나 독자적으로 자신을 찾으려는 인간의 몸부림이라고 말할 수 있을 것이다.

이성 중심적 인간이해를 넘어서 새로운 자기 찾기를 위한 끝없는 여정에 들어선 포스트모던적 인간을 강력히 유혹하는 것이 소비문화이다. 대량생산과 대량소비로 인해 가능해진다고 믿는 인간의 행복감의 극대화를 담보로 생산기업의 이익을 극대화하고, 또한 소비자의 욕망을 충족시키기 위한 충분한 재생산을 위해 요구되는 막대한 자본의 축적으로 구성되는 것이 소비문화의 연결고리이다. 어떤 이들은 근대주의로부터 시작된 이러한 소비주의(consumerism)의 물결은 현대인에게 종교의 의미와 효용성을 상실하도록 하는 역할을 했다고 주장한다. 그리하여 현대를 탈종교의 시대라고도 했다. 왜냐하면 소비주의 및 소비문화는 현대인에게 대체종교로서의 역할을 하고 있다고 볼 수 있기 때문이다. 사실 소비문화가 창조해내는 기호, 이미지와 상징의 광범위한 연결망은 현대인에게 일종의 신성한 것으로서의 역할까지 하고 있다. 물론 그것들이 하나의 체계적인 신념체계를 구성하는 것은 아니지만, 사람이 특정한 선택을 하는 데 결정적인 영향력을 끼치는 것은 사실이다. 생각하므로 존재한다고 하던 인간은 이제 "나는 소비한다. 고로 나는 존재한다"는 소비 중심의 인간유형으로 변화하고 있다.

이러한 포스트모던적이며 소비중심적인 인간이해는 자주성과 창조성과 의식성을 특징으로 하는 주체사상의 인간이해와 현격한 대조를 이룬다. 인간의 주체성을 의식성을 중심으로 강조한다는 측면에서 주체사상의 인간이해는 매우 근대주의적이다. 또한 당과 국가, 궁극적으로는 수령이 인민대중의 문화적 가치를 "올바른 관점으로 교양하는"(박승덕, 1985: 48) 역할을 인정한다는 점에서 본다면 주체사상적 인간이해는 기성의 권위를 억압으로 판단하며 저항하는 포스트모던적 인간이해와 상반된다고 볼 수 있다. 또한 민족을 제일로 생각한다는 주체사상의 "우리 민족 제일주의" 역시 근대주의의 매우 어두운 일면인 전체주의적 사고를 반영한다는 비판적 시선 아래 놓일 것이다.

그러나 "종래의 모든 철학과는 근본적으로 달리 사람의 본질적 속성에 대한 견해를 시발적인 위치에 넣고 세계관을 전개한" 주체사상의 관점에서 본다면 포스트모더니즘과 소비문화의 영향 아래 있는 인간은 개인주의적 방종과 소비적 쾌락에 물든 '퇴폐적 인간'으로 보일 것이다. 또한 남한의 문화는 민족의식을 상실한 채 개인의 욕망만을 추구하는 개인주의에 물든 부르주아 문화라고 비판할 것이다.

(3) 세상의 모순에 대한 포스트모더니즘과 소비문화적 세계관

미셸 푸코(Michel Foucault)와 코넬 웨스트(Cornel West) 등은 사상이나 텍스트, 이론들과 언어의 사용 등으로 구성되는 담론(discourses)은 그 자체가 일종의 실천의 성격을 띠고 있다는 점을 간파했다. 예컨대 백인 우월주의에 기초한 인종차별주의의 예에서 관찰되듯이 인종차별주의는 단순한 관습이 아니라 사상·텍스트·이론, 나아가 언어 사용 등에 의해 더욱 강화되어간다는 것이다. 인간사회의 억압이 이러한 담론에 의해서 매우 교묘하게 조정되고 있음을 간파한 것은 포스트모더니스트의 독특한 공헌 중 하나이다. 또한 억압(oppression)이 담론의 형태로만 이루어지는 것이 아니고 담론적인 억압이 유지될 수 있도록 장을 마련해주는 보다 "비담론적인 것들(extra-discursive affairs)", 예컨대 사회제도, 계급구조, 경제적 필요와 제도적 기구의 존재에 의해 가능해진다는 관찰 역시 포스트모더니스트들의 특징적 주창이다(Taylor, 1990: 37~38). 이러한 포스트모더니스트들의 관찰과 주장은 우리를 둘러싼 담론과 비담론적인 구조를 '의심의 해석학'으로 바라보게 하며, 정치적으로는 억압적인 권위로부터의 해방(emancipation)을 추구하는 매우 저항적인 행동을 유발토록 한다. 이러한 포스트모던적 세계관은 자본주의 사회에 대한 구조적 비판이라는 측면에서 주체사상과 그 맥을 어느 정도 같이한다고 볼 수 있다. 그러나 주체사상의 수령 중심적이며 목적론적인 세계관 역시 포스트모던적 세계관에 따르면 또 다른 억압의 담론과 구조로서 이해될 것이다. 이와는 달리 주체사상의 세계관에서 본다면 포스트모던적 세계관은 공산주의적 이상세계 건설을 위한 현재의 모순극복의 단계로서 필수적인 당과 수령의 지도를 간과하고 있는 관념적이며 이상적인 세계관이라고 비판할 수 있을 것이다.

소비문화적 관점에 따른다면 이 세상의 우선적 모순은 정의롭지 못한 자원배분과 왜곡된 시장구조에 따라 인간으로서 마땅히 향유해야 할 물질적 욕망을 충족시키지 못하고 산다는 것이다. 이러한 관점에서 본다면 주체사상에 의해 추구되는 사회는 인간의 물질적 욕망보다는 필요의 충족에 급급한 사회일 것이다. 집단적 생산양식의 모순인 생산성의 한계는 곧 정의로운 자원배분마저 위협하게 될 것이며, 재화의 부족에 따른 시장

구조의 왜곡은 그에 뒤따르는 너무도 자연스러운 현상이 되고 말 것이다. 결국 주체사상적 사회에서의 인간은 소비를 통한 욕망충족이 만성적으로 결핍한 상태에 놓여 있게 되리라는 것이 소비문화적 관점에서의 비판일 것이다. 이에 비해 주체사상적 관점에서 소비문화적 세계관은 인간으로서의 자주성과 창조성과 의식성을 부정하는 타락성의 상징으로 간주될 것이다.

(4) 세상의 모순을 극복하는 방법에 대한 포스트모더니즘과 소비문화적 세계관

억압을 파생하는 권위적 획일성에 저항하여 포스트모더니즘은 상대성과 다원성을 강조한다. 이러한 포스트모더니즘의 양상은 전통적으로 관용(tolerance)을 주요한 덕으로 표방하여왔던 서구의 자유주의에 더욱 강력한 자극을 주었다. 그리하여 이전에는 자신의 주도권이 은연중 전제된 가운데 다른 이들을(others) 관용했던 자세에서, 이제는 어떠한 형태의 특권도 허락하지 않는다는 의미에서의 다원주의(pluralism)가 주창되기에 이르렀다. 근대주의적 관점으로는 수용하기가 무척 어려워 보이는 신세대들의 '튀는 문화'는 바로 이러한 다원성에 기초한 다양성을 추구하는 포스트모더니즘의 표피적 현상이다. 대중문화 스타들의 형형색색 가발과 옷차림은 이러한 다양성 추구의 구체화이다.

동시에 상대성과 다원성에 대한 포스트모더니즘의 강조는 그러한 것들을 인정하지 않는 현존의 질서(**status-quo**)의 억압성에 대한 강렬한 저항을 유도한다. 우리가 1960년대 말 미국과 프랑스 등지에서 목격했던 체제저항운동이 이러한 사조의 성격을 엿볼 수 있는 좋은 예가 될 것이다. 이러한 의미에서 포스트모더니즘이 담지하고 있는 주요한 모순극복의 과제와 과정은 "억압에 대한 저항성(Resistance to Domination)"이라고 할 수 있다.

예컨대, 대중문화 스타에 대한 신세대의 열광에는 그들의 노랫말과 의상 스타일 모두에 함축되어 있는 기성의 권위에 대한 저항성이 일정 역할을 하고 있다고 볼 수 있다. 물론 모더니즘에서도 기존의 권위 질서에 대한 저항이 발견되는 것은 사실이지만 포스트모더니즘에서의 그것은 보다 시원적(genealogical)이라는 점에서 구별된다.

포스트모던적 문화상황 속에서 소비문화는 철저히 파편적인 것이고 어떠한 기존의 이데올로기의 틀에도 정합적으로 들어맞지 않도록 항상 재조정되고 있다. 이러한 문화 속에서의 개인들은 상품을 선택하는 행위에서 특이한 양상을 나타내게 된다. 예컨대 비공리주의적인(non-utilitarian) 태도를 취하는 것이 좋은 예이다. 즉, 전통적인 의미에서 상품선택을 좌우했던 공리주의적 성향보다는 소유자의 개성이 발현될 수 있는 특정한 양식적 표현이 중요시된다(Featherstone, 1991: 138). 그러므로 이러한 문화 속에서는 인격(virtue)의 형성보다는 개성(personality)의 발현이 더욱 강조된다(Featherstone, 1991: 139).

이러한 개성화, 개인주의화의 특징과 함께 소비문화는 계급 간, 남녀 간, 어른과 어린이 혹은 청소년 간의 권위적인 계층질서를 파괴하는 기능을 하기도 한다. 전통적으로 발언권이 약했던 집단들도 구매력이라는 힘으로써 어엿한 사회구성원으로서의 기능을 인정받게 되는 현상이 그것이다. 이러한 대중소비를 전제로 하는 소비문화는 기능적으로 민주주의를 가능하게 하는 측면이 있다. 이때 나타나는 문화적 양상은 특정한 사회적 집단에 대한 귀속감이나 몰입의 현상과 동시에 개인 간의 차별이나 다른 집단 구성원과의 구별이 강조된다는 것이다(Featherstone, 1991: 139). 이른바 X세대, N세대, 미시족 등의 문화집단화도 소비를 촉진하려는 소비문화 일반의 현상과 이러한 의미에서 밀접한 연관성을 띄고 있다.

대량생산과 대량소비로 인하여 가능해진다고 믿어지는 인간의 행복감의 극대화를 담보로 생산기업의 이익을 극대화하고, 또한 소비자의 욕망을 충족시키기 위한 충분한 재생산에 요구되는 막대한 자본의 축적으로 구성되는 것이 소비문화의 연결고리이다. 어떤 이들은 근대주의로부터 시작된 이러한 소비주의(consumerism)의 물결은 현대인에게 종교의 의미와 효용성을 상실하도록 하는 역할을 했다고 주장한다. 그리하여 현대를 탈종교의 시대라고도 했다. 왜냐하면 소비문화는 현대인들에게 대체종교로서의 역할을 하고 있다고 볼 수 있기 때문이다. 소비문화가 창조해내는 기호들, 이미지들과 상징들의 광범위한 연결망은 현대인들에게 일종의 신성한 것으로서의 역할을 하고 있기 때문이다. 물론 그것들이 하나의 체계적인 신념체계를 구성하는 것은 아니지만, 사람들이 특정한 선택을 하는 데 결정적인 영향력을 끼치는 것은 사실이다.

주체사상적 세계관에서 본다면 포스트모더니즘은 결국 소비문화와 결탁하여 퇴폐적인 자본주의적 문화를 재생산하는 도구로 전락함으로써 사회의 근본적 혁명을 방해하는 역할을 한다고 비판할 것이다. 또한 '소비한다. 고로 나는 존재한다'는 소비문화적 인간유형은 민족제일주의를 앞세우는 주체사상적 관점에서 보았을 때 인간으로서의 기본적인 사회정치성을 상실한 매우 비주체적인 인간으로 간주될 것이다. 이와는 대조적으로 포스트모더니즘과 소비문화의 세계관은 주체사상이 인간의 근본적 다양성을 부정하고 근대주의적 획일성으로 회귀하려는 시대착오적 세계관이자 문화론이라는 비판을 내릴 것이다.

3. 문화통합을 위한 교회의 역할

1) 통합적 세계관의 제시

기독교는 한국 사회의 근대화 과정에서 나름대로의 영향력을 발휘했다. 그것은 곧 기독교의 대사회적 지도력을 확보해주는 기초가 되기도 했다. 그러나 오늘날에 이르러 남한 사회 안에서의 교회의 영향력과 지도력은 점점 약해지고 있다. 교회가 사회통합적인 순기능을 담당하기보다는 오히려 갈등조장의 역기능을 하고 있다는 극단적인 평가마저 등장하는 실정이다. 이러한 상황 속에서 교회가 남과 북의 하나 됨을 위한 문화통합 과제에 일정한 역할을 감당한다는 것은 그렇게 쉬운 일이 아니다. 교회가 남한 사회의 사회통합뿐만 아니라 남과 북을 아우르는 문화통합의 사역에 참여하기 위해서는 교회와 사회와의 접촉점이라고 할 수 있는 문화에 대해 명료한 인식과 태도를 취해야 할 것이다. 문화에 대한 기독교적 인식의 명료성은 복음적 정체성과 사회적 책무를 감당함에 결정적인 매개의 역할을 하기 때문이다.

가장 우선적으로 요청되는 것은 기독교적 문화관의 확립이다. 기독교적 문화관의 확립은 기독교적 세계관과 가치관을 전제로 한다(Hesselgrave, 1991: 103). 한국 교회는 기독교적 문화관의 확립을 통해 문화적 수용력과 변혁능력을 배양시킬 수 있다. 기독교적 문화관의 정립은 사랑과 정의에 기초한 한반도의 문화통합을 위한 한국 기독교의 시대적 과제이다. 여기에서 우리가 기억해야 할 일은 기독교적 세계관은 기본적으로 성서의 이야기를 통해 제공된다는 것이다.

(1) 세계의 존재근원에 대한 성서적 세계관

성서는 먼저 우리 자신의 존재와 본성에 대한 질문을 창조이야기를 통해 답해준다. 나아가 창조의 이야기는 우리 인간뿐만이 아닌 세상의 창조와 그 의미에 대해서도 말해준다. 성서는 하나님의 창조의 선함을 확인해준다("하나님이 지으신 그 모든 것을 보시니 보시기에 심히 좋았더라", 창 1 : 31). 성서는 먼저 물질 세상이 하나님에 의해 창조되었고, 그것을 보시고 하나님께서 좋아하셨다는 사실을 증거하고 있다. 이것은 이 세상의 근본적인 가능성과 소망을 예시해준다.

이러한 성서적 세계관은 주체사상과 포스트모더니즘과 소비문화의 공통된 특징인 존재의 시원에 관한 관심의 결여에 따라서 그만큼 상실될 수밖에 없었던 초월성을 회복해준다. 존재의 초월성에 대한 관심은 사람이나 자연을 대상, 즉 수단화하려는 경향(예컨대 주체사상에 따른다면 당과 수령의 지도에 따르지 않는 근로인민대중과 민족의 사회정치적 생명은 존재의미가 없음)을 경계하고, 그것들의 근원적 가치를 담보해준다는 데 의미가 있다. 동시에 초월성이 담보하는 세상적인 것들의 상대화, 즉 이 세상의 어떤 것도 절대화될 수 없다는 함의는 주체사상의 기저인 수령론에 대한 비판과 함께 포스트모더니즘이 지향하는 억압적인 권위로부터의 해방보다 더욱 근본적인 해방을 위한 노력도 가능케 해줄 수 있다. 이 점에서는 마틴 루터 킹 목사나 테레사 수녀 같은 이들이 좋은 모범을 제공한다. 또한 소비로써 자신의 존재를 확인하려는 소비문화의 허위성도 성서의 세계관이 제공하는 초월성의 회복에 의해 극복될 수 있을 것이다. 진정한 자신의 존재적 귀중함이 초월적 토대를 가지고 있다는 발견과 그에 대한 믿음은 소비를 통해 자신을 발견할 수 있다는 환상에서 우리를 해방시켜줄 수 있기 때문이다. 또한 물질의 초월성 회복이 이 세상성에 대한 포기를 의미하는 것이 아니라는 사실도 '창조의 선함'에 관한 세계관으로 확증된다.

(2) 우리는 누구인가에 관한 성서적 세계관

성서의 창조 이야기는 하나님의 관심과 섭리의 대상이 온 우주임을 증거한다. 또한 인간은 우주적인 관리를 위임받은 청지기라는 것이다. 즉, 성서는 우리가 누구인가를 묻는 두 번째 질문에도 분명한 답을 해준다. 이러한 창조에 대한 증거를 통해 우리는 기독교 문화관의 관심영역과 기본적 태도를 추론할 수 있다. 즉, 하나님이 존재하는 모든 것을 창조하셨기 때문에 이 세상의 어떤 것도 그의 주권적 질서 밖에 존재하는 것은 없다. 모든 창조는 하나님의 거룩한 덮개(sacred canopy) 아래 놓여 있는 것이다. 그 덮개는 매우 넓은 것이어서 모든 사회적 삶과 정치, 경제, 가정과 개인적인 삶과 우리의 자연과의 관계성을 포괄한다. 그러므로 문화는 하나님의 거룩하신 주권과 질서 안에 있는 것이다. 이른바 성과 속을 이분법적으로 구별하는 것은 불가능하다. 신앙과 문화는 결코 분리되는 것이 아니다. 문화에 대한 신앙적 삶의 중요성을 새삼 강조해야 한다. 결론적으로 인간은 우주적인 청지기라는 것이다.

이러한 '우주적인 청지기'로서의 성서적 세계관은 "사람이 모든 것의 주인이며 모든 것을 결정한다는 철학적 원리"를 내세우는 주체사상의 대담함이 함의하는 근대주의적 환상과 '억압에 대한 저항'을 '다원주의'로써 대항하다가 '소비문화'에 매몰되어가는 포스트모더니즘적 소비문화의 무책임성을 극복할 수 있는 근거를 제공하여줄 수 있다. 즉, 인간의 가능성과 책임성을 '우주적'인 범위에서 확증해주며, 동시에 그 한계를 '청지기'라는 역할로 분명히 해줄 수 있을 것이다.

(3) 세상의 모순에 관한 성서적 세계관

성서는 '선악과'로 상징되는 타락 사건을 통해 하나님 없이, 하나님같이 되고자 하는 인간의 자기중심성이 타락과 그로 인한 죄의 핵심에 자리함을 증거함으로써 세 번째의 질문에도 답해준다. 이러한 성서적 세계관을 통해 우리는 하나님이 보시기에 좋았던 세상 역시 이제는 하나님 중심적이 아닌 인간의 '육신의 정욕'과 '안목의 정욕'과 '이생의 자랑'을 추구하기 위한 도구로 왜곡된 현실을 인식하게 된다. 즉, 성서는 인간과 하나님과의 관계왜곡이 곧 인간과 그 자신과의 소외, 인간과 그 이웃과의 소외, 나아가 자연과의 소외와 연계됨을 밝히고 있다.

성서적 세계관은 인간사회의 모순이 주체사상에서 파악하는 근본모순인 계급적 이해관계의 왜곡구조나 포스트모더니즘에서 파악하는 억압의 구조보다 더욱 깊은 차원에 자리함을 인식하게 한다. 그러므로 특정한 개인, 특정 집단이나 구조만을 모순의 원인으로 대상화하고 악마화하려는 환원주의적 유혹에 우리가 빠지지 않도록 도와준다. 특정한 상품에 대한 소비가 자신의 정체성을 찾아주고, 욕망을 해결해줄 것이라는 환상으로 이끄는 소비문화에 대해서도 그 욕망의 마지막은 아노미(anomie)일 뿐이며, 그러한 아노미는 결코 소비로 극복될 수 없음을 성서는 깨우쳐준다. 이와 동시에 인간 자신의 개인적이며 관계적인 죄성을 동시에 지적해주는 성서적 세계관은 기존의 질서(**status-quo**) 안에 비판 없이 안주하는 것도 용납하지 않을 것이다.

(4) 세상의 모순을 극복하는 과제와 과정에 관한 성서적 세계관

그러나 성서는 인간과 세상이 죄에 빠져 있을 때조차도 하나님의 은혜는 지속되고 있음을 증거한다. 하나님의 노아, 아브라함, 모세, 선지자들과의 언약(covenant)은 인간이 죄를 지었음에도 하나님께서는 인간뿐만 아니라 동물을 포함한 이 세상의 구원을 원하시며, 동시에 하나님과 인간의 언약의 영역은 삶, 즉 문화의 모든 측면에 이르고 있음을 확인할 수 있다. 이러한 치유는 예수 그리스도의 사역에서 그 절정에 이른다.

이러한 성서적 세계관은 남과 북의 세계관의 차이에서 발생하는 문화의 차이를 그대로 인정하면서도 동시에 상대화함으로써 새로운 차원으로의 문화통합을 지향하는 데 도움을 줄 수 있다. 즉, 남과 북의 이질적 문화의 만남과 대화가 가능하다는 것이다. 이러한 대화와 만남은 남과 북의 세계관과 문화의 상대화를 통해 가능해진다. 자신의 세계관과 문화를 상대화할 수 있는 것은 '은혜'를 올바로 인식했을 때 가능하다. 우리가 서로에게서 티를 찾아내려고 애쓰는 태도는 자신의 문화만을 옳은 것으로 절대화하고 상대방의 문화는 열등하며 그릇된 것으로 판단하는 율법적인 태도에서 비롯된 것으로서, 은혜와는 상반되는 삶의 태도이다. 60여 년 동안의 헤어짐으로 인해 이질화된 남과 북의 세계관과 문화는 모두 완전한 것이 아니며, 동시에 그 나름대로 가능성을 가지고 있다는 태도가 우리에게 필요하다. 더욱 나은 문화로의 통합에서 각각의 문화 안에 내재한 긍정적인 요소를 지양하고 부정적인 요소는 배제하려는 의도적인 작업이 필요하다.

사람 중심의 사회개혁을 주창하는 주체사상이 빠져들기 쉬운 인간 중심의 세계관과 문화는 언약(covenant)의 대상으로서의 우주를 말해주는 성서적 세계관에 의해 통전적인 성격을 회복할 수 있을 것이다. 동시에 욕망충족적 소비와 쾌락추구에 치중하기 쉬운 소비문화적 세계관과 문화는 우주적 책임을 강조하는 성서적 세계관에 의해 사회와 민족과 세계를 사회윤리적으로 의식하는 세계관과 문화로 변혁될 수 있을 것이다. '은혜'에 대한 철저한 인식은 하나님만이 절대적이라는 것을 새삼 자각케 한다. 그러므로 인간의 역사적 상대성을 깨닫게 해줌으로써, 상대방에 대한 용서와 화해의 과정을 시작할 수 있는 동기와 용기를 제공해줄 것이다.

2) 문화통합에 기준이 되는 문화적 가치관의 제시

성서가 증거하는 기독교적 세계관은 다음과 같은 가치관을 제시하여 줌으로써 남북한 문화통합의 기준을 제공할 수 있을 것이다.

(1) 인간의 존엄성

"하나님이 가라사대 우리의 형상을 따라 우리의 모양대로 우리가 사람을 만들고"(창 1 : 26).

인간의 가치에 그 초점을 두는 인간의 존엄성은 기독교적 문화관의 핵심적인 부분이다. 하나님의 형상(Imago Dei)대로 창조된 인간이기에 우리는 많은 피조물 가운데에서도 특별한 가치와 중요성을 부여받았다. 인간이 창조주의 형상을 따라 지음을 받았다는 사실은 모든 인간이 본질적인 존엄성을 갖고 태어났음을 주장하는 신성한 증거가 된다. 인간생명의 신성함은 우리가 다른 사람들을 어떻게 대해야 하는가를 말해주기도 한다. 모든 인간관계는 존엄성을 고양하는 목적으로 진행되어야 하며, 적어도 다른 사람의 존엄성이나 우리 자신의 그것을 해치거나 축소시키는 것을 의도해서는 안 된다. 그런 의미에서 특정한 정치사회적 이데올로기(주체사상)나 구매력(욕망충족의 소비문화)의 소유 여부에 관계없이 모든 인간의 존엄성을 존중하는 기독교적 가치관은 남북 문화통합의 주요한 기준을 수립함에 공헌할 수 있을 것이다.

(2) 사랑과 정의

사람아 주께서 선한 것이 무엇임을 네게 보이셨나니 여호와께서 네게 구하시는 것이 오직 공의를 행하며 인자를 사랑하며 겸손히 네 하나님과 함께

행하는 것이 아니냐(미 6 : 8).

선생님이여 율법 중에 어느 계명이 크니이까 예수께서 가라사대 네 마음을 다하고 목숨을 다하고 뜻을 다하여 주 너의 하나님을 사랑하라 하셨으니 이것이 크고 첫째 되는 계명이요 둘째는 그와 같으니 네 이웃을 네 몸과 같이 사랑하라 하셨으니 이 두 계명이 온 율법과 선지자의 강령이니라(마 22 : 36-40).

만약 신앙인의 소명이 이웃과 공동체(인간과 비인간의 세계를 포괄하는)를 섬기는 것이라는 점을 확신한다면, 사랑과 정의는 이러한 섬김이 기독교적 문화가 의미하고 요구하는 규범들이라고 말할 수 있다. 과연 우리의 문화 한가운데에서 사랑과 정의를 행한다는 것은 무엇을 의미하는가?

그리스도인의 사랑과 그것의 삶으로의 적용이 뜻하는 바는 예수님의 생애와 가르침에서 그 전형이 발견된다. 예수님의 삶은 이기심을 극복한 자기희생적인 사랑의 전형인 아가페 사랑을 우리에게 보여준다. 그 사랑은 자기 자신의 필요를 포기하면서까지 이웃의 유익을 위해 섬기는 삶이었다. 그 사랑이 품는 영역은 무한정 넓고 또한 무조건적이어서 예수님은 죄인들과 약한 자들과 병든 자들과 사회적으로 인정받지 못하는 모든 사람에게 그의 긍휼을 나타내고 또한 선포했다. 그의 삶은 인류를 향한 하나님의 끝없는 무조건적인 사랑을 반영한 것으로 보여질 수 있다. 예수님의 사랑이 자기중심성을 극복한 자기희생적인 사랑이었다는 사실은 인류의 구원을 위한 십자가의 죽으심으로 확증되었다.

그러나 그러한 사랑이 문화의 영역에서도 실제적으로 구체화될 수 있을까? 라인홀드 니버와 같은 이른바 기독교 현실주의자들은 매우 왜곡된 사회적 구조 안에서 그 사랑을 **직접적으로**(directly) 적용하는 것은 불가능하다고 주장한 바 있다. 결국은 이웃의 유익을 구함이 사랑의 목적이기에 정의를 통해 **간접적으로**(indirectly) 그 영향력을 모색해야 한다는 것이다. 무조건적인 이웃의 유익을 구하는 사랑은 조건적으로 이웃의 유익을 모색하는 정의로 전환되어야 한다는 것이다. "실제"의 세계에서 사랑은 죄와 악, 또한 상호 배타적이며 동시에 상호 경쟁적인 주장들과 부딪히기 때문이다. 그러므로 이웃의 유익을 위해 섬기는 삶은 결국 우리에게 정의로운 삶을 요구한다.

이러한 신앙적 사랑과 정의의 가치관은 공동체를 위한 사회정치적 생명을 귀중히 여기는 주체사상적 문화관의 공동체성을 어느 정도 긍정적으로 평가할 수도 있을 것이다. 그러나 그것의 수령 중심성을 상대화하고 당파성을 극복하고 그 사랑실천의 영역과 정의실천의 범위를 확대하도록 도전할 것이다. 동시에 개인주의적 욕망충족을 통한 자아실현이라는 환상으로 내닫는 포스트모던적 소비주의 문화의 치명적인 약점인 사회윤리성의 결핍을 공동체적 사랑과 정의로써 극복함으로써 남북 문화통합에 도움이 될 수 있을 것이다.

(3) 생명 중심의 생태학과 공동선

교회의 이 세상에 대한 관심은 예수께서 전파한 '하나님의 나라'라는 개념에서 집약된다. '하나님의 나라'는 하나님의 뜻에 의해 통치되는 영역을 의미하여, 그것은 우리 가운데에 있는 것이다. 예수 그리스도의 중심 메시지는 하나님 나라였다. 하나님의 나라의 핵심은 하나님께서 피조 세계 속에서 지속적으로 역사하시며, 결국에는 역사 안에서 이 세상을 구원하신다는 내용에 있다. 하나님의 나라는 하늘에서와 같이 이 땅에서도 이루어져야 한다. 그러므로 하나님 나라는 개인과 사회적인 차원에서의 평화, 정의, 자유, 건강 등과도 관계가 있는 것이다(Hiebert, 1985: 18).

또한 하나님의 나라는 하나님의 뜻대로 통치되는 영역을 의미한다. 그러므로 하나님께 영광을 돌리며, 이웃을 사랑하며 살아가는 공동체로서의 성숙한 변혁운동이 하나님의 나라운동의 핵심이 된다. 하나님께서는 자신의 삼위일체적 존재하심과 역사로서 우리에게 하나님 나라의 본질적 모습을 나타내주셨다. 그러므로 성부, 성자, 성령 간의 교제로 이루어지는 삼위일체 하나님의 존재하심과 역사하심은 하나님 나라 공동체의 표본이다. 성부, 성자, 성령님 되신 하나님이 사랑과 교제 안에서 하나이심을 본받아 서로 간의 차이와 그에 따른 다양성을 사랑과 교제로 극복하여 하나 되는 삶이 우리 문화 안에서 증거되어야 할 것이다.

이러한 하나님 나라 개념은 진정으로 하나 되는 남북 통일됨의 작업에 참여하는 신앙인들에게 그 당위성과 참여 범위와 바람직한 참여 태도를 제시해준다. 그러나 그것은 매우 신학적인 개념으로서 아직도 많은 이들이 비그리스도인들로 구성되어 있는 남과 북의 문화통합 작업에 직접적으로 적용하기에는 어려움이 있다. 이때 사회윤리적인 차원에서 우리가 차용할 수 있는 것이 '공동선(common good)'[16]의 개념이다. 이 개념의 배경에는 인간의 삶은 결국 궁극적인 목적되시는 "하나님께로 정해져 있다(ordained to God)"는 믿음이 자리한다. 각각의 사람은 하나님의 뜻, 즉 신적인 초월성의 전체라고 할 수 있는 위대한 선인 공동선과 관계되어 있다. 그러므로 우리

16) 일반적으로 공동선의 개념은 로마 가톨릭 윤리의 유산으로 알려져 있다. 가장 대표적인 학자는 토마스 아퀴나스이며, 그 이후 자연법 전통으로 이어져 내려오던 계보가 20세기에는 자크 마르탱(Jacques Maritain)으로 연결되고 있다. 그러나 여기에서는 첫째, '사람의 통일'을 위한 교회의 사회윤리적 차원에서의 공헌을 논한다는 차원에서 넓은 의미에서의 교회의 유산으로서의 공동선이라는 이유와 두 번째로는 종교개혁 이전의 신학자인 토마스 아퀴나스와 같은 이들의 사상은 로마 가톨릭의 전유물만이 아닌 전체 교회와 신앙인들의 소중한 자산이라는 이유에서 '공동선'의 개념을 차용했다(Krueger, 1994: 65).

의 행동은 하나님의 뜻을 분별하고 그에 조응함으로써, 인간과 하나님 사이의 조화 이룸을 목표로 해야 한다.

우리가 추구하는 선(good)에는 공동선과 사적인 선이 있다. 공동선은 사회적이고 관계적이며, 본질적으로 선하다. 그러므로 그 자체로서 선한 것이다. 이에 비해 사적인 선들은(private goods) 도구적으로 선하다. 도구적이라 함은 그 자체로서가 아닌 어떤 다른 유익을 지향하고 있다는 것이다. 또한 그것들은 인간과 세계의 공동선에 보조적인 역할을 할 때만 선으로 적합하다는 뜻이기도 하다. 돈, 일용품, 그리고 서비스 등 대부분의 경제적인 물품들은 사적이고 도구적인 것으로 분류된다. 그것들은 그것 자체로서 선한 것이 아니라 다른 것들의 유익을 지향할 때만 선하기 때문이다. 예컨대 음식은 생명을 지속시킨다. 그러나 과다한 음식은 폭식하게 되고 건강을 잃게 한다. 돈은 생활에 필요한 다른 것들인 주택, 의복, 교육을 확보하여 인간의 복지를 지속시킨다. 그러나 과다한 돈은 탐욕, 사치 생활, 그리고 자아 몰두에 빠지게 할 수 있다.

공동선은 개인의 본질적인 인권을 소중히 할 뿐 아니라 사람들로 하여금 자신들보다도 이웃, 사회, 그리고 세상을 향하도록, 그리고 하나님을 향한 선을 모색해야 한다고 촉구한다. 공동선은 사람들 개개인이 자아실현과 완성에 도달하도록 도와주는 모든 사회적 선을 포함한다. 공동선은 인간의 우선성과 남녀의 존엄성과 권리의 우선성을 지지하면서도, 더욱 큰 전체의 일부분으로서의 우리 사회의 본질적 중요성을 깨닫도록 해주며, 우리 자신을 위한 선보다 더 큰 목적들을 추구해야 할 우리의 운명을 기억하도록 한다. 사실 사회는 개인적 선, 이익, 그리고 인격적인 선택의 일이 단순히 합쳐진 집합체를 넘어선다. 공동선을 우선성을 지지하면서 해석한다면, 하나님이 의도하신 대로의 사회와 생태계에서 부분적인 것들은 완전한–사회의 공동선, 우주, 그리고 신적인 선–하나님의 더욱 큰 선을 위해 작용한다는 것이다(Krueger, 1994: 66~68).

공동선의 개념은, 기독교인들이 주체사상이 빠져들기 쉬운 극단적인 전체주의적 인간 중심주의와 허구적인 '우리 민족 제일주의'와 함께 포스트모던적 소비문화의 경향성인 철저한 개인주의를 극복할 수 있게 해주는 하나의 돌파구를 제공해준다. 아주 넓은 의미에서 본다면 공동선이란 모든 피조세계를 위한 선으로서 이해될 수 있다. 그러므로 공동선이란 단지 인간 생명만이 아닌 모든 생명의 선함을 추구한다는 의미에서 생태학적인 의미를 갖는다. 공동선은 인간과 자연의 조화를 목표로 해야 한다. '공동선'은 우리의 행위가 우리 자신들과 다른 사람, 다른 종(species), 나아가 우리가 참여하는 전체 생태계에 미치는 영향력에 의해 판단되어야 함을 말함으로써 '사람 중심'의 주체사상과 '욕망 중심'의 포스트모던적 소비문화를 극복한다.

3) 남북한 문화통합을 위한 교회의 실천

우리는 지금까지 남과 북의 문화적 차이를 가져오는 근본 요인으로서의 세계관과 문화관의 차이를 비교·분석하는 시도를 했다. 또한 각각의 문화가 담지하는 문제점의 극복과 차이에 대한 건설적인 이해를 위해 기독교적 세계관과 문화적 가치를 제시했다. 그러나 세계관과 실제의 행위와 공동체 분위기(ethos)가 완전히 일치한다고 볼 수 없다는 논증을 우리는 주목해야 한다.

사실 종교적 의미와 종교 공동체의 실천적 행위 사이의 관계도 그렇게 단순하지 않다(Miller, 2004: 20). 종교적 전통 내부 자체도 매우 다양한 수많은 신앙의 모습들, 상징들, 행위들로 구성되어 있으며, 그것 자체가 그 종교의 영향권 아래 있는 사람들의 삶의 다양성을 유발하는 원인이 되기도 한다(Miller, 2004: 21). 또한 특정한 종교의 공동체 안에 속한 구성원이라고 하더라도 그들이 그 종교가 제공하는 문화적 영향력만을 받는다고 볼 수도 없다. 사실 우리는 지금 매우 다원적 상황에서 생활하고 있다. 그러므로 한 종교가 제공하는 의미체계로서의 문화로부터 그 종교에 속한 사람들의 삶의 모습을 직선적으로 추론하는 것에는 많은 무리가 있게 된다. 그런 의미에서 아사드(Asad)는 "종교적 상징이 의도한 바대로의 종교적 정향성(disposition)을 발현시키기 위해서 필요한 환경은 무엇인가? 어떻게 종교적 영향력이 진리를 발현할 수 있을 것인가?"에 이제 관심을 가져야 한다고 주장한다(Miller, 2004: 21).

아사드의 이러한 주장은 근대적 문화관으로부터 포스트모던적 문화관으로의 전환을 전제로 한다. 근대적 의미에서의 문화관에 따른 신학적 문화해석은 의미의 정돈된 체계로서의 문화가 사회적 실천을 유도한다는 사실에 관심을 가져왔다. 그러나 포스트모던적 문화관에 따르면 사회적 행위와 문화적 의미의 상관성은 지속적으로 유동적이다. 행위자가 그 행위로써 그 의미를 수용하는 경우에만 의미는 실천적 행위를 유도한다는 것이다(Miller, 2004: 24).

이런 맥락에서 태너(K. Tanner)는 조지 린벡(George Linbeck), 존 밀뱅크(John Milbank), 스탠리 하우어워스(Stanley Hauerwas)와는 대조되는 주장을 한다. 기독교 공동체들은 단순히 하나의 완전한 문화로서 기능하지 않는다는 것이다. 불가피하게 주위에 존재하는 다른 사람들의 세계관과 구조와 실천행위를 채용하며 산다. 그러나 기독교 신앙담론은 그러한 다양한 문화를 자신만의 독특한 방식으로 새롭게 변혁하여 사용해왔던 것이다(Tanner, 1997: 113~116). 문제는 다양한 문화 안에서 불가피한 혼성(bricorage)을 경험하면서도 기독교적인 문화와 가치관의 정체성을 담보하고 있는가의 여부이다.

이러한 관점에서 우리는 오늘의 한국 기독교의 위기는 하나의 일관된 기독교적 문화가 붕괴되고 있다는 점에 있는 것이 아니라, 기독교 교리와 상징이 신자들의 실제 일상생활에서 영향력을 발휘하지 못하고 있다는 사실에 있음을 알 수 있다. 예컨대 오늘날 십자가는 이웃을 위한 희생과 대속적 구원과 생명의 나눔의 상징으로 기능하기보다는 때로는 권력의 상징으로 때로는 아름다움과 독특함을 추구하는 소비문화의 도구로 사용되는 경우가 더 많지 않은가!

오늘날 한국 기독교가 처한 위기를 파악하기 위해 우리에게는 담론(discourse)의 물질성(materiality)과 담론과 권력의 관계에 대한 이해가 필요하다. 푸코의 관찰에 따르면 담론은 그 자체가 꼭 내부적으로 일관성과 정합성을 가짐으로써 영향력을 발휘하는 것이 아니다. 그러나 대부분의 학자들은 이러한 생각을 가지기 쉽다. 우리의 주장이 일관성과 정합성을 가짐에 따라, 그 호소력과 영향력이 좌우된다는 생각이다. 그러나 푸코의 주장에 따르면 그러한 담론이 실행되는 구조와 제도, 그리고 주어진 종교적 전통들이 적용되는 실제 행위들이 의미복원이나 일관성의 확보를 위한 노력보다 더 결정적 영향을 미치게 된다. 이러한 통찰은 우리에게 오늘날 한국 교회의 구조와 실제 행위들이 어떻게 기독교의 문화관과 가치들의 실천에 영향을 주고 있는지에 대한 비판적 관심을 갖게 한다.

이러한 이해로부터 우리는 주체사상이나 포스트모더니즘과 소비문화의 극복을 통한 남북공동체의 모색은 그러한 사상에 대한 비판적 분석이나 대안적 문화관, 가치관의 제시로 그칠 과제가 아님을 인식하게 된다. 기독교적인 문화관과 가치관을 실제로 실천할 수 있도록 우리 교회의 구조와 제도와 전통을 돌아보아야 하고, 삶으로써 그것들을 바로 세워야 할 필요성에 도달하게 된다.

(1) 교회는 인간의 존엄성을 지키고 실천하는 문화형성에 선도적 역할을 감당해야 한다

남한의 경우에 소비문화의 확산으로 말미암아 예전에는 이른바 경제적인 의미에서 하층계급을 이루었던 사람들이 더 평등한 삶을 누리게 되었다는 것도 무시할 수는 없는 사실이다. 그러나 기본적인 사회·경제적 삶의 정황을 좌우한다고 보이는 소비문화에 대한 분석은 21세기 사회에서 인간의 가치는 **구매력**에 의해 결정될지도 모른다는 불안감을 안겨 주었다. 또한 인간의 향락의 극대화를 담보할 수 있는 재생산의 다양화·대량화를 위한 자본의 축적에 대한 **욕망**은 결국에는 인간의 기본적인 삶의 **필요**를 위한 경제가 아닌, 자본의 축적 그 자체를 목적으로 하는 매우 소비적인 경제구조를 갖게 함으로써 생태계의 파괴에도 결정적인 영향력을 미칠 것이라는 불안한 전망을 갖게 한다.

무엇보다도 거미줄과 같이 인간의 삶의 기본정황을 누비고 있는 소비문화의 상업주의적 기호체계는 일종의 대체종교로서 기존의 전통적 종교의 기호들을 상업주의화 내지는 무력화시키고 있다는 점이 근본적인 도전이라고 지적할 수 있을 것이다. 이제는 많은 사람들이 이상적인 그 나라를 기다리기보다는 풍요한 이 땅의 나라를 위해 사는 지경에 이르렀다.

북한에서 주창하는 주체사상은 사회의 외면과 학대 속에서 아무런 희망 없이 살아가던 절대다수의 소외 빈민층에게는 매우 매력적으로 들리는 소식이 될 수도 있다. "당신은 역사의 주체인 인민대중으로서 모든 것의 주인이며, 모든 것을 결정하는 힘 있는 존재라고 하는 것만큼 기쁜 소식이 있을까?"(임성빈, 1999: 190). 그러나 "대중은 혁명과 건설에서 저절로 주위의 지위를 차지하고 주인의 역할을 하는 것이 아니라 반드시 당의 영도, 수령의 영도라 일컬어지는 지도가 결합될 때에만 가능하다. 따라서 인민대중이 혁명과 건설의 주인이 되려면 혁명의 참모부인 당의 영도를 받아야 하며, 당

이 혁명의 참모부로서의 역할을 원만히 수행하자면 수령의 영도를 받아야 한다. 결국 사람이 모든 것의 주인이며 모든 것을 결정한다는 철학적 원리에서 출발한 주체사상은 수령이 혁명과 건설에서 절대적 지위를 차지하고 결정적 역할을 한다는 '혁명적 수령관'으로 결론짓는다는 사실을 우리는 간과할 수 없다. 이러한 모순은 주체사상에 기초한 의식과 실제적 삶 사이에 심각한 괴리를 낳는다. 예컨대 북한 주민은 끊임없이 주체사상을 교양으로 하여 '사람이 모든 것의 주인이며 모든 것을 결정한다'는 의식을 잠재적으로 갖고 있다고 한다. 하지만 그 주인이 바로 당신인가라는 질문은 한 번도 해보지 않은 채 살아왔다는 것이다. 인민 대중 위에 있는 수령에 의해 이미 '내가' 혁명과 건설에서 주인이 아니라는 사실을 간과했던 것이다. 모든 것의 주인이라는 주관적 독선으로 인해 북한 주민들은 의식 속에만 높은 자기의 존엄을 자기의 인격으로 착각하고 있으며, 이것은 그들에게 허영과 무의미한 자존심을 남발하게 하고 있는 것이다(임성빈, 1999: 190). 결국 자기 운명의 주인이라는 잠재의식과 자유경쟁 능력을 갖고 있지 못한 현실 간의 괴리가 북한 주민의 자유민주주의 체제와의 만남과 조화로운 적응에 결정적인 걸림돌로 작용할 것이라는 점이 예상된다(임성빈, 1999: 191).

이제 우리가 추구해야 할 문화통합의 구체적 방향성과 내용은 남과 북의 자체모순과 서로 간의 괴리를 극복할 수 있는 그것이 되어야 할 것이다. 즉, 진정한 자기 찾기를 위한 몸부림이 소비문화의 구조 속에서 욕망에 의한 소비로 일탈되어가는 남한의 문화를 극복하고, 사람 중심을 주창하는 주체사상의 목적이 수령 중심과 허영적 자존심으로 결말지어지는 북한의 문화를 극복할 수 있는 방향성이 제시되어야 한다. 교회는 이러한 방향성을 '하나님의 형상'으로 상징되는 인간의 존엄성과 '청지기'로 상징되는 삶의 목적에 대한 초월적 토대를 제공하는 성서적 세계관 및 가치관에 대한 명료한 인식과 실천으로 남북한 사회에 보여주어야 할 것이다. 물론 이러한 인식과 실천은 교회의 구조와 제도와 사역에 대한 돌아봄으로부터 시작되어야 한다. 교회 자체가 인간의 존엄성을 계급과 구매력을 초월하여 존중하고, 인간 중심적인 세상에 대한 욕망을 초월함을 실천할 때에야 교회가 제시하는 문화관과 가치가 세상에서도 설득력을 얻을 것이기 때문이다.

(2) 교회는 우리 민족에게 '열린 민족공동체'로서의 통일한국을 지향하는 역사적 비전을 제시해야 한다

'우리 민족 제일주의' 식의 전체주의적 민족주의나 포스트모던적 개인주의를 넘어서는 '열린 민족공동체'에 대한 신학적 토대는 공동선을 지향하는 하나님 중심적 언약 공동체이다. 하나님 중심적인 언약 공동체란 공동체 구성원이 모두 (자신의 의식 여부와는 상관없이) 하나님의 피조물이자 딸과 아들이므로 모든 구성원의 존재가치가 무한히 귀중하다는 사실에 기초한 공동체를 의미한다. 또한 이 공동체는 자기 민족만을 목적으로 하는 것이 아니라 동북아시아, 아시아를 넘어 아프리카와 전 세계와 우주에 걸친 하나님 나라를 향한 공동선을 향하여 섬기는 공동체를 의미한다. 결국 남북한의 통일은 남이나 북만을 위한 부분적인 선이 아니라 한민족을 위한 포괄적 선이어야 하고, 한민족만의 평화가 아니라 동북아시아와 아시아와 전 세계의 평화, 즉 공동선을 향한 도구적 선이 되어야 한다는 것이다.

(3) 공동선의 실천을 지향하는 교회는 우선적으로 남한 사회가 통일 공동체의 전형이 될 수 있도록 사회변혁작업에 앞장서야 한다

물론 통일은 남과 북 모든 사회의 변혁을 요구하는 과제이지만 책임윤리적 입장에서 그 변혁의 주도적인 역할은 남한에 있으므로, 대한민국 사회가 더욱 '열린 민족공동체'에 가까운 사회가 되며, 그 사회구성원들과 문화가 인간의 존엄성과 사랑과 정의와 생태계를 품는 공동선을 실천하는 사회가 되었을 때 더욱 바람직한 통일공동체를 선도할 수 있을 것이다. 이러한 의미에서 한국 교회는 이 시대의 작은 자들인 고아와 장애인과 새터민과 이주노동자와 경제적 약자들을 위한 사역에 누구보다 힘써야 한다. 또한 이러한 사역은 교회 자체의 긍휼사역으로 그치는 것이 아니라 더욱 정의로운 사회를 위한 구조적 변혁작업에로의 참여를 의미한다. 예컨대 교회는 조세정책의 보완과 민주정치제도의 정착, 기업윤리의 정립, 생태계 보전 등의 사역에 시민사회를 섬기고 선도하는 역할을 적극적으로 감당해야 할 것이다.

결론적으로 복음적 정체성과 대사회적 책무는 하나님 사랑과 이웃 사랑이 그러하듯이 신앙인의 삶에서 동반되어야 할 표식이다. 이러한 신앙적 삶은 곧 사회책임적인 삶이며, 이러한 삶을 실천해 나감으로써 교회는 참다운 기독교문화를 형성할 수 있을 것이다. 기독교문화의 형성은 곧 남한 사회의 변혁을 의미하며, 그것은 동시에 남과 북을 아우르는 한민족으로서의 책임적인 통일준비가 되는 것이다.

참고문헌

김봉호. 2005.「선군으로 위력떨치는 강국」. 평양출판사.

박승덕. 1985.「사회주의 문화건설이론」. 사회과학출판사.

박찬은. 1999.「산촌의 횃불」. 문학예술출판사.

백남룡. 2002.「계승자」. 문학예술출판사.

사회과학출판사. 1989.「주체사상의 철학적 원리」. 백산서당.

송승환. 2004.「우리민족제일주의와 조국통일」. 평양출판사.

오현철. 2005.「선군령장과 사랑의 세계」. 평양출판사.

임성빈. 1999.「통합적인 통일과 그리스도인들의 과제」. 장로회신학대학교 출판부.

_____. 2002.「통일을 준비하는 그리스도인의 과제: 문화통합을 중심으로」.『21세기 책임윤리의 모색』. 장로회 신학대학교 출판부.

전우택. 2007.「사람의 통일, 땅의 통일: 통일에 대한 사회정신의학적 고찰」. 연세대학교 출판부.

Banks, Robert & Paul Stevens. 1997. "The Complete Book of Everyday Christianity." *IVP*.

Featherstone, Mike. 1991. "Consumer Culture, Postmodernism, and Global Disorder Religion and Global Order." Paragon House Publishers.

Harvey, David. 1989. "The Condition of Postmoderninty." Blackwell: Cambridge & Oxford.

Hesselgrave, David J. 1991. "Communicating Christ Cross Culturally: An Introduction to Missionary Communication." Zondervan Publishing House.

Hiebert, Paul. 1985. *Anthropological Insights for Missionaries*. Baker Pub Group.

Krueger. David A. 1994. *Keeping Faith at Work: The Christian in the Workplace*. Abingdon Press.

Miller, Vincent J. 2004. *Consuming Religion: Christian Faith and Practice in a Consumer Culture*. New York, London: Continuum.

Tanner, Kathryn. 1997. *Theories of Culture: A New Agenda for Theology*. Minneapolis: Fortress Press.

Taylor, Mark K. 1990. "Remembering Esperanza: A Cultural-Political Theology for North American."

지은이 (게재순)

김회권

프린스턴 신학대학원 철학박사

현재 숭실대학교 기독교학과 교수

저서: 『하나님 나라 신학으로 읽는 모세오경 1, 2』 외

논문: 「이사야의 남은 자 사상에서 나타난 민족화해 사상」, 「역대기에 나타난 민족화해 사상」 외

고재길

독일 훔볼트 대학교 신학박사(Dr. theol.)

현재 장로회신학대학교 기독교와 문화 학술연구교수

저서: 『공적신학과 공적교회』(공저)

논문: 「A Study on the Concept of Responsibility in Bonhoeffer's Ethics」, 「디트리히 본회퍼의 사회윤리에 대한 소고」, 「소비문화의 종교성과 소비이데올로기 비판」 외

설충수

중국 북경대학 철학박사

현재 중국 무한 화중사범대학 중국근현대사연구소 연구원

논문: 「만국공보에 나타난 19세기 중국 개신교인의 신명문제」, 「중국기독교 안의 삼자교회와 가정교회의 정통성 논쟁」, 「제임스 레그의 비교종교연구에서 드러난 유교일신론 고찰」 외

신범식

러시아 국립모스크바 국제관계대학(MGIMO) 정치학박사

현재 서울대학교 정치외교학부 교수

저서: 『러시아의 선택: 탈소비에트 체제전환과 국가·시장·사회의 변화』(공저), 『21세기 유라시아 도전과 국제관계』(편저), 『한국의 스마트파워 외교전략』(공저) 외

논문: 「Russia's Perspectives on International Politics」 외

이규영

독일 하이델베르크 대학교 정치학박사

현재 서강대학교 국제대학원 교수

저서: 『동유럽연구: 탈사회주의와 독일관계』, 『유럽통합과정과 지역협력』 외

논문: 「폴란드 가톨릭교회: 체제전환 이후 20년」 외

고재성

독일 튀빙엔 대학교 사회학박사

현재 슬로바키아 파송선교사(예장 통합)

논문: 「사회생활에서의 연극적인 측면에 관한 연구: 한국의 교회생활을 중심으로」 외

이기홍

미국 University of California Los Angeles 사회학박사

현재 한림대학교 사회학과 교수

저서: 『문화와 매너』(공저), 『사회참여와 시민공동체』(공저) 외

논문: 「한국인의 죽음 수용과 종교」, 「기업연결망들의 상호영향과 산업변동」 외

임성빈

프린스턴 신학대학원 철학박사

현재 장로회신학대학 기독교와 문화 교수

저서: 『21세기 책임윤리의 모색』, 『21세기 문화와 기독교』 외

논문: 「한국교회의 사회참여를 위한 신학적 토대 모색: 공공신학을 중심으로」, 「민족주의에 대한 기독교 사회윤리학적 반성」 외

한울아카데미 1385
한반도평화연구원총서 7

사회주의 체제전환과 기독교

ⓒ 한반도평화연구원, 2012

지은이 | 김회권 · 고재길 · 설충수 · 신범식 · 이규영 · 고재성 · 이기홍 · 임성빈
펴낸이 | 김종수
펴낸곳 | 도서출판 한울
편 집 | 박록희

초판 1쇄 인쇄 | 2012년 2월 18일
초판 1쇄 발행 | 2012년 2월 28일

주소 | 413-832 파주시 문발동 535-7 302(본사)
121-801 서울시 마포구 공덕동 105-90 서울빌딩 1층(서울 사무소)
전화 | 영업 02-326-0095, 편집 031-955-0606, 02-336-6183
팩스 | 02-333-7543
홈페이지 | www.hanulbooks.co.kr
등록번호 | 제406-2003-000051호

Printed in Korea.
ISBN 978-89-460-5385-4 93230 (양장)

* 가격은 겉표지에 있습니다.